中國學術思想研究輯刊

六編

林慶彰主編

第23冊

明清之際儒家思想的變遷與發展

林聰舜著

花木蘭文化出版社

國家圖書館出版品預行編目資料

明清之際儒家思想的變遷與發展／林聰舜 著 — 初版 — 台北縣永和市：花木蘭文化出版社，2009〔民 98〕

序 2+ 目 4+216 面；19×26 公分

（中國學術思想研究輯刊 六編：第 23 冊）

ISBN：978-986-254-074-9（精裝）

1. 明代哲學 2. 清代哲學 3. 儒家

126 98015407

ISBN - 978-986-2540-74-9

中國學術思想研究輯刊

六 編 第二三冊 ISBN：978-986-254-074-9

明清之際儒家思想的變遷與發展

作　　者　林聰舜

主　　編　林慶彰

總 編 輯　杜潔祥

出　　版　花木蘭文化出版社

發 行 所　花木蘭文化出版社

發 行 人　高小娟

聯絡地址　台北縣永和市中正路五九五號七樓之三

電話：02-2923-1455／傳真：02-2923-1452

網　　址　http://www.huamulan.tw 信箱 sut81518@ms59.hinet.net

印　　刷　普羅文化出版廣告事業

封面設計　劉開工作室

初　　版　2009 年 9 月

定　　價　六編 30 冊（精裝）新台幣 50,000 元

明清之際儒家思想的變遷與發展

林聰舜　著

作者簡介

林聰舜，台灣師大國文研究所博士，清華大學中文系（所）教授兼主任，曾任清華學報主編、美普林斯頓大學訪問學者、香港嶺南大學中文系客座教授。現從事漢代學術思想與史記研究，特別是學術思想背後權力關係的探索。著作已出版者有：《史記》的世界：人性與理念的競逐（國立編譯館，2009）；《史記》的人物世界（三民書局，2003）；西漢前期思想與法家的關係（大安出版社，1991）；向郭莊學之研究（文史哲出版社，1981）；臺灣新統治霸權的形成（商鼎文化出版社，1994，雜文集）

提　要

明清之際儒家思想的重大變化很早就受到學界注意，本書重新反省這一階段的儒家思想，希望能釐清以下問題：

一、明清之際儒家思想最值得重視之處，在於它在很多層面表現出突破儒學傳統，並具有近代性格的成就，如何將這些突破性的成就發掘出來，並說明它的意義，是本書首要工作。

二、明清之際是銜接宋明理學與清代專門漢學兩大思潮的關鍵時代，如何為這一階段經世學風的興衰因緣尋求切實的解釋，以確定其歷史地位，亦為本書重要工作。

三、明清之際儒家思想是站在傳統文化立場，面對天崩地解大變局所作的徹底反省，儒家思想的再生能力以及侷限性，清楚呈現出來。反省此一階段的思想變化，有助於看清儒家思想面對挑戰時的「內在轉化能力」，以及它的內在限制。

筆者即循著以上的目標構思，並採取先分論後綜論的程序，先探討黃宗羲、顧炎武、王夫之、陳確、顏元、方以智、唐甄、朱之瑜等代表人物的思想特色，綜論中再進一步探討明清之際儒家思想的新趨向、明清之際儒家新思潮興起背景的檢討、明清之際儒家思想的內在限制與傳統儒學的展望。

目次

序　言

明清之際儒家思想的重大變化很早就受到學界注意，有些學者更以「文藝復興」或「啓蒙運動」稱呼它，認爲這一時期是中國思想由中古邁向近代的關鍵時期。但在另一方面，也有部份學者認爲這是傳統文化精神步入頹運的開端。甚至有人把明清之際諸大儒視爲舊社會秩序的最後擁護者，他們的改革只是爲了延續舊的社會秩序，而且終究挽不回全面崩潰的命運。

以上各種說法差異雖大，却一致突出了明清之際儒家思想的關鍵性地位。而且這種眾說紛紜的現象，也顯示出明清之際儒家思想的豐富性與複雜性，不容許我們以任何簡單的模式或任何立基於西方標準的預設妄加附會。基於以上的認識，本文將重新反省這一階段的儒家思想，并希望能釐清以下的問題：

一、明清之際的儒家思想，在外觀上表現爲對宋明理學的批判，與對經世致用之學的重視，形成氣勢磅礡的經世學風。但明清之際儒家思想最值得重視之處，尤在於它在很多層面表現出突破儒學傳統，並具有近代性格的成就，因而如何將這些突破性的成就發掘出來，並說明它的意義，是本文的首要工作。

二、明清之際所佔的年代雖短，但在學術思想史上，却是銜接宋明理學與清代專門漢學兩大思潮的關鍵時代，且歷來學者對明清之際儒家思想的特色並沒有一致的看法，所以對這一階段學術思想興衰原因的解釋更是出入極大，因而如何爲這一階段經世學風的興衰因緣尋求切實的解釋，以確定它的歷史地位，也是本文的主要目標。

三、自從韋伯（Max Weber, 1864～1920）認爲中國傳統的價值系統，尤其是儒家所代表的價値系統中，缺乏基督新教式的二元對立，所以中國文化的內部無法自行產生超越傳統的原動力以後，認爲中國文化完全是一種靜態的、僵化的、缺少發展生機的文化的說法，不但瀰漫於西方漢學界，也影響國人對儒家思想的瞭解，「五四」以來，許多一流的知識份子，把中國社會、政治、經濟停滯不前的責任歸咎於儒家思想，就是這種心態的表現。然而，這種說法顯然低估了儒家思想的豐富性與複雜性，因爲如果承認文化因素對社會變遷具有一定程度的影響力，那麼屬於中國文化區的東亞地區近幾十年來在經濟活動上的突出表現，就値得吾人對儒家思想的活力重作評估。在這一方面，由於明清之際的儒家思想基本上是站在傳統文化立場，面對天崩地解的大變局所作的徹底反省，所以儒家思想的再生能力以及侷限性，在此一嚴格的考驗下，都清楚地呈現出來，所以反省這一階段的思想變化，有助於我們看清儒家思想面對挑戰時的「內在轉化的能力」，以及它的內在限制，這對於恢復國人對儒家思想的信心，或者幫助國人看清儒家傳統中有那些部份的價値系統須要加以轉化，以強化它應付現代化挑戰的能力，將有很大的幫助。

筆者即循著以上的目標構思，并採取先分論後總論的程序，希望透過分論部份對個別思想家的研究，使綜論部份的整體性判斷立基於堅實的基礎。

本論文寫作期間，承蒙黃師錦鋐悉心指導，謹此誌謝。

林聰舜　民國七十四年五月

第一章　前　言

一、寫作動機與預期目標

本論文所謂的「明清之際」是指十七世紀後半期而言，更確切的年代則是始於清兵入關（1644），終於顏元、唐甄之卒（1704）。這是一個年代屬於清初，而學界代表人物多爲晚明遺老，學術精神又與清代專門漢學截然有別的年代，故以明清之際稱之。其中以清兵入關之年作爲起點，是強調明亡對知識份子思想的衝擊性，而且在這一年，梨洲是三十四歲，亭林是三十二歲，船山是二十六歲，密之是三十四歲，乾初是四十一歲，這正是諸大儒的思想由醞釀期進入成熟期的時刻；以顏元、唐甄卒年爲終點，是因爲到了這一年，晚明遺老已全部謝世，學風又邁入另一新階段了。

學術界對於明清之際儒學發展的評價極不一致，例如早期的梁啓超曾把這一階段比擬爲歐洲的「文藝復興」，〔註 1〕另近人侯氏等亦把這一階段視爲中國思想的啓蒙時期，這一說法並廣爲西方漢學家所接受。這些觀點，基本上都是把明清之際視爲思想史上由中世邁向近代的關鍵時期，而賦予它高度的評價。另一方面，也有部份學者認爲清初以後是傳統文化精神文化精神墮落的開始，例如牟宗三先生說：「我們講中國的學問，講到明朝以後，就毫無興趣了，這三百年間的學問我們簡直不願講，看了令人生厭。」〔註 2〕唐君毅也說：「從明末到現代，中國思想逐漸由著重人生的精神價值的新儒家精神中游離出來，轉爲對社會、功利、技術與人生的自然層面的價值的重視。」所

〔註 1〕梁氏說見《清代學術概論》，頁 6。
〔註 2〕《中國哲學十九講》，第十八講，〈宋明儒學概述〉。

以他把清初視爲中國思想步入頹運的開端。〔註3〕

不管對明清之際儒學發展的評價如何不同，以明清之際爲新儒學發展的關鍵時代卻是大家所共許的。而且依本文看來，明清之際儒學發展所具有的「關鍵」地位并不是泛指的，它在中國思想發展的過程中具有特別的意義，因爲就外在環境而言，此一時期不管在政治上或社會、經濟的結構上，都發生了黃梨洲所謂的「天崩地解」的變化，諸如商業經濟活動日趨活躍造成社會結構的改變，土地分配不均的問題日趨嚴重導致農民暴動，以及滿清以異族入主中國等，最後終於促使舊王朝與舊秩序全面崩潰，這一連串影響廣泛而深遠的變化是傳統儒者所不層遭遇的。另外，就儒學傳統的內部而言，宋明理學的發展到了陽明、蕺山這個階段，心性學理論的精微奧妙處已被闡發無遺，但心性學者「愈走愈向裡，愈逼愈渺茫」，〔註4〕終於與事功完全疏離的缺陷也完全暴露出來，所以明清之際的儒者對幾百年來的宋明理學遂有一番徹底的反省，并且在許多層面上，以種種不同的方式，表現出突破傳統思惟模式的原創性思考，這種發展是很有意義的。明清之際的儒家思想既具有上述的關鍵地位，所以本文以「明清之際儒家思想的變遷與發展」爲題，希望至少能解決以下三個問題，使這段極具關鍵地位，而又眾說紛紜的儒學發展的歷史地位得以確定。

1. 探討明清之際儒家思想的發展，在那些層面有突破儒學傳統的成就。在這方面的討論上，本文是把明清之際的儒家思想視爲遭受天崩地解的大變局的考驗後的再生，經由此一思想的再生，表現出許多傳統儒學裡見不到的異彩，也表現出某些「近代地」，這是相當值得注意的發展。

2. 明清之際所佔的年代雖短，但它在中國學術思想的發展史上卻佔有重要的地位。它所表現的經世學風，與前面的宋明理學精神有別，也與清代的專門漢學用心迥異，但學者對這一階段學術思想迅起迅落的原因却眾說紛紜，可見問題的複雜性，因而如何爲它的興衰因緣尋求恰當的解釋，使我們對宋明理學輾變爲明清之際經世之學，再轉變爲清代專門漢學這一段複雜的學術演變過程，有更接近事實的了解，也是本文所要從事的。

3. 由於明清之際的儒學基本上的站在傳統文化的立場，面對天崩地解的

〔註3〕唐君毅，Ideas of Spiritual Value in Neo-Confucianism（《中國人的心靈》），頁208～9。（Honolulu, 1967）

〔註4〕錢穆語，見〈前期清儒思想之新天地〉，《中國學術思想史論叢（八）》，頁2。

大變局所作的徹底反省，所以儒學的再生能力以及侷限性，在此一嚴格考驗下，都清楚地表現出來，有助我們看清儒家思想面對挑戰時的「內在轉化能力」，以及它的內在限制，這對於探討儒學傳統中那些部份的價值系統須要加以轉化，以強化它應付西方文化挑戰的能力，將有很大的幫助，這也是研究明清之際儒家思想的變遷與發展中，最具現代意義的目的。

二、寫作方法與程序

由於近代西方在思想史方法論的研究與運用上的飛躍進展，國內從事思想史工作的學者已漸漸意識到採用新的研究方法重新整理傳統思想的迫切需要，並已見到初步的成效。〔註5〕雖因中西思想文化特質的差異，以及任何研究方法本身都具有侷限性，並無一套放諸四海而皆準的方法可資運用，所以採用這些研究方法時仍不免遭到重重阻礙，但由國內的思想史研究事業上已逐漸超越傳統的學案式寫作方式，以及中國思想研究所必須面對的世界性競爭看來，如何在避免墮入方法論陷阱的原則下，適度運用西方思想史方法論的研究成績，以重新思考中國傳統思想，似乎是別無抉擇了。

晚近西方學者對思想史方法論的探討，大抵有兩個主要方向，一是以羅孚若（Arthur O. Lovejoy）等爲代表的「觀念史」（History of ideas）研究，偏重思想內部觀念與觀念間自主的演變；另一是以布林頓（Crane Brinton）等爲代表的「思想史」（Intellectual History）研究，偏重思想與環境間的交互關係。〔註6〕這兩種研究進路各有短長，「觀念史」研究進路的優點在於能釐清思想觀念的內涵，並且掌握思想觀念的演變過程，但是這種將思想發展抽離於其他領域的方法，用以處理中國傳統儒家思想時，疏漏卻特別明顯，因爲中國哲人純知性的興趣一向不高，所以少有脫離他們的時代與處境而立論的傾向，尤其是明清之際諸大儒更明顯表現出洗滌乾坤的經世雄心，所以單獨採用「觀念史」的研究進路，很容易遺落此一時期的儒學精神。加以「觀念史」的研究進路作重觀念的相承面的闡發，對於具有原創性的思想觀念則難以把

〔註5〕其中最著名的，如勞思光先生以「基源問題研究法」寫出三大冊的《中國哲學史》；另余英時先生亦以思想史發展上的「內在理路」重新解釋清代思想史。

〔註6〕黃俊傑先生有專文討論此一問題，見氏著〈思想史方法論的兩個側面〉，《史學方法論叢》，頁151～202。另史華慈先生（Benjamin Schwartz）的〈關於中國思想史的若干初步考察〉，（《中國思想與制度論集》，頁1～20。）對後者有詳密的探討。

握，所以單獨採用此一方法，勢將無法觸及明清之際諸大儒在經史、經世之學背後所隱藏的原創性智慧，余英時先生由「內在理路」解釋清初儒學的新動向是「道問學的興起」，以及對經學考證的重視，〔註 7〕以致疏忽當時「天崩地解」的大環境對學術的衝擊與當時儒者透過經史之學所表現的原創性理念，皆種因於此。

至於採用「思想史」的研究進路，雖能把思想的發展，「看做是整個存在複合體的一部份」，〔註 8〕而能兼顧思想觀念與其他領域間的互動關係，却容易疏忽思想觀念的辨析與思想觀念間的演變，而且思想與環境之間的關係本未易明，所以採用「思想史」研究進路的學者，往往流於浮泛不切的因果論斷；甚至因過度重視思想與環境間的關係，容易忽略思想家的創造力，形成各式各樣的歷史決定論（historical determinism），使思想史的研究論為社會科學的附庸。學者在處理明清之際的儒家思想時，或者基於社會存在決定社會意識的理念，由市民階級興起的社會經濟觀點解釋這一段學術思想的演變；或者將它的興起歸因於王學空談心性的反動，都犯了將複雜的思想發展過程簡單化的毛病。

面對以上的方法論困境，設法找尋一個能保有雙方優點的研究方法是必要的。而由於本論文的寫作程序是採取先分論，後綜論的方式，在初步的分論工作中，我們必然相當關心是否有一種能有效地呈現（present）個別思想家的理論結構，並且能為進一步運用「思想史」或「觀念史」中任何一種研究進路作預備工作的方法。關於此一問題，本文認為勞思光先生在《中國哲學史》中所使用的「基源問題研究法」中所使用的「基源問題研究法」恰能符合此一要求。所謂「基源問題」是指一切個人或學派的思想理論所要解答的最根本問題，尋找「基源問題」須要透過「理論還原」的工作，由哲學理論反溯而得。掌握了「基源問題」後，再將相關的理論重新作一個展示，最後一層層的理論組成一整體，就完成了個別理論的展示工作。〔註9〕

勞氏所謂的「基源問題研究法」，事實上並不是全新的方法，黃宗羲在《明儒學案・自序》中，特別強調各家各派的「宗旨」，其實已是尋找「基源問題」的先聲。而很多人在探討個別的思想理論時，事實上也已或多或少運用了這個

〔註 7〕〈清代思想史的一個新解釋〉，《歷史與思想》，頁 121～156。
〔註 8〕史華慈語，前揭書，頁 3。
〔註 9〕《中國哲學史・序言》。

方法而不自知。此外，此種方法對於處理中國思想的問題特別有效，因爲中國傳統哲人所表現的思想結構，常只是潛存於零散的話頭之中，缺乏理論的嚴整性，若透過「基源問題研究法」的整理，就可以把原來只是潛存的義理結構，系統性地彰顯出來。此外，運用這種方法處理明清之際諸大儒的思想時，尙可省却由「理論還原」尋找「基源問題」的工作，因爲諸大儒的思想理論所要解答的問題，大致都已明顯地標示出來，例如黃梨洲思想的基源問題是「如何在『心』與『學』——包括經史、經世之學等——之間尋求融通」，此亦即全祖望所述的「讀書不多，無以證斯理之變化；多而不求於心，則爲俗學。」顧亭林思想的基源問題是他自己所說的「君子之爲學，以明道也，以救世也。」王船山思想的基源問題是「如何經由文化上的疏導，把握本末一貫的義理方向」；顏習齋思想的基源問題是「如何追尋最具實用價值的學問」；方密之思想的基源問題是「如何尋求一種能統一對立面的哲學，藉以救治由思想偏頗所引發的各種病痛」；唐鑄萬思想的基源問題是「如何伸張平民的權益」；朱舜水思想的基源問題是「如何將一切微妙的道理平常化，使合於世用」，諸大儒思想的基源問題既然都已明顯標示出來，所以本文分論部份，將直接以這些基源問題爲基本脈絡，展示他們的理論結構。至於本文舉梨洲、亭林、船山、習齋、密之、舜水、鑄萬等人作爲明清之際儒學的代表人物，則是因爲這些人的思想最具原創性（Original），足以標示此一時期的儒學精神。

在分論的基礎上，本文將對明清之際儒家思想的變遷與發展作一全面的檢討，我們若歸納這些個別思想家的理論，將可發現他們往往以種種方式，在相同的問題，甚至不同的問題上，表現出大抵一致的思想方向，而且這些思想轉變並不僅限於傳統範疇的變遷，它在某些層面上，也表現出相當的原創性與開拓性，而有突破傳統儒學的成就。這一思想的新趨向所表現的意義，值得我們特別留意。

掌握了明清之際儒家思想的新趨向後，本文就可由此反溯此一新思潮興起的背景。對於此一問題，前人已作了不少的努力，但不論是著重外緣的解釋或內在理路的解釋，都未能有效披露事實的眞相，所以本文將分別加以補充、修正，並且不採用特定的方法進路，以免落入方法論的陷阱，希望藉著不同角度的觀察，能清理出較接近眞相的觀點。

最後，本文亦將檢討明清之際儒家思想的內在限制，并由價値系統的內在轉化能力展望儒家思想的前途。

第二章　黃宗羲

第一節　傳　略

黃宗羲，字太冲，號梨洲，一號南雷，浙江餘姚人，生於明萬曆三十八年，卒於清康熙三十四年（1610～1695），享年八十六。〔註1〕

父尊素，東林黨人，天啓間，官山東道監察御史，因上疏三劾奄黨，爲魏忠賢所忌恨，與楊漣、左光斗並死詔獄。思宗即位，梨洲攜鐵錐草疏入京訟冤，到京時逆奄已死，遂具疏請誅曹欽程、李實，并於刑部會訊許顯純、崔應元時，出所袖錐錐顯純，流血被體；又毆應元，拔其鬚，歸祭忠端公神主前。又錐殺牢卒，偕諸忠子弟，設祭獄門，時年十九。

當梨洲父尊素被捕時，梨洲送至郡城，遇到來此餞別尊素的劉宗周，尊素命梨洲隨宗周問學，所以案了後，梨洲就從學宗周於紹興，時年二十，此一決定影響其一生學術方向甚鉅。惟此時的梨洲，「頗喜爲氣節斬斬一流，又不免牽纏科舉之習，所得尚淺。」〔註2〕年二十一，入試不第，才想起忠端公被逮途中所吩咐「學者不可不通知史事，將架上《獻徵錄》涉略可也」的告誡，於是發憤苦讀《明十三朝實錄》，上溯二十一史，兩年而畢，爲他一生的史學成就奠下基礎。

〔註 1〕本節有關梨洲生平資料，多採自：1. 萬斯大，〈梨洲先生世譜〉。2. 全祖望，〈梨洲先生神道碑文〉。3. 阮元、江藩、錢林、王藻、李元度諸人所撰的梨洲小傳。4. 梨洲七世孫垕炳編輯的《黃梨洲先生年譜》三卷（以上皆收入民十六年上海掃葉書房本《梨洲遺著彙刊》）。5. 謝國楨《黃梨洲學譜》。由於各文出入不大，故不復一一註明出處。

〔註 2〕全祖望，〈梨洲神道碑文〉。

崇禎十七年，李自成陷北京，思宗殉國，福王即位於南京，馬士英定策有功，與同黨阮大鋮把持朝政，梨洲因先前領銜上「留都防亂揭」，揭發阮氏罪行，奄黨必欲去之而後快，値清兵至，才得以倖免。次年，宗周絕食殉國，遺命諸弟子矢志扶明滅清。當時魯王監國浙東，梨洲遂糾合黃竹浦子弟數百人，隨諸軍於江上，人們稱之爲「世忠營」；又作「監國元年大統歷」，頒於浙東。然南明小朝廷旋即覆亡，魯陽之望既絕，梨洲才有潮息煙沈之嘆，從此謝絕一切，潛心講學著述，重新反省學術文化問題。年五十四，成《明夷待訪錄》；年五十八，重興證人書院。其間曾與潘平格、呂晚村、陳乾初、顧亭林、孫夏峰諸人相往來。

康熙十七年，詔徵博學鴻儒，梨洲毅然以死相拒。次年，詔修《明史》，徐元文、葉方藹主史局，貽書勸駕，梨洲又以病辭，方藹知不可強致，於是上疏請詔浙江巡撫，就梨洲家鈔錄所著書有關史事部份付史館。惟梨洲晚年，雖大節無虧，氣節之勁已不如昔日。〔註3〕

康熙三十四年，梨洲卒，子百家遵遺命，不棺而葬。

梨洲著述甚多，有《易學象數論》、《宋元學案》、《明儒學案》、《明夷待訪錄》、《南雷文案》、《南雷文定》等一百多種，徧及經史子集各部。其中最重要的當推《明儒學案》與《明夷待訪錄》，前者可見其哲學智慧與學術立場，後者則涉及中國政治制度基本問題的反省。

第二節　梨洲的心性學立場與世界觀

明亡之後，心性之學——尤其是王學——在喜歡對歷史作道德性解釋的儒者心目中頓成代罪羔羊，談心性者被視爲空疏腐化的象徵，「平日袖手談心性，臨危一死報君恩」正道出當時人對心性學者的嘲弄、鄙視。博學如顧亭林、王船山也不免於此。亭林說：

> 劉石亂華，本於清談之流禍，人人知之。孰知今日之清談，有甚於前代者，昔之清談談老莊，今之清談談孔孟。……以明心見性之空言，代修己治人之實學。〔註4〕

〔註3〕詳見杜維運，〈黃宗羲與清代浙東史學派之興起〉，收入《清代史學與史家》，頁177～8。

〔註4〕《日知錄》，卷七，「夫子言性與天道」條。

船山說：

> 姚江陽儒陰釋誣聖之邪說，其究也，爲刑戮之民，爲奄賊之黨，皆爭附焉，而以充其無善無惡、圓融理事之狂妄。〔註5〕

面對此一反心性學的狂潮，梨洲却仍堅持其護衛心性之學的態度，並以具體的學術行動支持自己的立場，《明儒學案》與《宋元學案》的編纂，即含有對備受輕蔑的心性之學加以肯認之意，例如在《明儒學案・凡例》中，梨洲於苛刻地批評明代其他方面的成就後，極力推重明代理學之成就。他說：

> 嘗謂有明文章事功皆不及前代，獨於理學，前代之所不及也，牛毛繭絲，無不辨晰，眞能發先儒之所未發。程朱之闢釋氏，其說雖繁，總是只在迹上，其彌近理而亂眞者，終是指他不出，明儒於毫釐之際，使無遁影。

然而《明儒學案》對有明一代儒學思想的分歧變化雖然極爲留意，而且要求對它有客觀的了解，〔註6〕但梨洲本人思想的基本傾向却仍不可掩。簡言之，梨洲是以陽明之學爲中心，輔以蕺山之說，用以評述諸家著作，但梨洲雖尊陽明、蕺山，却非全盤接受其所有論點，在一些關鍵問題上，梨洲明顯修正、豐富了陽明、蕺山的觀點，而這些修正，恰可標明梨洲獨特的立場。本節將以《明儒學案》爲主，輔以梨洲其他著述，探討他如何站在陽明、蕺山的基礎上，重建自己獨特的心性學體系。

一、懷疑「四句教」的問題

梨洲本身的心學立場，使他在基本上深契陽明之說，「姚江學案」說：

> 有明學術，白沙開其端，至姚江而始大明；蓋從前習熟先儒之成說，未嘗反身理會，推見至隱，所謂此亦一述朱耳，彼亦一述朱耳，高忠憲云：「薛文清、呂涇野語錄中，皆無甚透悟。」亦爲是也。自姚江指點出良知人人現在，一反觀而自得，便人人有個作聖之路，故無姚江，則古來之學脈絕矣。〔註7〕

以陽明一身，繫古今學脈，推尊可謂備至。而在〈餘姚縣重修儒學記〉中，

〔註 5〕《張子正蒙注》，〈序論〉。

〔註 6〕〈凡例〉說：「此編所列，有一偏之見，有相反之論，學者於其不同處，正宜著眼理會，所謂一本而萬殊也，以水濟水，豈是學問。」

〔註 7〕《明儒學案》，卷十，〈姚江學案〉。

梨洲亦有類似之言，〔註8〕可見梨洲尊陽明的立場，固無可疑。但儘管如此，梨洲在某些關鍵處，還是明顯修正了陽明的立場，有關「四句教」的討論，即為其中之一。

所謂「四句教」指陽明「無善無惡是心之體，有善有惡是意之動，知善知惡是良知，為善去惡是格物」四句講學宗旨。陽明於征思田前夕，弟子錢德洪、王汝中曾為這四句教言是否為陽明的究竟語發生歧見，拜就教於陽明，陽明為之折衝，但仍肯認「四句教」為徹上徹下語，「只依我這話頭，隨人指點，自沒病痛。」〔註9〕由於這段話關係王學義理甚大，且陽明次年即告作古，未能詳述其義，致引起很大的爭論，其中尤以皆句「無善無惡是心之體」爭議尤多，如東林學派的顧憲成說：

> 所謂無善無惡，離有而無邪？即有而無邪？離有而無，于善且薄之而不屑矣，何等超卓！即有而無，于惡且任之而不礙矣，何等灑脫！是故一則可以抬高地步，為談玄說妙者樹標榜，一則可以放鬆地步，為恣情肆欲者決隄防。宜乎君子小人咸樂其便，而相與靡然趨之也。〔註10〕

此種不留餘地的撻伐，可視為當時批評「無善無惡」說的典型觀點。惟批評「四句教」雖由來已久，人數頗眾，但批評者或多或少均不滿於陽明學，故猶有可說，梨洲既極力推崇陽明，却又力反陽明視為一生學力歸宿，為「徹上徹下語」的四句教，則其立場頗值得注意，茲先檢視梨洲處理「四句教」的方式，再進而探討他的用心。

梨洲處理「四句教」的態度，前後極不一致，在此不一致中，梨洲既欲維護陽明，却又不得不求改弦更張的矛盾心理表露無餘。例如他一方面懷疑四句教的義理不諦當，評王畿〈天泉證道記〉說：

> 若心體果是無善無惡，則有善有惡之意，又從何處來？知善知惡之知，又從何處來？為善去惡之功，又從何處起？無乃語語斷流絕港乎？〔註11〕

〔註 8〕《南雷文約》，卷四。

〔註 9〕見《傳習錄》，卷下；《王陽明年譜》，卷三。此二處所載，均為錢緒山的記錄，故出入不大。另《王龍溪語錄》，卷一，〈天泉證道記〉亦有記載，因龍溪多闡述之言，故語頗小異。

〔註10〕《小心齋劄記》，卷四。

〔註11〕《明儒學案》，卷十，〈姚江學案〉。

由此一立場出發，梨洲更進一步直接否定「四句教」之出於陽明。他說：

考之《傳習錄》，因先生（按指薛侃）去花間章，陽明言無善無惡者理之靜，有善有惡者氣之動；蓋言靜爲無善無惡，不言理爲無善無惡，理即是善也。……獨〈天泉證道記〉有無善無惡者心之體，有善有惡者意之動之語，夫心之體即理也，心體無間於動靜，若心體無善無惡，則理是無善無惡，陽明不當但指其靜時言之矣。釋氏言無善無惡，正言無理也；善惡之名，從理而立耳。既已有理，惡得言無善無惡乎？就先生去草之言證之，則知天泉之言，未必出自陽明也。〔註 12〕

但是，梨洲有時却又想透過自己的詮釋，辨明四句教之無病，認爲一切問題都是出於後人的誤解。他說：

其實無善無惡者，無善念惡念耳，非謂性無善惡也，下句意之有善有惡，亦是有善念惡念耳，兩句只完得動靜二字，他日語薛侃曰:「無善無惡者理之靜，有善有惡者意之動」。即此兩句也。所謂知善知惡者，非意動於善惡，從而分別之爲知，知亦只是誠意中之好惡，好必於善，惡必於惡，無是無非而不容已者，虛靈不昧之性體也。爲善爲惡，只是率性而行，自然無善惡之夾雜，先生所謂致吾心之良知於事事物物也。四句本是無病，學者錯會，謂無善無惡斯爲至善。善，一也。而有有善之善，有無善之善，無乃斷滅性種乎？……得義說而存之，而後知先生之無弊也。〔註 13〕

不管是辨明四句教之無病或是斬斷四句教與陽明的關係，梨洲迴護陽明的立場始終一貫。但梨洲否定四句教出於陽明的說法，僅顯示出他對四句教的隔閡，因四句教不但明載於《傳習錄》、《年譜》、與《王龍溪語錄》，文獻確鑿，且其義理亦不悖於陽明，如《傳習錄・下》說：

先生嘗語學者曰：心體上著不得一念留滯，就如眼裏著不得些子塵沙，些子能得幾多，滿天便昏天黑地了。又曰：這一念不但私念，便好的念頭亦著不得些子，如眼中放些金玉屑，眼亦開不得了。

又說：

〔註 12〕同上，卷三十，〈粵閩王門學案〉。此一觀點另見卷三十六，〈泰州學案〉；卷十六，〈鄒東廓學案〉等處。

〔註 13〕同上，卷十，〈姚江學案〉，〈行人薛中離先生侃〉傳。

先生曰：僊家說到虛，聖人豈能虛上加得一毫實？佛氏說到無，聖人豈能無上加得一毫有？……聖人只是還他良知的本色，更不著些子意在。良知之虛，便是天之太虛；良知之無，便是太虛之無形。

心體上著不得私念，亦著不得好念頭，此即「無善無惡心之體」，而以至善的「良知」爲「虛」、爲「無」，則心體之無善無惡，不但不礙其爲至善，而且二者須同時并立。所以陽明又說：「無善無惡者，理之靜；有善有惡者，氣之動。不動於氣，即無善無惡，是謂至善。」〔註 14〕此處的「理之靜」即四句教中的「心之體」，「氣之動」即四句教中之「意之動」，「不動於氣，即無善無惡，是謂至善。」則心之體是「無善無惡」與「至善」同時并立更顯然可見了。

是以陽明「無善無惡是心之體」之論，無非在於標舉心體是一切道德活動的根源，既不著於惡，亦不著於善，以失其廓然大公，且不得以相對的「善」或「惡」描述之，以失其爲超越、絕對的本體之義。〔註 15〕

由以上所述，知梨洲認爲陽明所言「無善無惡者理之靜」不同於「理是無善無惡」、「心體無善無惡」，并據此懷疑四句教之出於陽明，是不正確的。因爲以「理」或「心體」爲「無善無善」，與以「理之靜」爲無善無惡，并無不同，二者均在於說明「意之動」或「氣之動」始有善惡可言。同理，「善惡之名，從理而立耳，既已有理，惡得言無善無惡乎？」此一質問亦是多慮，因「理」既是「善惡」的根源或標準，則「理」正不可再以「善」、「惡」描述之，而是「無善無惡」。

其次，梨洲辨明四句教無誤的詮釋，雖大抵可通，但他不放心以「無善無善」與「至善」爲一的顧慮仍顯然可見。而他以「誠意」解「知善知惡」的「知」，也正可見出他擇取蕺山之說以修正陽明的立場，於是我們可進而討論他以誠意代致良知的問題。

綜上可知，梨洲處理陽明四句教的心態相當矛盾。然而，這不單純是理論

〔註 14〕《傳習錄》，卷上，〈侃去花間草〉條。

〔註 15〕勞思光即認爲「良知」是「主體義」，非「客體義」；是「活動義」，非「存有義」（指「良知」是一能力，是善的根源）。「心之體」正因爲是善的根源，故不可用「善」或「不善」描述之。故「心之體」是「至善」，亦是「無善無惡」，不唯二義無衝突，且正相依而立。而「無善無惡」之說，基本上由確立「主體性」之最高自由，不受經驗層面種種顯現發用之限定而來，其強調心體之無善無惡，與禪宗所接觸的問題相同，說頗可從。（見氏所著《中國哲學史》，第三卷，頁 545～5）

是非的問題，造成梨洲此種矛盾心態的原因是十分耐人尋味的，梨洲既然推尊陽明，却又不能肯認陽明視爲「徹上徹下語」的四句教，那麼，四句教——尤其是「無善無惡是心之體」一語——在哲學理論上雖能辨析入微，但是否存在著某些缺憾，諸如它能否明確標出儒學人文化成的積極方向？它使用的術語是否「近禪」？〔註16〕此外，梨洲對這些問題何以如此敏感也值得追問。在以下的討論中，我們將會發現梨洲懷疑四句教的立場絕不是孤立的，而且爲這些問題尋求思想背景的解釋，也遠比純粹辨析它們在理論上的是非更爲必要。

二、以「誠意」代「致良知」的問題

梨洲以「誠意」代「致良知」的觀點，在他極力辨明四句教時，已露端倪，因爲此一問題自有其特性，故分別述之。

以「意」爲心之所存而非所發，并以之取代陽明的「良知」，作爲道德實踐的根源，是蕺山學說的重點，梨洲對此，極爲傾倒，《明儒學案・序》云：

> 歲己酉，毘陵鄆仲昇來越，著《劉子節要》。仲昇，先師之高第弟子也。書成，羲送之江干，仲昇執手丁寧曰：「今日知先師之學者，惟吾與子兩人，議論不容不歸一，惟於先生言意所在，宜稍爲通融。」羲曰：「先生所以異於諸儒者，正在於意，豈可不爲發明？」

由此可見梨洲是以蕺山門下唯一能發明誠意之說者自居，而梨洲之力主此說，與他誤解陽明的「良知」之義有關。在〈答董吳仲論學書〉中，他駁斥董氏在「劉子質疑」中，申明陽明四句教，以及懷疑蕺山「意爲心之所存」的說法。梨洲云：

> 若必守此四句爲教法，則是以知覺爲良知，推行爲致知，從其心之所發，驗其孰爲善孰爲惡，而後善者從而達之，惡者從而塞之，則方寸之間，已不勝其憧憧之往來矣。……故陽明曰：「良知是未發之中」，則已明言意是未發，第習熟于意者心之所發之舊詁，未曾道破耳。……然則先師意爲心之所存，與陽明良知是未發之中，其宗旨正相印合也。……故欲全陽明宗旨，非先師之言意不可，如以陽明之四句，定陽明之宗旨，則反失之矣。〔註17〕

〔註16〕梨洲於評及四句教時，即屢次指出「無是無非」爲釋氏之言。此外，薛侃亦問過陽明：「佛氏亦無善無惡，何以異？」（《傳習錄》，卷上）

〔註17〕《南雷文案》，卷二。

梨洲一面駁斥四句教「有善有惡是意之動，知善知惡是良知」之語；一面又以「良知」為「未發」，甚至乾脆以蕺山的「意」取代「良知」的地位，以為如此安排才不會失去陽明「良知」說的精義。是則梨洲不滿「致良知」之義，欲以「誠意」取代的企圖已極為明顯，故梨洲於〈董吳仲墓誌銘〉中，更明言：

余謂先生之意，即陽明之良知；先師之誠意，即陽明之致良知。〔註 18〕

然而，認為四句教「是以知覺為良知」，明顯是一種誤解，因「知善知惡」的「知」絕非純粹的知覺或認知，而是與行合一，「如好好色，如惡惡臭」的價值實現活動。明白此義，則梨洲擔心就「知善知惡」處言良知，「良知已落後著，非不慮之本然。」〔註 19〕以致不能照管善念惡念的發動，僅能落於意念發動後的省察，使「方寸之間，已不勝其憧憧之往來矣。」實屬多慮。而其力主良知是「未發之中」，并欲以「誠意」取代「致良知」的說法亦屬多餘。

當然，梨洲此種觀點并不是孤立的，我們若進而檢視他對王門諸派的評價，就更能清楚地瞭解他的意圖。他說：

姚江之學惟江右為得其傳，東廓、念菴、兩峯、雙江其選也，再傳而為塘南、思默，皆能推原陽明未盡之意。是時越中流弊錯出，挾師說以杜學者之口，而江右獨能破之，陽明之道，賴以不墜。蓋陽明一生精神，俱在江右，亦其感應之理且也。〔註 20〕

由此可知梨洲是以江右承王學正統，對於浙中則相當不放心。而江右的特點正在於「以戒懼謹獨為致良知之功。」〔註 21〕「立靜坐法，使之歸寂以通感，執體以應用。」〔註 22〕亦即著重「意」（陽明義）在發用前之工夫，以救浙中「猖狂一路」之弊。這種觀點對於堅持「意是未發」、「良知」即「意」、「良知是未發」的梨洲而言，當然是最能認同的。〔註 23〕

梨洲以上的觀點，雖大抵承自其師劉蕺山，且就理論標準而言，他所作

〔註 18〕《南雷文定》，三集，卷二。

〔註 19〕《明儒學案》，卷十，〈姚江學案〉。

〔註 20〕同上，卷十六，〈江右王門學案〉。

〔註 21〕同上，〈師說〉，〈鄒東廓守益〉。

〔註 22〕同上，卷十七，〈江右王門學案〉，〈貞襄聶雙江先生豹〉條。

〔註 23〕雖然梨洲並未以「未發」為究竟義，而仍希望以「意」攝「存」與「發」，以靜存攝動察，以保住他即體即用的一體觀（參見「答董吳仲論學書」，《南雷學案》，卷二），但他強調「未發」，以及推重江右的傾向是無可置疑的。

的批評也未必中肯，但就學術態度而言，却仍表現出他自己的一貫立場。明顯地，梨洲已注意到任何價值自覺的活動，必然要牽涉一「轉化自然生命成爲價值生命」的問題的迫切需要。他將「知善知惡」的「知」看成「知覺」，而主張以「意」代「良知」；以及堅持「意是未發」、「良知是未發」，並以主張守靜歸寂，重發用前工夫的江右學派承王學正統，皆顯示出他強烈懷疑陽明「已落於後著」的「知善知惡」的「知」在轉化自然生命以成就道德生命上的功效，所以要重新詮釋、改造陽明學，希望能以重收歛的嚴謹工夫，眞正轉化自然生命，救治王門中主張「(良知)當下現成，不假工夫修證而後得」〔註 24〕的猖狂之病。梨洲對泰州、浙中、江右的批評，正可表明此一心態。他說：

> 陽明先生之學，有泰州龍溪而風行天下，亦因泰州龍溪而漸失其傳，泰州龍溪時時不滿其師說，益啓瞿曇之祕而歸之師，蓋躋陽明而爲禪矣。然龍溪之後，力量無過於龍溪者，又得江右爲之救正，故不至十分決裂。泰州之後，其人多能以赤手搏龍蛇，傳至顏山農何心隱一派，遂復非名教之所能羈絡矣。〔註 25〕

又說：

> 陽明致良知之學……未嘗不以收歛爲主也。……二先生（按指龍溪與緒山）之良知，俱以見在知覺爲言，於聖賢凝聚處，盡與掃除，在師門之旨，不能無毫釐之差。〔註 26〕

梨洲信不過陽明的「良知」，轉以「以收歛爲主」詮釋之，以「意」取代之，並批評在工夫上較爲疏略的浙中、泰州學派，而以重收歛工夫的江右學派承王學正統。凡此，明顯反映了梨洲對關聯著社會風氣的道德實踐問題特別關切，他像是一隻飽受風霜的驚弓之鳥，所以特別著重拘謹、收歛的工夫；他雖然十分敬重陽明，但陽明學說中的簡易、疏放之處，他已不敢正視了。

三、對朱子的評價問題

宋代以降，程朱之學與陸王之學一直是儒學的兩大中心，而學者的思想傾

〔註 24〕《明儒學案》，卷十二，〈浙中王門學案〉，「郎中王龍谿先生畿」條。至於泰州學派的王心齋以「身」與「道」爲一，而主「安身」、「尊身」，可視爲「現成良知」義的發展、變形。

〔註 25〕同上，卷三十二，〈泰州學案〉。

〔註 26〕同上，卷十一，〈浙中王門學案〉，「員外錢緒山先生德洪」條。

向，也往往可由尊程朱或重陸王中窺出端倪。然而，梨洲雖極力推崇姚江，立論也顯示了心學的立場，却不抹殺考亭，甚至賦予他極高的評價，此一尊朱的表現，雖則可能與梨洲重一本萬殊的觀念有關，〔註27〕但更合理的解釋，當是重視道問學、重視經史事功的人，在評價具體的歷史人物時，不能不有的表現。

梨洲推尊朱子，語氣絕不含糊，他說：「諸儒大成，厥推考亭。」〔註28〕又說：「吾心之所是，證之朱子而合也，證之數百年來之儒者亦合也。」〔註29〕當梨洲於庚戌年編次明代古文選集，并名之爲「庚戌集」後，深感不安，其理由是：

> 今余編次於庚戌，遂題曰〔庚戌集〕，又余生於庚戌，其支干爲再遇也。念六十年來，所成何事，吾聞先聖以庚戌生，其後朱子亦以庚戌生，論者因謂朱子發明先聖之道，似非偶然。余獨何人，以此名集，所以誌吾愧也。〔註30〕

雖曰「所以誌吾愧也」，但分明是以朱子之發明先聖之道深自期許了。此外，梨洲甚至認爲蕺山之學原本考亭。他說：

> 余攝齊蕺山，漳浦兩夫子之堂，兩夫子之學，莫不原本考亭，追溯濂溪二程以達於孔孟。〔註31〕

然而梨洲何以如此推尊朱熹呢？他說：

> 自仁義與事功分途，於是言仁義者陸沈泥腐，天下無可通之志；矜事功者縱橫捭闔，齚舌忠孝之言。兩者交譏。豈知古今無無事功之仁義，亦無不本仁義之事功……此其道大顯於朱子。〔註32〕

依此，梨洲的學術理想是救正當時仁義與事功分途的學風，而朱子之學正是結合仁義與事功的表率，所以梨洲才深有取於朱子。

此外，梨洲也相當肯定理學的地位，認爲理學家所窮的「理」是學術之體，他說：「嘗觀古今學術，不能無異同，然未有舍體而言用者。所謂體者理也。宋儒窮理之學，可謂密矣。」〔註33〕因而著重會通宋以降各家之學，「自

〔註27〕同上，〈凡例〉云：「學問之道，以各人自用得著者爲眞，……學者於其不同處，正宜著眼理會，所謂一本而萬殊也，以水濟水，豈是學問。」

〔註28〕《南雷文定》，四集，卷三，〈國勳倪君墓誌銘〉。

〔註29〕《南雷文案》，卷一，〈惲仲升文集序〉。

〔註30〕《南雷文定》，前集，卷一，〈庚戌集自序〉。

〔註31〕《南雷文約》，卷三，〈陳令升先生傳〉。

〔註32〕《南雷文定》，四集，卷三，〈國勳倪君墓誌銘〉。

〔註33〕《南雷文案》，外卷，〈張母李夫人六十壽序〉。

濂洛以至今日儒者百十家，余與澤望皆能知其宗旨離合是非之故。」〔註 34〕而朱子正是集宋代理學之大成者，所以梨洲之推尊朱子，實非偶然。

然而梨洲之尊朱具有一定的限度，尤其他認爲蕺山之學原本考亭之語，更不可過度誇張，以爲是梨洲心目中「道統」之所在，因爲他相當強調儒學的獨立精神。他說：

> 儒者之學，不同釋氏之五宗，必要貫串到青原南嶽。夫子既焉不學，濂溪無待而興，象山不聞所受。〔註 35〕

是則類似釋氏貫串於傳燈之附會源流的行爲，正爲梨洲所不取，所以我們也不必擅加比附。事實上，梨洲心性學的立場與朱子有很大的歧異。他說：

> 試以孔孟之言證之，致良知於事物，事物皆得其理，非所謂人能宏道乎？若理在事物，則是道能宏人矣。告子之外義，豈滅義而不顧乎？亦於事物之間，求其義而合之，正如世儒所謂窮理也，孟子何以不許之，而四端必歸之心哉！〔註 36〕

又說：

> 夫格物者，格其皆備之物，則沓來之物，不足以掩湛定之知……若待夫物來而後格之，一物有一物之理，未免於安排思索，物理吾心，終判爲二，故陽明學之而致病，君學之而致死，皆爲格物之說所誤也。〔註 37〕

此一極力批評心與理爲二的立場，明顯是針對朱子而發。則梨洲心性學的基本觀點仍屬於陽明一系，也就顯然可見了。〔註 38〕

〔註 34〕《南雷文定》，前集，卷八，〈前鄉進士澤望黃君壙志〉。

〔註 35〕《明儒學案》，〈凡例〉。

〔註 36〕同上，卷十，〈姚江學案〉，「文成王陽明先生守仁」傳。

〔註 37〕《南雷文纍》，卷二，〈翰林院編修怡庭陳君墓誌銘〉。

〔註 38〕梨洲也曾企圖調和朱陸，謂「先生之尊德性，何嘗不加功於學古篤行？紫陽之道問學，何嘗不致力於反身修德？特以示學者之入門，各有先後，曰：此其所以異耳。」(《宋元學案》，卷五十八，〈象山學案〉)，但梨洲此一調和之論，並非欲泯滅朱陸心性學的分際，而是擔心「濂洛之後，正賴兩先生繼起，共扶持其廢墜。……借此辨同辨異，以爲口實，寧非吾道之不幸哉！」因爲「二先生同植綱常，同扶名教，同宗孔孟，即使意見終于不合，亦不過仁者見仁，知者見知，所謂學焉而得其性之所近，原無有背于聖人。」(同上）畢竟，朱陸心性學的立場雖有差異，但總歸是儒家之學。而且，梨洲名爲調和，實質上仍偏向象山，當他述及二先生晚年俱自悔其偏重，「終歸一致而無間」時，一再強調朱子深悔向前支離之病，終能「立其大者」。至於象山的反省，無論如何，梨洲基本上仍推尊與他心性學立場完全不同的朱子，而這件事正告訴我們他另一方面的價值取向。

四、辨明儒釋的問題

梨洲在《明儒學案》「凡例」中，曾對明代學術事功作一總批判，認爲當時的文章事功都不如前代，「獨於理學，前代所不及」，而明代理學在他心目中的最大成就，就以辨明儒釋爲代表。他說：

> 程朱之闢釋氏，其說雖繁，總是只在迹上，其彌近理而亂其眞者，終是指他不出，明儒於毫釐之際，使無遁影。

其實，梨洲對辨明儒釋問題的關心，早在他二十歲那年就已表現出來，當時他曾結合同門，力闢陶奭齡弟子雜糅儒釋，流入因果的禪風〔註 39〕而此一工作，梨洲終其一生，未曾或忘。

既然覺得程朱「只在迹上」闢佛有所不足，梨洲遂注意及儒佛間「毫釐之際」的差異，并著重由形上層面辨明儒釋的分野。例如當時一般議論是認爲儒釋異處在下學，同處在上達，他即不以爲然。謂：

> 弟究心有年，頗覺其同處在下學，異處在上達。同處在下學者，收斂精神，動心忍性是也；異處在上達者，到得貫通時節，儒者步步是實，釋氏步步是虛。釋氏必須求悟，儒者篤實光輝而已近之。〔註 40〕

這是以儒釋兩家基本方向的差異作爲分判的標準，儒釋固然都有「向上一著」，〔註 41〕但釋氏採取的是否定世界的方向，所以「步步是虛」；儒者則採取肯定世界的方向，且重視人間事業的莊嚴，所以「步步是實」、「篤實光輝」。

其次，梨洲亦駁斥佛氏僅知「心」而不知「性」的說法，認爲佛氏之不知「性」，正由於他們不知「心」。他說：

> 先生以釋氏有見於明覺自然，謂之知心，不識所謂天地萬物之理，謂之不知性。義以爲釋氏親親仁民愛物，無有差等，是無惻隱之心也；取與不辨而行乞布施，是無羞惡之心也；天上天下，惟我獨尊，

僅在於「比年以來，觀省加細，追維曩昔，麤心浮氣，徒致參辰，豈是酬義。」（同上）是則梨洲心目中「終歸於一致而無間」的朱陸，其實是陸子僅有局部修正，而朱子則連根拔起，倒向象山一邊了。

〔註 39〕黃垕炳，《黃梨洲先生年譜》。

〔註 40〕《南雷文定》，前集，卷四，〈復秦燈巖書〉。

〔註 41〕同上。

是無辭讓之心也；無善無惡，是無是非之心也。其不知性者，由於不知心爾。然則其所知者，亦心之光影而非實也。〔註42〕

羅欽順所謂釋氏知心而不知性的說法，預設了心性二元論的觀點，梨洲站在心性爲一的立場，自然要加以駁斥，而梨洲認爲釋氏無惻隱、羞惡、辭讓、是非之心，就是不知心，是因爲他認爲釋氏雖有見於明覺自然，有見於流行之體，但不知至變中之不變者，亦即不知心中有性，因而遺漏了「理」。他說：

其變者，喜怒哀樂、已發未發、一動一靜、循環無端者，心也；其不變者，惻隱、羞惡、辭讓、是非，梏之反覆，萌孽發見者，性也。儒者之道，從至變之中，以得其不變者，而後心與理一。釋氏但見流行之體……而至變中之不變者，無所事之矣。〔註43〕

心不含理，則其所知者，只能算是「心之光影而非實」了。所以梨洲有時亦逕以心是否含理，作爲儒釋之辨的標準。〔註44〕

此外，梨洲亦駁斥佛氏「無能生氣」的觀點，認爲此一觀點即「理能生氣之說」，是「以無爲理」、「離氣以言物」，必然會淪於空虛。〔註45〕

由上所述，知梨洲極用心於儒釋之辨。然而，梨洲所處的時代，儒釋尖銳對立的狀態已告緩和，且明儒於儒釋間「毫釐之際」的差別早已能充分辨析，「使無遁影」。那麼，就時代需要而言，梨洲實際上已無刻意反佛的必要，因而他致力於儒釋之辨的動機，就更值得我們注意。

我們由以上所述梨洲辨明儒釋的言論，可以看出他認爲儒釋的基本區別正在於「儒者步步是實，釋氏步步是虛。」以及儒者是心中有性，心與理一；釋氏則僅有見於明覺自然，心不含理，「其所知者，亦心之光影而非實也。」而梨洲反釋氏「無能生氣」的主張，也正是反其離氣言物，以致淪於空虛。可見梨洲的儒釋之辨，重點即在虛實之辨，而這正是梨洲思想的一貫表現，是他強調經世之學的表現。因爲佛學的基本傾向在於捨離世間，知識份子一旦爲其所吸引，或是混入佛教的觀念，將會磨損經世濟民、扭轉乾坤的鬥志，失却「一堂師友，冷風熱血，洗滌乾坤」〔註46〕的抱負，忘却儒者所應有的社會責任與人生擔當，這在重經世之學的梨洲看來，是莫大的危機，所以他

〔註42〕《明儒學案》，卷四十七，〈諸儒學案〉，「文莊羅整菴先生欽順」傳。
〔註43〕同上，卷二，〈崇仁學案〉，「文敬胡敬齋先生居仁傳」。
〔註44〕同上，另見卷五十七，〈諸儒學案〉，「中丞金正希先生聲傳」。
〔註45〕評見後文；另參見梨洲《孟子師説》，卷二，〈浩然章〉。
〔註46〕梨洲評東林黨人語，見《明儒學案》，卷五十八，〈東林學案〉小序。

必然要突出儒家積極的精神，而其致力於儒釋之辨，也就理有必然了。

五、與陳乾初的辯論及梨洲晚年思想轉變的問題

陳確，字乾初（1604～1677），早年不喜理學家言，年四十，才受業於劉蕺山，因對理學有獨特見解，所以落落寡合，不爲同輩所喜，梨洲起初也不喜乾初的論學宗旨，但最後却能加以包容、欣賞，了解二人論學方向雖異，却未嘗無相通之處。而我們藉著梨洲對乾初態度的轉變，也可以看出梨洲本身思想的發展。

梨洲與乾初論點的交涉，主要環繞著乾初的〔性解〕與〔大學辨〕而展開。對於〔性解〕的論難，見於梨洲六十七歲那年所作的「與陳乾初論學書」，〔註 47〕梨洲在該文中直率地表示他看了〔性解〕後，「其心之所不安者，亦不敢苟爲附合。」而梨洲所不滿的，在於乾初認爲：

> 人性無不善，于擴充盡才後見之，如五穀之性，不芸植，不耘耔，何以知其種之美？……周子無欲之教，不禪而禪，吾儒只言寡欲耳。人心本無所謂天理，天理正從人欲中見，人欲恰到好處，即天理也，向無人欲，亦無天理可言矣。〔註 48〕

乾初這段文字，主要的觀點有二：一爲人性之善，見於「擴充盡才」之後，一爲「天理正從人欲中見」。然而梨洲却認爲「性之爲善」是先天稟賦，與「擴充盡才」與否無關。他說：

> 夫性之爲善，合下如是，到底如是，擴充盡才而非有所增也，即不加擴充盡才而非有所減也。不爲堯存，不爲桀亡，到得梏亡之後，石光電火，未嘗不露，才見其善，確不可移，故孟子以孺子入井呼爾蹴爾明之，正爲是也。若必擴充盡才始見其善，不擴充盡才未可爲善，焉知不是荀子之性惡，全憑矯揉之力而後至於善乎？老兄雖言「惟其爲善而無不能，此以知其性之無不善也。」然亦可曰：「惟其爲不善而無不能，此以知其性之有不善也。」是老兄之言性善，反得半而失半矣。〔註 49〕

若以孟子的性善說作標準，梨洲的批評是可以成立的。因爲孟子的性善并不

〔註 47〕《南雷文案》，卷二。
〔註 48〕同上，〈與陳乾初論學書〉。
〔註 49〕同上。

是就德性的圓滿處而言，也不是就實然的表現而言，而是就德性的根源，就自覺心的本質而言，「擴充盡才」是自覺地以性——實現道德的能力——爲主宰，轉化自然生命爲道德生命，并非性自身的成長，這是性如何呈現作主的問題，性之爲善固「不爲堯存，不爲桀亡」，并無所謂「全」與「不全」之分。至於乾初又引〔易〕「繫辭傳」「一陰一陽之謂道，繼之者善也，成之者性也」來支持他「擴充盡才以見性善」的主張，〔註 50〕更屬歧出。因爲這種以「存有」意義的「道」作爲價值根源的理論，與乾初的主張是不相干的。

其次，梨洲對於乾初「天理正從人欲中見」的看法亦不以爲然。他特別強調「氣質」、「人心」之不同於「人欲」，并以之駁斥乾初。梨洲云：

> 氣質人心，是渾然流行之體，公共之物也。人欲是落在方所，一人之私也。天理人欲，正是相反，此盈則彼絀，彼盈則此絀。故寡之又寡，至於無欲，而後純乎天理，若人心氣質，惡可言寡耶？……以此而禪濂溪，濂溪不受也。必從人欲恰好處求天理，則終身擾擾，不出世情，所見爲天理者，恐是人欲之改頭換面耳。大抵老兄不喜言未發，故于宋儒所言近于未發者，一切抹去，以爲禪障。〔註 51〕

依梨洲的了解，「人欲」只是「落在方所」的「一人之私」，是必須絀退、克治的對象，故必須肯定在「人欲」外另有一證成「天理」的能力與工夫，所以梨洲特別重視「未發」時的居敬存養，以免落在「人欲」中打滾，導致「終身擾擾，不出世情，所見爲天理者，恐是人欲之改頭換面耳」的後果。但梨洲此一解釋，并不能善體乾初之義。因乾初所謂的「人欲」，是指「生機之自然而不容已者」，是聖人與常人所共有，「聖人能不放縱耳。」〔註 52〕所以乾初與梨洲所言的「人欲」，指涉的分明是兩種不同的對象，乾初所言的「人欲」與梨洲所言的「氣質人心」反較相近，只因語言的混淆，以致產生如此多的糾葛。

若撇開理論上的是非，探討梨洲此時的心態，將可發現，不管梨洲的批評是否中肯，他此時顯然尚未注意到乾初的用心。因乾初主張「擴充盡才以見性善」，不求之於父母未生之前，正代表他唾棄空口言性，重視在現實生命中成就德性的遷善改過工夫，以及提倡實踐以免墮於恍忽空虛之病的篤實作風。此乾初所謂：

〔註 50〕見〈性解上、下〉。

〔註 51〕《南雷文案》，卷二，〈與陳乾初論學書〉。

〔註 52〕《陳確集》，別集，卷三，〈知性〉。

今學者皆空口言性，人人自謂知性，而遷善改過工夫，全不見得力，所謂性善何在？……不若相忘無言，各人去盡心於善。〔註 53〕

其次，乾初主張「天理正從人欲中見」，也無非是要人重視現實生命，重視發用後的工夫，腳踏實地作道德實踐，而不憑空想個「天理」而已。這與梨洲所謂「理不可見，見之於氣」、「無氣則無理」的立場并不違背，只因梨洲此時相當重視收攝的工夫，故未能體會乾初的苦心，因而毫不留情地加以批判，而乾初深覺自己的用心被扭曲了，遂懷著滿腹不平之氣，以七三高齡，抱病作書，激動地說：

弟愚人也，何敢言學，惟是世儒習氣，敢於誣孔孟必不敢倍程朱，時爲之痛心。〔性解〕數篇呈教，據褊見所及如此，是非一聽天下之公！〔註 54〕

次年，乾初作古，但梨洲因學術見解不同而來的不滿之情，仍表現於他爲乾初所作的墓誌銘中，故僅「以翼（按：乾初長子）所作事實，稍節成文」，以此敷衍一番而已。

待梨洲七十九歲那年，重改乾初墓誌，態度始略有改變，有「今詳玩遺稿，方識指歸，有負良友多矣，因理其緒言，以讖前過」之語。〔註 55〕因而對乾初論學要旨，已願意一一加以敘述，〔註 56〕惟此時梨洲於乾初論學宗旨，雖能欣賞，猶未完全認可。故云：

近讀陳乾初所著，於先師之學，十得之二三，恨交臂而失之也。……其於聖學已見頭腦，故深中諸儒之病者有之，或主張太過，不善會諸儒之過者亦有之。

是以梨洲此時批評乾初的態度，猶未盡改，他仍反對乾初「以擴充到底言性善」的主張，堅持「性之善，在孩提少長之時，已自彌綸天地，不待後來」之說。

到了撰寫乾初墓誌第三稿時，〔註 57〕梨洲已更能欣賞乾初之說，所以盡

〔註 53〕同上。

〔註 54〕《南雷文定》，〈附錄〉。

〔註 55〕同上，後集，卷三，〈陳乾初先生墓誌銘〉（此銘即梨洲爲乾初所作墓誌之第二稿）。

〔註 56〕包括〈與陳乾初論學書〉所談及的「性善於擴充盡才後見之」、「天理從人欲中見」。另外尚有「氣清氣濁無不善，有不善者乃是習耳」、「氣情才皆有善而無惡」、「本體之說乃從宋儒脫胎而來」等觀點。凡此諸說，皆同樣有重工夫、重實踐、重「切實體驗於日常事爲之間」的用心，故不復贅言。

〔註 57〕《南雷文約》，卷二，〈陳乾初先生墓誌銘〉。乾初墓誌凡有三稿，第一稿業經

刪前稿微辭，而且除了詳述乾初學術宗旨外，他敘述乾初學術的語氣已充滿愛惜之，如述乾初論本體之說時，梨洲說：

> 乾初深痛「樂記」人生而靜以上不容說，才說性便已不是性之語，謂從懸空卜度，至於心行路絕，便是禪門種草。……必欲求此本體於父母未生之前，而過此以往，即屬氣質，則工夫俱無著落，當知學者時時存養此心，即時時本體用事，不須別求也。

「時時存養本心，即時時本體用事」之語，於此首次被梨洲徵引，且與「明儒學案序」「心無本體，工夫所至，即其本體」之言近似，則朵洲對此可能已大有會心，而不只是泛泛的引述了。所以梨洲接著又說：

> 乾初論學，雖不合於諸儒，顧未嘗背師門之旨。

由此可見，梨洲對於乾初獨特的主張，最後已能包容，并肯定它的價值了。

梨洲對乾初態度的轉變，亦見於他對乾初《大學辨》的批評中。乾初於《大學辨》中，主張《大學》首章非聖經，其傳十章非賢傳，「其言似聖，而其旨實竄於禪，其辭游而無根，其趨罔而終困，支離虛誕，此游夏之徒所不道，決非秦以前儒者所作可知。」今不詳述其旨，惟取其與梨洲思想交涉者略述一二。

梨洲「劉繩伯先生墓誌銘」〔註58〕中，曾述及乾初爲學宗旨：

> 子劉子既沒，宗旨復裂，海寧陳確乾初，……因言《大學》非聖經也，自來學問由正以入誠，未有由誠入正者，孟子言求放心，夫子言志學從心，其主敬工夫從心始，不從意始。

乾初因怕光講誠意，會忽略了修、齊、治、平，故認爲必須講正心，透過「實其心之所發」，才能內外交修，所以說：「誠只在意即是不誠。」這種主張正與梨洲所堅持的「意爲心之主宰」之旨相牴牾，而乾初之疑《大學》，亦爲堅守師說的梨洲所不許，〔註 59〕是以梨洲隨即詳述劉繩伯對乾初的駁語，且以之爲繩伯之功。

此外，乾初又主張「格致」不應在「誠正」之前。他說：

> 心者，身之主也。存心公恕，然後能知己之過，知物之情。知己之過，故修之而無勿至；知物之情，故齊治平之可以一貫也。今不先

梨洲刪去，後二稿分別見之於《文定》、《文約》。

〔註58〕《南雷文案》，卷二。

〔註59〕蕺山學說正以《大學》爲主要依據。

求之正心，而欲徐俟之格致之後，正所謂倒持太阿，授人以柄，鮮不殆矣。心之不正，必且以未致爲已致，未格爲已格，又熟從而定之？〔註60〕

乾初所以如此主張，是因他認爲「天下之理無窮，一人之心有限」，根本不相信經由格致能有「一旦貫通而釋然於天下之事之理之日。」他甚至認爲《大學》「言知不言行，必爲禪學無疑。」「其精思所注，只在致知、知止等字，竟是空寂之學。」〔註61〕乾初這些主張，仍表現他重實踐的一貫立場，而與梨洲推重陽明致良知之旨，謂致字即是行字，并以博學、審問、愼思、明辨、篤行釋「行」，〔註62〕以救後人懸空求理，專在知上討分曉之非的主張殊途同歸。但梨洲此時仍偏重收攝歸寂的工夫，所以無法體會乾初的用心，一直到他撰寫乾初墓誌第三稿時，才有較公允的看法。他說：

其論《大學》，以後來改本牽合不歸於一，并其本文而疑之……此非創自乾初也，慈湖亦謂《大學》非聖經，亦有言《大學》層累非聖人一貫之學，雖未必皆爲定論，然吾人爲學工夫，自有得力，意見無不偏至，惟其悟入，無有不可，奚必抱此齟齬不合者，自窒其靈明乎？是書也，二程不以漢儒不疑而不敢更定；朱子不以二程已定而不敢復改，亦各求其心之所安而已矣。夫更改之與廢置，相去亦不甚遠也。

既謂乾初之廢棄《大學》與二程子之改定《大學》「相去亦不甚遠」，則梨洲對乾初廢棄《大學》的說法，至少已能包容。而梨洲反對「抱此（按指《大學》）齟齬不合者，自窒其靈明。」主張「各求其心之所安。」則他對乾初廢棄《大學》的理由，已有相當程度的肯定，并且表示梨洲此時已不再要求學術之出於一途了。

由上所述，知梨洲在七十九歲前後，思想確有相當程度的轉變。先是，他不能接受乾初「擴充盡才以見性善」、「天理正從人欲中見」等論性的見解；對於《大學辨》中主張《大學》非聖經賢傳，是支離虛誕之說，并求以「正心」代「誠意」，反對「格致」在「誠正」之前等說法，也深致不滿，故屢次加以撻伐。但這些觀點在七十九歲前後即逐漸轉變，最後已能包容、欣賞乾

〔註60〕《大學辨》。

〔註61〕同上。

〔註62〕《明儒學案》，卷十，〈姚江學案〉序。

初的見解，由這種轉變，我們可推知梨洲在七十九歲以後，對於重發用後工夫的學說已大有會心，而他論學的態度也趨於寬大。這與他先前堅持以收歛、歸寂爲主，重發用前工夫的拘謹態度顯然是有所不同了。這意謂著梨洲在忙於「治病」之後，到晚年義理精熟的階段，已有餘力採取開放的態度，重構他的心性學理論，以包融、消化各層面的學問了，梨洲此一心性學理論的重構工作，後來就具體表現在他的「明儒學案自序」之中。

《明儒學案自序》凡有二稿，第一次稿成於梨洲八十四歲，〔註 63〕第二次稿成於八十六歲臨終之前，距《學案》成書已十七年以上，其態度之愼重可想而知，故可視爲梨洲思想的最後定論。二次序文的文字略有異同，但宗旨無大差異，其主要區別在於第二次稿刪去了梨洲與鄆仲昇論「意」的一段文字，這或許是他強調「學術之不同，正以見道體之無盡」，反對「好同惡異」〔註 64〕的具體表現，故不再批評同門。由此可看出梨洲思想漸趨於圓融，不必視爲梨洲對蕺山思想的背叛。

「自序」中最值得注意的是梨洲透過對「心」的地位與功能的特殊詮釋，重構了獨特的心性學理論，藉以收攝各層面的價值。他說：

> 盈天地皆心也，變化不測，不能不萬殊，心無本體，工夫所至，即其本體，故窮理者，窮此心之萬殊，非窮萬物之萬殊也。是以古之君子，寧鑿五丁之間道，不假邯鄲之野馬，故其途遺不得不殊，奈何今之君子，必欲出於一途，使美厥靈根者，化爲焦芽絕港。〔註 65〕

「盈天地皆心」即以「心」爲宇宙之本體，可見梨洲仍持守心學的立場，但梨洲在以「心」爲宇宙本體的基礎上，乃自覺地要替人生實踐與萬殊的客觀領域安排一適當的地位，所以他又對「本體」作了特殊的解釋，謂「心無本體，工夫所至，即其本體。」

「心無本體，工夫所至，即其本體」一語，含有兩方面的意義，一是純粹有關德性上的意義，一是包含全部心靈活動的意義，而二者都有就「能力」（ability）或「活動」（activity）而言「體」之義。

在有關德性的意義上，梨洲認爲并沒有一個隔離的心體，作爲想像測度

〔註 63〕《年譜》記於八十三歲條，依錢穆《中國近三百年學術史》校改。（頁 26）
〔註 64〕《明儒學案》，〈自序〉，第二次稿。
〔註 65〕同上，第一次稿。

的對象，他曾說過：「無工夫而言本體，只是想像卜度而已，非其本體也。」〔註66〕所以在這個意義上說「心無本體。」而「心體」應是一種感應的能力，且這種感應能力不是固定不變的，不同的工夫，就會使此一感應能力表現出不同的活動樣態，所以說「工夫所至，即其本體。」

梨洲此一站在工夫優位的立場對心之本體所作的詮釋，說明了心之本體是一種「全體在用」的體。然而，這種主張與他早期「以收斂爲主」的傾向雖有明顯的差異，却仍是儒學的舊義，例如陽明曾說：「心無體，以天地萬物感應之是非爲體。」〔註 67〕因而這方面的闡述不是《明儒學案自序》最有意義之處。

「自序」中最大的手筆，在於將經驗世界的萬殊收攝於一心之中，并且不淪爲以內省的心靈活動，取代客觀領域的活動，使梨洲的心性之學成爲融攝歷史文化與經世之學的偉大體系。在這一層意義上，梨洲雖然認爲「盈天地皆心」，但他所重視的却是天地萬物的萬殊，所以說「變化不測，不能不萬殊。」并且認爲天地萬物之萬殊雖爲一心所收攝，但向內追求心之本體却是無意義的，所以說「心無本體，工夫所至，即其本體。」亦即并沒有一個隔離的心體值得我們去追求，所以我們不能在純粹的內省活動中把握心體，而是要透過不斷地創造，在社會、歷史與文化的創造中把握心體。

基於以上的體認，梨洲遂反對學術之出於一途，認爲如此等於封閉了心體的創造性，「使美厥靈根者，化爲焦芽絕港。」而不同的學術表現既然都是心體之不同面相的呈現，自然各有其價值，所以說「學術之不同，正以見道體之無盡。」〔註68〕「羲爲《明儒學案》上下，諸先生深淺各得，醇疵互見，要皆功力所至，竭其心之萬殊者，而後成家。」〔註69〕

瞭解以上諸義，則梨洲所說「窮理者，窮此心之萬殊，非窮萬物之萬殊也。」就不可誤解爲梨洲反對在萬物中求萬殊，因爲這是在「盈天地皆心」的前提下，認爲窮天地萬物之理即窮心之理，也是梨洲以一心攝萬殊的主張下，必然會有的說法。

以上本文透過「發展的觀點」探究梨洲思想演變的經過，發現他大約在

〔註66〕同上，卷六十，〈東林學案〉，「太常史玉池先生孟麟」傳。
〔註67〕《傳習錄》，卷三。
〔註68〕《明儒學案》，〈自序〉，第二次稿。
〔註69〕同上，第一次稿。

七十九歲以前，因爲鑒於王學末流狂蕩之弊，故偏重收歛、歸寂的工夫，學術態度相當拘謹。到了七十九歲前後，此種態度逐漸改變，對於重發用後工夫的學說大有會心，論學態度也趨於寬大，尤其是在《明儒學案自序》中，梨洲透過對「心」的地位與功能的特殊詮釋，重構了獨特的心性學理論，使他的心性之學，成爲融攝歷史文化與經世之學的偉大體系。一直到此時，梨洲一輩子所從事的經史、經世之學，才算與他的心性之學完全結合，構成一體用賅備的哲學系統。而我們亦可發現，縱使梨洲仍講心學，在他的思想體系中，內省的心性工夫地位已告減弱，客觀領域的地位已告抬頭。

六、理氣的問題

理氣之說是宋明儒學內部的根本問題。梨洲也談理氣，企圖藉著此一存有問題，對世界作一根源性的解釋，而梨洲的解釋，恰反映出他的某些哲學與文化立場。

梨洲理氣之說承自其師蕺山。蕺山說：

> 理即是氣之理，斷然不在氣先，不在氣外；知此則知道心即人心之本心，義理之性即氣質之本性。千古支離之說可以盡掃。〔註70〕

觀此，蕺山理氣爲一的一元論立場已極爲明顯。然此說雖爲梨洲所承，但蕺山的思想傾向畢竟在於闡明其內聖之學，極端忽視客觀領域的問題，梨洲則另外想替客觀領域安排一適當的地位。我們甚至可以說，梨洲的理氣說，是他對人生、社會文化諸問題的看法之反映，而此亦即其理論之精彩處。

梨洲理氣說的基本立場，是認爲「理」、「氣」并不是兩樣東西，而是同一事物的兩種不同面相，他說：

> 抑知理氣之名，由人而造，自其浮沈升降者而言，則謂之氣；自其浮沈升降不失其則者而言，則謂之理，蓋一物而兩名，非兩物而一體也。〔註71〕

基於此一立場，梨洲反對氣必馭於理，因「氣必待馭於理，則氣爲死物。」〔註72〕亦反對理在氣先，謂「世儒分理氣爲二，而求理於氣之先，遂墮佛氏

〔註70〕《劉子全書》，卷十一，〈學言中〉。
〔註71〕《明儒學案》，卷四十四，〈諸儒學案〉，「學正曹月川先生端」傳。
〔註72〕同上。

障中。」〔註 73〕相反地，他主張「理爲氣之理」，〔註 74〕并且最欣賞羅欽順（1465～1547）之說，梨洲說：

先生之論理氣，最爲精確，謂通天地，亙古今，無非一氣而已。……千條萬緒，紛紜膠轕，而卒不克亂，莫知其所以然而然，是即所謂理也。初非別有一物，依於氣而立，附於氣以行也。〔註 75〕

明顯地，羅氏此一「即氣言理」的主張，正符合梨洲「理爲氣之理」的標準，難怪梨洲要特別激賞了。

同理，梨洲又主張「理不可見，見之於氣」，〔註 76〕「無氣則無理」，〔註 77〕并進而主張天地之間只有一氣。理只是氣之自爲主宰。他說：

不知天地間只有一氣，其升降往來，即理也。人得之以爲心，亦氣也。氣若不能自主宰，何以春而必夏、必秋、必冬哉！草木之榮枯、寒暑之運行，地理之剛柔，象緯之順逆，人物之生化，夫孰使之哉？皆氣之自爲主宰也，以其能主宰，故名之曰理。〔註 78〕

在理氣一元的主張下，梨洲自然推出「人之氣本善」〔註 79〕的論點，而異於宋儒——特別是朱熹——視理氣爲二元，且氣有駁雜與壞滅，因而是惡之根源的主張。他認爲縱然氣有「過」與「不及」，亦不能懷疑氣之不善。他說：

蓋天地之氣，有過有不及，而有愆陽伏陰，豈可遂疑天地之氣有不善乎？夫其一時雖有過不及，而萬古之中氣自如也。〔註 80〕

由以上所述，梨洲重氣的立場已顯然可見。他不把理視爲現實存有之所以然的超越的形上根據，而即氣言理，直接賦予「氣」獨立的價值，此種見解，實反映了也的學術立場之某些特色。因爲依梨洲之說，氣即宇宙間萬殊的表現，強調氣的地位，即強調宇宙間萬殊的價值。這與他重實踐、重經史之學、重學術萬殊的表現、反對求索本體、反對學術之出於一途、反對「天崩地解、落然無與吾事」，以流於恍忽空疏之病的主張正相呼應。由此一觀點出發，梨

〔註 73〕同上，卷二十，〈江右王門學案〉，「太常王塘南先生時槐」傳。
〔註 74〕同上，卷七，〈河東學案〉，「文清薛敬軒先生瑄」傳。
〔註 75〕同上，卷四十七，〈諸儒學案〉，「文莊羅整菴先生欽順」傳。
〔註 76〕《孟子師說》，卷二，〈浩然章〉。
〔註 77〕《明儒學案》，卷七，〈河東學案〉，「文清薛敬軒先生瑄」傳。
〔註 78〕同上，卷三，〈崇仁學案〉，「恭簡魏莊渠先生校」傳。
〔註 79〕同上，卷五十，〈諸儒學案〉，「肅敏王浚川先生廷相」傳。
〔註 80〕同上。

洲亦駁斥佛氏求理於氣先的空虛立場，他說：

> 佛者之言曰：「有物先天地，無形本寂寥，能爲萬象主，不逐四時凋。」……此理能生氣之說也，以無爲理，理亦非其理也。……佛氏離氣以言物，宜乎格物之義不明也。〔註81〕

佛氏的基本傾向是捨離世間，而梨洲的儒佛之辨正在於他不滿佛氏「離氣以言物」、「理能生氣」，因而淪於空虛。則梨洲重氣即是強調宇宙間萬殊之價值的立場，乃襯托得益加明顯。

然而，梨洲既視理氣爲一，并且認爲「在天爲氣者，在人爲心；在天爲理者，在人爲性。」〔註82〕且贊同「指情言性，非因情見性也；即心言性，非離心言善也。」「夫盈天地之間，止有氣質之性，更無義理之性，謂有義理之性不落於氣質者，臧三耳之說也。」的師說，認爲蕺山「於千古不決之疑，一旦拈出，使人冰融霧釋。」〔註83〕則他以心、性、情爲一，氣質之性與義理之性爲一的立場乃極爲明顯，而「人之氣本善」的論斷也就順理成章了。問題是梨洲并不認爲現成的一切都是善的，那麼，「善」由何而來呢？於是，梨洲必辨人欲與氣質，他說：

> 氣質人心是渾然流行之體，公共之物也。人欲是落在方所，一人之私也。〔註84〕

又說：

> 善固理矣，即過不及而爲惡，亦是欲動情勝，此理未嘗不在其間。〔註85〕

因而「人欲」之所以爲惡，是因爲在「氣」流行的過程中，由於欲動情勝，產生了「過」或「不及」的現象所造成，氣本身是不可稱爲惡的。

最後，我們尚須瞭解，梨洲的理氣雖涵蓋了宇宙人生的全部領域，但他并不是想由理氣說來決定人生、社會、文化諸問題，亦即并不是想由存有來決定價值問題，梨洲的理氣說，毋寧是他對人生、社會、文化諸問題的看法之反映。透過梨洲即氣言理，直接賦予「氣」獨立價值的理氣說，他經世致用的學術立場已隱約可見了。

〔註81〕《南雷文定》，前集，卷四，〈答萬充宗論格物書〉。
〔註82〕《明儒學案》，卷四十七，〈諸儒學案〉，「文莊羅整菴先生欽順」傳。
〔註83〕《南雷文約》，卷四，〈先師蕺山先生文集序〉。
〔註84〕《南雷文案》，卷二，〈與陳乾初論學書〉。
〔註85〕《明儒學案》，卷三，〈崇仁學案〉，「恭簡魏莊渠先生校」傳。

第三節　梨洲的經世思想

儒者兼濟天下的懷抱，雖因客觀環境的限制，往往有志難伸，全幅精神被逼處在隱微的心性之際，〔註86〕但這畢竟是一種扭曲，他們的終極目標，依然是在澤及萬民的外王經世，而這股積極入世的情懷，雖屢受波折，但萬折必東，在適當的時機，必然要重現光芒。明末東林、復社的出現，代表儒家重視客觀事業的精神的復甦，而梨洲的經世思想，更代表識度恢宏的儒者，在探討國家興亡的大原後，從舊傳統中提鍊出來的新處方。

一、經史之學

全祖望評梨洲爲學旨趣，云：

> 公謂明人講學，襲語錄之糟粕，不以《六經》爲根柢，束書而從事於遊談，故受業者必先窮經。經術所以經世，方不爲迂儒之學，故兼令讀書史。又謂讀書不多，無以證斯理之變化，多而不求於心，則爲俗學。公以濂洛之統，綜會諸家，橫渠之禮教，康節之數學，東萊之文獻，艮齋止齋之經制，水心之文章，莫不旁推交通，連珠合璧，自來儒林所未有也。〔註87〕

這段話所刻劃的梨洲學術規模，頗具先秦儒家磅礡的氣勢。而經史之學在梨洲思想中的地位，也朗然可見。「多而不求於心，則爲俗學」之語，更顯示梨洲並不因世變而歸罪宋明儒，委棄他們幾百年來講學所發展的精義，內聖外王之道，在梨洲身上又有重振的趨勢。

梨洲所以特別重視經史之學，是因爲他認爲儒者之學是經緯天地，承擔人間現實問題之重責大任的實學，而不只是高談濶論，束書不觀的心性之學。他說：

> 儒者之學，經緯天地，而後世乃以語錄爲究竟；僅附答問一二條於伊洛門下，便厠儒者之列，假其名以欺世也。治財賦者，則目爲聚斂；開閫扞邊者，則目爲麤材；讀書作文者，則目爲玩物喪志；留心政事者，則目爲俗吏。徒以生民立極，天地立心，萬世立太平之

〔註86〕《明儒學案》，〈凡例〉云：「嘗謂有明文章事功，皆不及前代，獨於理學，前代之所不及也。」其實，「文章事功」的低落，與偏於心性之際的理學成就之卓越，可能受到同樣的歷史條件的影響。

〔註87〕《鮚埼亭集》，卷十一，〈梨洲先生神道碑文〉。（以下簡稱《神道碑文》）

闊論，鈐束天下。一旦有大夫之憂，當報國之日，則蒙然長口，如坐雲霧。世道以是潦倒泥腐，遂使尚論者以爲立功建業別是法門，而非儒者之所與也。〔註88〕

梨洲如此痛切陳辭，顯然有其沈痛的時代感受。而他以治財賦、開闢扞邊、讀書作文、留心政事等立功建業的事爲歸於儒者之學，自然不能再滿足於「以語錄爲究竟」，以成德成性爲終極目標的心性之學。而在這方面，經學恰可符合梨洲的要求。他說：

《六經》皆載道之書，而《禮》其節目也。當時舉一禮必有一儀，要皆官司所傳，歷世所行，人人得而知之，非聖人所獨行者。大而類禋巡狩，皆爲實治；小而進退揖讓，皆爲實行。〔註89〕

此處所論的雖爲禮學，但可以看出梨洲是以《六經》爲「實治」、「實行」之學。而「《六經》皆載道之書」，其所載之道，當即經世之道。故全氏謂梨洲必「以《六經》爲根柢」，「受業者必先窮經」，而「經術所以經世」。

梨洲這種立場，也反映在修史的態度上，在「移史館論不宜立理學傳書」中，他反對將「道學」獨立於儒門之外。他說：

夫《十七史》以來，止有儒林。以鄒魯之盛，司馬遷但言「孔子世家」、「孔子弟子列傳」、「孟子列傳」而已，未嘗加以道學之名也。儒林亦爲傳經而設，以處夫不及爲弟子者，猶之傳孔子之弟子也。歷代因之，亦是此意。周程諸子道德雖盛，以視孔子，則猶然在弟子之列，入之儒林，正爲允當。……某竊謂道學一門，所當去也。一切總歸儒林，則學術之異同，皆可無論。〔註90〕

既云「《十七史》以來，止有儒林」，又云「儒林亦爲傳經而設」，則隱然以傳經者爲儒者，以經學爲儒學了。而梨洲之所以反對專以理學成家，他自己的解釋是：

嘗謂學問之事，析之者愈精，而逃之者愈巧。三代以上，祇有儒之名而已，司馬子長因之而傳儒林。漢之衰也，始有雕蟲壯夫不爲之技，於是分文苑於外，不以亂儒。宋之爲儒者，有事功經制改頭換面之異，《宋史》立道學一門以別之，所以坊其流也。蓋未幾而道學

〔註88〕《南雷文定》，後集，卷三，〈贈編修弁玉吳君墓誌銘〉。

〔註89〕同上，前集，卷一，〈學禮質疑序〉。

〔註90〕同上，卷四。

之中又有異同，鄧潛谷又分理學心學爲二。夫一儒也，裂而爲文苑，爲儒林，爲理學，爲心學，豈非析之欲其極精乎？奈何今之言心學者，則無事乎讀書窮理；言理學者，其所讀之書，不過經生之章句，其所窮之理，不過字義之從違。薄文苑爲詞章，惜儒林於皓首，封己守殘，摘索不出一卷之內；其規爲措注，與纖而細士，不見長短，天崩地解，落然無與吾事，猶且說同道異，自附於所謂道學者，豈非逃之者愈巧乎？〔註91〕

這裏顯然是在批評宋明理學的弊端。「析之者愈精，而逃之者愈巧」，即指蔽於一曲的儒者，容易失掉儒者經緯天地的整體目標，失掉博大廣濶的學術基礎，抱殘守缺，自足於空疏玄虛的學問中。他們的學問，無論辨析得如何精巧，基本上皆與現實人生無關，雖自附於道學，實則是對現實人生的逃避。所以梨洲認爲不應侷限於「道學」的領域，喪失處理現實問題的能力，而應返回儒學之大全，返回經學的探討之中。

梨洲雖認爲經學是學術的根底，但學者若拘執經術、食古不化，容易淪於迂腐，所以必兼讀史，用以輔助經學，並達到「經世致用」的目標。他說：「夫《二十一史》所載，凡經世之業，無不備矣。」〔註92〕此亦即全祖望所述：「經術所以經世，方不爲迂儒之學，故兼令讀書史。」〔註93〕「先生始謂學必源本於經術，而後不爲蹈虛；必證明於史籍，而後足以應務。」〔註94〕

讀史的目的既在於「應務」，在於「不爲迂儒之學」，那麼近世當身之史自然要比古大的用處大，所以梨洲相當留心當身之史，而此一治史態度亦部份源於其家學。全氏「神道碑」載：

忠端公之被逮也，謂公曰：「不可不通知史事，可讀《獻徵錄》。」公遂自《明十三朝實錄》，上遡《二十一史》，靡不究心。

先讀《明十三朝實錄》，其次才上溯《二十一史》，則近世當身之史在梨洲心目中的地位，無疑要較古史爲高。此點我們若再證之以梨洲編寫學案時，一反古人編史時由古及今的成例，先撰《明儒學案》，再及於宋元儒兩學案，且其《明夷待訪錄》立論的根據，主要係針對明代制度的反省而來，那麼，梨

〔註91〕同上，卷一，〈留別海昌同學序〉。
〔註92〕《南雷文約》，卷四，〈補歷代史表序〉。
〔註93〕〈神道碑文〉。
〔註94〕同上，〈甬上證人書院記〉。

洲之重近世當身之史的態度更無可置疑。

由此可見，梨洲治史的目的雖在於輔助經學，並要求最後要「歸宿諸經」，〔註95〕但史學在他的學術系統中，已有由附庸蔚爲大國的趨勢。

梨洲不但重視經史之學，也實際從事經史的研究工作，且獲得相當成就。例如他在經學方面，有《易學象數論》六卷，澄清河圖先天的臆說，序中說：

> 康節上接种放、穆修、李之才之傳，而創爲河圖先天之說，是亦不過一家之學耳，晦庵作《本義》，加之於開卷，讀《易》者從之。……河圖洛書，歐陽子言其怪妄之尤甚者，……先天之方位，明與出震齊巽之文相背，……一切非經文所有，顧可謂之不穿鑿乎？晦翁云「談《易》者譬之燭籠，添得一條骨子，則障了一路光明，若能盡去其障，使之統體光明，豈不更好！」斯言是也，奈何添入康節之學，使之統體皆障乎！世儒過視象數，以爲絕學，故爲所欺。余一一疏通之，知其於《易》本了無干涉，而後反求之程傳，或亦廓清之一端也。〔註96〕

這明顯摒除了河圖洛書之說、先天後天之圖與《易經》本文的關係，爲清儒的《易》學研究別闢蹊徑。

此外，梨洲對《古文尚書》的見解也頗堪注意，當閻若璩完成《尚書古文疏證》，乞序於梨洲時，他藉機痛切陳辭，說：

> 憶吾友朱康流謂余曰：『從來講學者，未有不推源於危微精一之旨，若無「大禹謨」，則理學絕矣，而可僞之乎？』余曰：「此是古今一大節目，從上皆突兀過去。允執厥中，本之《論語》；惟危惟微，本之《荀子》。……人心道心，正是《荀子》性惡宗旨，惟危者，以言乎性之惡；惟微者，此理散殊，無有形象，必擇之至精，而後始與我一，故矯飾之論生焉。於是以心之所有，惟此知覺，理則在於天地萬物；窮天地萬物之理，以合於我心之知覺，而後謂之道，皆爲人心道心之說所誤也。夫人只有人心，當惻隱自能惻隱，當羞惡自能羞惡，辭讓是非，莫不皆然，不失此本心，無有移換，便是允執厥中。故孟子言求放心，不言求道心；言失其本心，不言失其道心。夫子之從心所欲不踰矩，只是不失人心而已。然則此十六字者，其

〔註95〕〈神道碑文〉。

〔註96〕《南雷文約》，卷四，〈易學象數論序〉。

爲理學之蠹甚矣。」〔註97〕

虞廷危微精一的十六字心傳，宋儒最喜引用爲立論根據，朱熹並據此建立其「道統」的理論，〔註98〕朱康流之語即代表理學家的一般立場，而梨洲立基於義理辨析的考證，其論點不外：一、人心道心之分本於荀子，與孔孟之說相違背。二、以人心道心爲二，即是以心與理爲二，於是「心之所有，惟此知覺」，心成爲認知心，不再是道德根源。三、理學受此說影響，偏離孔孟之道，所以危微精一之旨是「理學之蠹」。梨洲此種論點，一方面闡明了他自己心理爲一的立場，另一方面亦可以從另一角度補充閻氏之說，故他於序文之末說：「嗚呼！得吾說而存之，其於百詩之證，未必無當也。」

此外，梨洲的經學著作尚有《授書隨筆》、《春秋日食曆》、《律呂新義》、《孟子師說》等，此一實際從事經學研討的工作，後爲弟子萬充宗、陳夔獻等所充份發揮，對清代經學之興，有其影響。

余英時先生曾謂清代經學考證直承宋明理學內部爭辯而起，經學家有其獨特的理學立場，一個人選擇某一部經典來作爲考證對象，往往有意無意間受其理學背景支配。而儒家由「尊德性」轉入「道問學」的階段，最重要的內在綫索便是因義理之爭而要求「取證於經書」。〔註99〕余先生更舉宗羲宗炎兄弟之易圖考證有其義理動機，代表浙東王學一派對朱子的攻擊；〔註100〕又認爲閻百詩的《古文尚書疏證》也有其尊程朱而黜陸王的哲學動機，因僞古文「大禹謨」中的十六字心傳是陸王心學的一個重要據點，而對程朱的理學最多祇有邊緣價值，藉著辨僞可推翻陸王心學的經典根據。并認爲梨洲爲《疏證》寫序時才一改往日對陸王十六字心傳深信不疑的態度。〔註101〕然而，梨洲「易象數論序」雖駁斥朱子《周易本義》混入康節河圖先天之說，却明白要求反求之程傳，而朱子與伊川的思想路數是相當接近的，〔註102〕所以由此推斷梨洲兄弟係立基於義理之爭的動機而作易圖考證，似乎有待商榷。何況梨洲並不抹殺考亭，他對朱子的地位仍然是相當肯定的。另外，認爲十六字

〔註97〕同上，〈尚書古文疏證序〉。

〔註98〕〈中庸章句序〉。

〔註99〕見〈清代思想史的一個新解釋〉與〈從宋明儒學的發展論清代思想史〉二文（收入《歷史與思想》）。

〔註100〕《歷史與思想》，頁146。

〔註101〕同上，頁148。

〔註102〕如牟宗三將宋明理學分爲三系，而以伊川、朱子爲一系（見《心體與性體》，第一冊，頁49。），此說從者頗眾。

心傳是陸王心學的重要據點，對程朱理學最多只有邊緣價值，顯然也忽略了朱子於「中庸章句序」中，據十六字心傳建立道統理論的事實，並漠視十六字心傳將心與理二分，人心與道心二分的說法，是接近伊川、朱子而遠離陸王的主張。而梨洲站在心理爲一的立場，更不可能有「往日對十六字心傳深信不疑的態度」，此證之梨洲於替《尚書古文疏證》作序前，與朱康流的對話中，對十六字心傳所表現的不滿態度即可得知。解釋清代經學、考證之學爲何興起，是思想史上的一大問題，而余先生的觀點在此一領域具有舉足輕重的地位，故略作辨析如上。

史學方面，梨洲的成就更爲可觀，如眾所皆知的《明儒學案》及未完成的《宋元學案》，是中國學術史上的大著作，《明儒學案》分別各家宗旨，並存「一偏之見」與「相反之論」，〔註 103〕是「明室數百年學脈」。〔註 104〕此外，有《行朝錄九種》等，記南明抗清之史蹟；另《文約》、《文定》、《文案》中，亦多墓誌銘、神道碑銘、行述、傳記等，其用意則在以碑傳爲史傳，以保存一代歷史，並探討一代興亡之故。而著名的《明史》之編修，梨洲弟子萬斯同出力至鉅，又其中「地理志」多依梨洲《今水經》之文，「儒林傳」多本之《明儒學案》，〔註 105〕「歷志」更是千里遺書，乞審正而後定，〔註 106〕梅文鼎本《周髀》言天文，世驚爲不傳之祕，實則由梨洲開之。〔註 107〕要之，凡此種種史學成就，皆爲梨洲經世思想的具體表現。其後，萬斯同、全祖望、章學誠、邵晉涵等繼梨洲而起，所謂浙東史學派乃盛極一時。

尤有進者，梨洲治經史極具客觀精神，對郡縣之誌、氏族之譜等野史絕不輕信；〔註 108〕對荒誕史料之糾謬正僞，不遺餘力〔註 109〕；對地理之考證，亦頗精確；〔註 110〕而於「天官地誌、金石算數、卦影革軌、藝術雜學」等治史之基本工夫，亦無不包舉。〔註 111〕讀經時則「字比句櫛，三禮之升降拜跪、

〔註 103〕《明儒學案》，〈凡例〉。
〔註 104〕賈若水語，見《明儒學案》，〈自序〉。
〔註 105〕見《鮚埼亭集》，外編，卷十六白〈城北鏡川書院記〉。
〔註 106〕《南雷文定》，後集，卷一，〈答萬貞一論明史歷志書〉。
〔註 107〕《神道碑文》。
〔註 108〕《南雷文定》，三集，卷一，〈淮安戴氏家譜序〉。
〔註 109〕如對楊嗣昌、洪承疇等人事蹟之廓清（見《南雷文約》，卷四，〈明名臣言行錄序〉），以及對《唐書》謬誤之糾正（見《破邪論》，《唐書》）。
〔註 110〕如《匡廬記遊》之考證古跡。
〔註 111〕《南雷文定》，前集，卷八，〈前鄉進士澤望黃君壙誌〉。

宮室器服之微細、三傳之同異義例、氏族時日之雜亂，鉤稽考索，亦謂不遺餘力。」〔註 112〕觀此可知梨洲經史的目標雖在「實治」、「實行」，但他在經學史學方面的實際研究成果，却已逐漸逸出經世致用的範圍了。

二、政治理想

梨洲的政治理想大體表現於《明夷待訪錄》中，這是他經世之學最具體的表現，代表他在亡國滅種之際，對傳統政治——特別是明代專制政體——的批判與反省。對於明代學術事功的低落，梨洲頗有自覺，他說：「嘗謂有明文章事功，皆不及前代。」〔註 113〕而我們知道，有明一代的專制毒害，正是中國傳統的專制統治的最高峯，那麼，梨洲窮本探源，反省明代「文章事功」低落的原因，歸之於專制的高度發展，因而設計一套外王事業的理想藍圖，以期消解專制的毒害，也就理有必然了。

《待訪錄》作於清康熙元年，翌年書成。當時梨洲方聞永曆帝被俘殉國的噩耗，潮息煙沈，興復之望已絕，故此錄的目的並不在於挽救一時的危弱之局，而是以徹底反省的心境，檢討傳統政治的癥結，以待來者。至於因爲此錄以「待訪」爲名，并於「序言」中自比於箕子，謂「吾雖老矣，如箕子見訪，或庶幾焉。」而懷疑梨洲之用心，如章太炎所說「陳義雖高，將俟虜之下問。」〔註 114〕並斥其「守節不孫」，〔註 115〕則未免譏彈過甚。因梨洲晚節固然不如早年之勁，如稱清朝皇帝爲「聖天子」，〔註 116〕極力應付尚書徐乾學、明史館總裁徐元文、葉方藹，〔註 117〕並謂「素中國行乎中國，素夷狄行乎夷狄。古來相傳禮教二字，就是當路之準的。蒙古據有中國，許趙之功高於弓矢萬倍。自許趙出，蒙古亦中國矣。」〔註 118〕於夷夏之防，有所輕忽，但這些都是康熙十六年以後的事，且由他屢次堅拒清廷徵詔，並戒弟子萬季

〔註 112〕同上。

〔註 113〕《明儒學案》，〈凡例〉。

〔註 114〕《章氏叢書》，〈文錄一〉，〈說林上〉。

〔註 115〕同上，〈非黃〉。

〔註 116〕《南雷文定》，三集，卷二，〈周節婦傳〉云：「今聖天子無幽不燭」；《南雷文約》，卷四，〈餘姚縣重修儒學記〉云：「聖天子崇儒尚文。」

〔註 117〕分見《南雷文約》，卷四白「傳是樓藏書記」；《南雷詩歷》，卷二，〈次葉訒菴太史韻〉；卷四，〈次徐立齋先生見贈〉。惟此等行爲，亦可解釋爲梨洲苦心孤詣，企圖保存故國文獻。

〔註 118〕黃嗣艾，《南雷學案》，卷一。

野勿上河汾太平之策，〔註 119〕則其大節畢竟仍不可奪。此外，我們由此書「多嫌諱，弗盡出」，〔註 120〕並於乾隆年間遭禁，知其絕不能是向清廷獻策。即使退後一步，由現存該書的內容看來，其主張亦絕對不會爲任何專制政體所喜，反而因爲他的目的不在於向任何統治者「獻策」，不必考慮對方的好惡，所以更能以反省、批判的態度，接觸政治的根本癥結。所以，即使反清最激烈的顧炎武，亦不曾懷疑梨洲的動機，並曾遺書梨洲，說：「讀之再三，於是知天下之未嘗無人，百王之蔽，可以復起，而三代之盛，可以徐還也。」〔註 121〕又說：「古之君子，所以著書待後，有王者起，得而師之。然而《易》窮則變，變則通，通則久，聖人復起而不易吾言，可預信於今日也。」〔註 122〕是則梨洲《明夷待訪錄》之作，其目的絕不在於向清廷獻策，而是苦心孤詣的儒者，在巨變下對傳統政治所作的沈痛反省的結晶。

《明夷待訪錄》的政治理想，主要環繞著「以人民爲本位」的反專制理念而展開，如「原臣」說：「天下之治亂，不在一姓之興亡，而在萬民之憂樂。」是將天下治亂的標準，立基於人民生活的憂樂。「原君」說：「古者以天下爲主，君爲客……今也以君爲主，天下爲客。」則是逕將專制政體下「君爲臣綱」的現象扭轉過來，以人民爲國家的主人了。而梨洲之所以有此睿見，在於他已意識到若不作一根本變革，「小小更革，生民之戚戚終無已時。」〔註 123〕而此一政治理想所要達到的，自然不是王朝更替時的補偏救弊，而是美好如三代的大治。他說：

> 余常疑孟子一治一亂之言，何三代而下之有亂無治也？乃觀胡翰所謂十二運者，起周敬王甲子，以至於今，皆在一亂之運。向後二十年，交入大壯，始得一治，則三代之盛，猶未絕望也。〔註 124〕

三代以下家天下的政治，在梨洲眼中正是「有亂無治」，而根據胡翰的預言，此一「一亂之運」不久將有轉機，三代之盛可以翹足而待，所以梨洲是以充滿希望的心情，來設計理想政治的藍圖。以下即就梨洲如何本著「以人民爲

〔註 119〕《南雷詩歷》，卷二，〈送萬季野貞一北上〉，有「不放河汾聲價倒，太平有策莫輕題」之語，時爲康熙十八年。

〔註 120〕全祖望語，《鮚埼亭集》，外編，卷三十一，〈書明夷待訪錄後〉。

〔註 121〕《南雷文定》，附錄。

〔註 122〕同上。

〔註 123〕〈原法〉。

〔註 124〕〈明夷待訪錄序〉。

本位」的理念，展開他理想政治的設計，略作闡述。

「君權」問題是傳統政治的癥結，故梨洲首及之。他認為立君的原意在於為民興利除害。「原君」說：

> 有生之初，人各自私也，人各自利也。天下有公利而莫或興之，有公害而莫或除之。有人者出，不以一己之利為利，而使天下受其利；不以一己之害為害，而使天下釋其害。

此即「君」的職責應該是服務性質，後世人君將天下視為私人莫大之產業，已完全悖離立君的原意，而其原因在於觀念的混淆。他說：

> 此無他，古者以天下為主，君為客，凡君之所畢世而經營者，為天下也。今也以君為主，天下為客，凡天下之無地而得安寧者，為君也。〔註125〕

古今的對比代表理想與現實的對比，梨洲此處是想把專制傳統中敲剝天下以奉一身的不合理現象扭轉過來，將政治主體落實在百姓萬民身上，以消除專制毒害。

立君的用意既明，那麼「君」若不能達此要求，自可加以推翻，而不必墨守「君臣之義」。他說：

> 今也，天下之人怨惡其君，視之如寇讎，名之為獨夫，固其所也。而小儒規規焉以君臣之義無所逃於天地之間，……豈天地之道，獨私其一人一姓乎？是故，武王，聖人也；孟子之言，聖人之言也。〔註126〕

可見「君」並無任何神聖不可侵犯的尊嚴，他的存在價值，端視能否盡其職份，為萬民謀福，否則自可將其推翻。梨洲在此為政權的轉移立下了標準。

在同一理念下，梨洲認為臣道也不應以事君為主，而應以天下萬民為依歸。他說：

> 緣夫天下之大，非一人之所能治，而分治之以群工，故我之出而仕也，為天下，非為君也；為萬民，非為一姓也。〔註127〕

因此，君與臣的關係只是在「治天下」的同一目標下而有的結合，這種合作關係一旦不存在，君臣的名份也應跟著消失。他說：「臣與君，名異而實同。」

〔註125〕〈原君〉。
〔註126〕同上。
〔註127〕〈原臣〉。

〔註128〕「君臣之名，從天下而有之者也，吾無天下之責，則吾在君爲路人。」〔註129〕在此一君臣當同爲人民服務的理念下，「臣」遂能由「君」的陰影中超拔出來，在政治結構中扮演獨立、積極的角色。如果臣未能堅守「爲天下，非爲君」的本份，而以奔走服役於「君」前爲能，那麼，不但會荒廢政事，也將不免使自己由「君之師友」淪爲「君之僕妾」。〔註130〕

在以民爲本的反專制立場下，梨洲又進一步反省「法」的問題。他認爲眞正的「法」只有一種，即三代以上之法。這種法是爲了人民的需要而設立，包括井田、封建、教育、婚姻等制度，基本精神在於「藏天下於天下」，是「天下之法」。至於三代以下之法，完全是統治者爲保有其既得利益而制定的，是「藏天下於筐篋」的「一家之法」，這種「非法之法」本質上實不足以稱之爲「法」，故梨洲又云：「三代以上有法，三代以下無法。」〔註131〕而實行「非法之法」的結果是天下大亂。梨洲說：

> 三代之法，藏天下於天下者也，……法愈疏而亂愈不作，所謂無法之法也。後世之法，藏天下於筐篋者也，利不欲其遺於下，福必欲其斂於上。用一人焉，則疑其自私，而又用一人以制其私；行一事焉，則慮其可欺，而又設一事以防其欺。天下之人共知其筐篋之所在，吾亦鰓鰓然日唯筐篋之是虞，故其法不得不密，法愈密而天下之亂即生於法之中，所謂非法之法也。〔註132〕

所以梨洲企圖「遠思深覽，一一通變，以復井田、封建、學校、卒乘之舊。」〔註133〕亦即以三代立法的精神，樹立嘉利天下的基本法度，《明夷待訪錄》中「置相」以下諸篇所論，就是本此精神所作的設計。

在此一標準下，梨洲亦批評「祖宗之法」的謬說，認爲立基於「利欲之私」的「法」，無論是否爲祖宗所立，都足以殘害天下，因此爭論誰是誰非，實無任何意義，「乃必欲周旋於此膠漆之中，以博憲章之餘名，此俗儒之勦說也。」〔註134〕此外，梨洲亦堅持「有治法而後有治人」，〔註135〕痛斥「天下

〔註128〕同上。
〔註129〕同上。
〔註130〕〈原臣〉說：「出而仕於君也，不以天下爲事，則君之僕妾也；以天下爲事，則君之師友也。」
〔註131〕以上俱見〈原法〉。
〔註132〕〈原法〉。
〔註133〕同上。
〔註134〕同上。

之治亂，不繫於法之存亡」、「有治人，無治法」的迂腐看法，〔註 136〕認為「自非法之法桎梏天下之手足，即有能治之人，終不勝其牽挽嫌疑之顧盼，有所設施，亦就其分之所得，安於苟簡，而不能有度外之功名。」〔註 137〕梨洲此一主張，可視爲他力求樹立客觀的「天下之法」，反對私心自用的「非法之法」的理論的引申。

《待訪錄》中，「原君」、「原臣」、「原法」三篇偏重政治上基本原理的抉發，其餘諸篇則偏於政治上具體問題的探討，其討論範圍包括「置相」、「學校」、「取士」、「建都」、「方鎮」、「田制」、「兵制」、「財計」「胥吏」、「奄宦」等，規模極其宏大。而這些篇章所探討的問題雖極廣泛，却處處顯示出反專制、暢民本的一貫理念，如「置相」篇認爲「官」是「分身之君」，與「君」共治天下，天子只是諸爵位中的一等，「後世君驕臣諂，天子之位始不列於卿大夫士之間。」所以梨洲主張恢復宰相的應有職責，對一切章奏與天子「同議可否」，並可自己批章奏，下六部施行，以分享天子的統治權，免得宰相之權盡出於宮奴之手，他反省明代一人專制之弊，感嘆地說：「有明之無善治，自高皇帝罷丞相始也。」「學校」篇主張使學校成爲輿論中心與監督政府的正義力量，「天子之所是未必是，天子之所非未必非，天子亦遂不敢自爲非是，而公其非是於學校。」「方鎮」篇主張沿邊俱設方鎮，賦予權責，「務令其錢糧兵馬，內足自立，外足捍患，……一切政教張弛不從中制。」而這種變相的封建，正有制衡中央集權的用心，所以梨洲說：「外有強兵，中朝自然顧忌，山有虎豹，藋藿不採。」「田制」篇主張恢復井田制度的精神，每戶授田五十畝以養民，並重定天下之賦，使稅不重出，且依方田之法，合理訂出稅率，以減輕人民負擔。「兵制」篇主張兵民合一，以免拖垮全國的政治、經濟。「財計」篇主張工商皆本，並主張廢金銀，以銅錢統一貨幣，免得金銀「往而不復返」，而統治者「罔民而收其利」，「使封域之內常有千萬財用，流轉無窮。」「胥吏」篇批評胥吏之據位弄法，造成「天下有吏之法，無朝廷之法」，「天下無封建之國，有封建之吏。」主張恢復差役制度，任用士人，以除胥吏之害。「奄宦」篇認爲明朝奄宦之禍最烈，漢、唐、宋雖有「干與朝政之奄宦」，明朝則更淪爲「奉行奄宦之朝政」，而這與明代廢除宰相，一人專制，使奄宦

〔註 135〕同上。
〔註 136〕同上。
〔註 137〕同上。

更有機會竊權有關，因爲奄人善以奴婢之道事主，迎合君主恣睢之欲，易得寵信，最後導致「宰相六部，爲奄宦奉行之員而已。」故梨洲主張「爲人主者，自三宮以外，一切當罷」，以減少奄人之數，釜底抽薪，避免奄亂。

由上可知，「置相」以下諸篇，雖重在政治上具體問題的探討，其基本精神實已表現於「原君」、「原臣」、「原法」之中，而不論這些理論是否切實可行，《待訪錄》之作，已塑造了儒者經世致用的典範，並表現出許多具有創造性的見解，諸如：

（一）拋棄以德化民的政治神話，肯定人民自私自利的權利

傳統的儒者，一向奉行「道之以德，齊之以禮」的爲政理想，並且重「義利之辨」，認爲爭取個人權利，是卑下的功利心態，所以很難培養出針對實際政治問題求取一客觀約定的心靈，而混淆了政治與教化兩個不同的領域。梨洲對此却有突破性的看法，他說:「向使無君，人各得自私也，人各得自利也。」公然以自私自利爲理想，這在當時眞是石破天驚的言論，是硜硜小儒所不敢想像的，因爲這意謂人民的利害，人民自然的欲望要求，就是政治活動的目的，就是天下之大公，不容許統治者以任何道德性的藉口，抹殺此一基本要求。了解這點，才有可能眞正站在廣大民眾的立場思考政治問題，否則人民的權利將永遠淪爲「以德化民」的政治神話的祭品。梨洲對此一關鍵問題既有所徹悟，遂能針對實際政治領域的問題，作出種種深刻的反省。當然，梨洲此一肯定人民自私自利的主張，與他的工商皆本、統一貨幣等經濟立場，在某種程度上都與當時追求利潤的工商業興起的社會背景有關，但梨洲能在社會基礎的轉變過程中，一躍而爲政治上的覺醒，有系統的反省違背社會要求的統治的合理性，其貢獻仍是空前的。

（二）對私天下的專制政體的合理性提出挑戰，觸及傳統儒學「道之不行」的死結

傳統儒者「道之不行」的感嘆無世無之，但這絕非可以用「不遇明主」、「機緣未到」等理由來自我安慰的偶然現象，它毋寧是歷史的必然。因爲皇帝本人正是現實上阻礙「道」之施行的利益集團的頭子，專制政體的責害即爲「道之不行」的死結。傳統儒者一方面持守與現實政治絕不相同的政治理念，一方面又苦心等候得君行道的機會，本質上就是一廂情願的悲劇。梨洲則能看透「道之不行」的癥結，了解專制政體是政治的毒瘤，他說：「凡天下

之無地而得安寧者，爲君也。是以其未得之也，屠毒天下之肝腦，離散天下之子女，以博我一人之產業，曾不慘然；曰：我固爲子孫創業也。其既得之也，敲剝天下之骨髓，離散天下之子女，以奉我一人之淫樂，視爲當然；曰：此我產業之花息也。然則爲天下之大害者，君而已矣。」〔註 138〕此一以專制政體的統治者爲屠毒萬民的劊子手，無疑是對專制政體合理性的嚴厲挑戰，也無異宣告私天下的專制政體是政治的死胡同，梨洲縱因時代限制，未能提出根本的解決之道，但至少已觸及傳統政治的死結，提醒後人追求不合理的私天下的專制政體外的政治體制的必要性。

（三）公天下的立法精神與「有治法而後有治人」的觀念，拉近儒學傳統與近代法治的距離

梨洲認爲專制帝王所立的法，基本上皆屬於壓榨人民的一家之法，故判爲「非法之法」，並主張革除此一私心自用的法，代之以公天下的法。梨洲這種以無私性、開放性爲立法原則的主張，雖距現代意義的法治，仍有相當距離，但精神實有相通之處，由此一原則出發，不難接受近代法治中由人民立法的觀念。梨洲這種反省，在中國傳統中，無疑是一種突破。此外，他「有治法而後有治人」的主張，將制度的重要性置於人才之上，在儒家「有治人無治法」的人治主義傳統中，也是一項了不起的成就。

（四）劃清政治倫理與親情倫理，徹底打破君尊臣卑的理論基礎

君臣關係本是相對的、後天的，不同於由血緣造成的父子關係，但專制政體的統治者卻慣於「以如父如天之空名，禁人之窺伺」，〔註 139〕於是「君」的地位遂絕對化、片面化，截然超乎臣民之上，成爲頂禮膜拜的對象；加上「小儒規規焉，以君臣之義無所逃於天地之間」，〔註 140〕而君臣的名份遂如父子倫常之不可改變了。三綱之說以君爲臣綱、父爲子綱並列，〔註 141〕就是最

〔註 138〕〈原君〉。

〔註 139〕〈原君〉。

〔註 140〕〈原君〉。此語出自《莊子》，〈人間世〉云：「天下有大戒二，其一，命也；其一，義也。子之愛親，命也，不可解於心；臣之事君，義也，無適而非君也，無所逃於天地之間。」但莊子此處旨在說明我們對人間秩序無法完全規避，所以要「知其不可奈何而安之若命」——坦然的承擔，才能化解——并不以爲「君」有任何神聖之處。但後儒則擬君臣於父子，如《二程遺書》，卷五，云：「父子、君臣，天下之定理，無所逃於天地之間。」

〔註 141〕《白虎通》，〈三綱六紀〉。

明顯的例子。但梨洲却認爲君臣的名份是由共同爲民服務的關係而來，二者如「共曳木之人」，〔註 142〕一旦此一關係不存在，君臣的名份也就自然消失，所以他堅決反對「臣」與「子」並稱，謂「父子一氣，子分父之身而爲身，……君臣之名，從天下而有之者也。吾無天下之責，則吾在君爲路人。出而仕迟君也，不以天下爲事，則君之僕妾也；以天下爲事，則君之師友也。夫然謂之臣。其名累變，夫父子固不可變者也。」〔註 143〕可見君臣的關係是暫時且有條件的，絕不同於「固不可變」的父子關係。梨洲在此劃清了政治倫理與親情倫理的界淺，揭穿了政治神話，有助於後人認清君臣關係的原貌，鼓舞人們向專制帝王挑戰的勇氣。

由上可知，梨洲的政治理念是傳統中國邁向近代民主政治的一大突破，而在歷史上，它也在國人追尋近代西方民主制度的過程中，扮演了積極的角色，例如梁啓超自認「我自己的政治運動，可以說是受這部書的影響最早而最深。」〔註 144〕「梁啓超譚嗣同輩倡民權共和之說，則將其書節抄，印數萬本，祕密散布，於晚清思想之驟變，極有力焉。」〔註 145〕可見《明夷待訪錄》影響之深。然而，這並非表示梨洲的政治理念已經可以與近代西方的民主主義者相提並論，例如他雖有許多反專制、倡民本的構想，却未發展出一套方法，以保障這些構想的實現。當然，這屬於歷史條件的限制，我們不應苛責。但是，即使就《待訪錄》本身的體系而言，也存在某些不合理之處，例如其中一方面主張「有治法而後有治人」，顯示出重視制度的傾向，但另一方面却又要求國君應「不以一己之利爲利，而使天下受其利；不以一己之害爲害，而使天下釋其害」、「以千萬倍之勤勞，而己又不享其利」，〔註 146〕這種想法不但違反現實的人性，且又回到傳統儒者將希望寄託於「聖君」之不切實際的理想，削弱了理論的說服力。又如其中一方面反對「天下之是非一出於朝廷」，〔註 147〕頌揚東漢太學生之「危言深論，不隱豪強」，〔註 148〕很明顯鼓勵反對的言論，但另一方面却又主張「時人文集、古文非有師法，語錄非有心得，

〔註 142〕〈原臣〉。
〔註 143〕同上。
〔註 144〕《中國近三百年學術史》，頁 47。
〔註 145〕《清代學術概論》，頁 32。
〔註 146〕〈原君〉。
〔註 147〕〈學校〉。
〔註 148〕同上。

奏議無補實用，序事無補史學者，不許傳刻。其時文、小說、詞曲、應酬代筆，已刻者皆追板燒之。」〔註 149〕則對出版的管制未免過嚴，容易被統治者利用，作爲壓制不同意識型態的藉口。

無論如何，《明夷待訪錄》雖存在著某些缺點，但只應算是白璧之瑕，它所表現的原創性智慧及結合現實問題的努力，無疑已寫下了儒家經世思想極爲輝煌燦爛的一頁。

第四節　結　語

在明清之際反王學的狂潮中，梨洲是惟一站在陽明的立場發言，並且開創出新局面的儒者，所以透過對梨洲思想的探討，可以幫助我們了解明清之際儒學發展的多面性。

梨洲早年、中年全力投入政治活動，五十四歲那年所成的《明夷待訪錄》代表他停止政治活動，潛心講學著述後，對傳統政治制度的徹底反省，此後的用心完全擺在文化問題的反省上，而梨洲在哲學思想的立場上雖以陽明、蕺山的眞正傳人自居，我們若透過發展的觀點考察他思想演變的過程，可以發現在七十九歲前後，梨洲思想態度有相當程度的轉變，前半期因鑒於王學末流狂蕩之弊，故偏重收歛的工夫，學術態度相當拘謹；後半期則對重發用後工夫的學說大有會心，論學態度也趨於寬大，尤其在《明儒學案自序》中，透過對「心」的地位與功能所作的特殊詮釋，重構了獨特的心性學理論，使他的心性之學成爲融攝歷史文化與經世之學的偉大體系，這在儒學發展史上是很特殊的。

梨洲學術生涯早期的拘謹態度，表現於他對陽明「四句教」的懷疑，對「致良知」的不信任，以及對陳乾初的批評上。梨洲推尊陽明的立場是無可置疑的，但他對陽明視爲一生學力歸宿，爲「徹上徹下語」的四句教——尤其是「無善無惡是心之體」一語——的態度前後極不一致，在此不一致中，他既欲維護陽明，却又不得不求改弦更張的矛盾心理表露無餘。此外，梨洲對陽明「致良知」的說法也沒有信心，認爲良知應是「未發」，致良知之學應以收歛爲主，甚至乾脆以蕺山的「意」取代「良知」，以「誠意」取代「致良知」，擔心就「知善知惡」處言良知，不能照管善念惡念的發動，僅能落於意

〔註 149〕同上。

念發動後的省察；在同一理由下，梨洲更以主張守靜歸寂，重發用前工夫的江右學派承王學正統。梨洲此一重視發用前工夫的態度，也表現在他對陳乾初思想的評價上，在這一階段，他對乾初「擴充盡才以見性善」與「天理正從人欲中見」等論性的見解完全不能體會；對乾初《大學辨》主張《大學》非聖經賢傳，是支離虛誕之說，並求以「正心」代「誠意」，反對「格致」在「誠正」之前等說法也深致不滿。凡此，皆表現了梨洲的拘謹態度。

站在王學立場，「四句教」與「致良知」之說在義理上本自我圓足而無可議之處，且陳乾初《性解》與《大學辨》中的見解，其精神與梨洲也不相悖，所以梨洲在這些問題上表現的過敏反應與過度拘謹的態度，就頗耐人尋味，因而爲梨洲此一態度尋求思想背景的解釋也就有其必要。

傳統儒者爲歷史的興亡尋求解釋時，往往過度重視思想或道德所扮演的角色，且慣於把複雜的政治、社會、經濟問題、化約（reduce）爲道德問題或思想問題，梨洲也不例外，《宋元》、《明儒》兩學案的編纂，就有由思想上立本，以疏通時代問題之癥結的用心，因此明代思想重心的心性學在梨洲心目中已不只是成聖成賢之學，亦是關係國運盛衰的大學問。而在梨洲之世，王學末流放縱、玄虛之弊已泛濫不可收拾，如劉蕺山說：「今天下爭言良知矣，及其弊也，猖狂者參之以情識，而一是皆良；超潔者蕩之以玄虛，而夷良於賊；亦用知者之過也。」〔註 150〕「猖狂者參之以情識」就是混淆了良知與自然生命而流於放縱；「超潔者蕩之以玄虛」就是混同良知與佛老之說而流於光景之玩弄。放縱與玄虛會導致道德的敗壞與事功的忽略，梨洲既認爲心性問題關聯著國運盛衰，在巨變之餘，追究禍根，自然要對王學末流大加撻伐，並且對陽明某些較爲簡易、疏放的態度產生過敏反應了。所以梨洲此一時期所表現的拘謹態度，都可以從「救病」——澄清王學流弊——的觀點去了解，而這也是梨洲特別欣賞擔當「救正」角色的江右學派的緣故。因爲身遭巨變的梨洲，已像是一隻飽受風霜的驚弓之鳥，重拘謹、收斂工夫的心性學態度，才是他「救病」的仙丹，他雖然十分敬重陽明，但對陽明學說中的簡易、疏放之處，已不敢正視了。

在忙於「救病」之後，梨洲到晚年義理精熟的階段，已有餘力採取開放的態度，所以對重發用後工夫的學說已大有會心，論學的態度也趨於寬大。此一轉變表現在他對乾初的論學見解終能包容、欣賞上，而在《明儒學案自

〔註 150〕《劉子全書》，卷六，〈證學雜解〉。

序》中，梨洲更重構他的心性學理論，企圖藉此包融、消化各層面的學問。

「自序」中最大的手筆，在於將經驗世界的萬殊收攝於一心之中，並且不淪爲以內省的心靈活動取代客觀領域的活動，使梨洲的心性之學成爲融攝歷史文化與經世之學的偉大體系。在這一層意義上，梨洲雖然認爲「盈天地皆心」，但他所重視的却是天地萬物的萬殊，所以說「變化不測，不能不萬殊。」並且認爲天地萬物之萬殊雖爲一心所收攝，但向內追求心之本體却是無意義的，所以說「心無本體，工夫所至，即其本體。」亦即並沒有一個隔離的心體值得我們去追求，所以我們不能在純粹的內省活動中把握心體，而是要透過不斷地創造，在社會、歷史、文化的創造中把握心體。基於此一體認，梨洲遂反對學術之出於一途，認爲如此等於封閉了心體的創造性，「使美厥靈根者，化爲焦芽絕港。」而不同的學術表現既然都是心體之不同面相的呈現，自然各有其價值，故云「學術之不同，正以見道體之無盡。」

梨洲透過對「心」的地位與功能所作的特殊詮釋，重構了獨特的心性學理論，使他的心性之學成爲融攝歷史文化與經世之學的偉大體系，一直到此時，梨洲一輩子所從事的經史、經世之學，才算與他的心性之學完全結合。也必須如此，梨洲推尊心性學立場與他完全不同的朱子，並且在儒釋尖銳對立的狀態已告緩和時仍致力於儒釋之辨，以及即氣言理，直接賦予「氣」獨立價值等主張，才能得到圓滿的解釋。因爲梨洲雖然推尊陽明、蕺山，但他們的心學立場並不足以替客觀領域安排一適當的地位，而梨洲之推尊朱子，係由於朱子是合仁義與事功爲一的表率；梨洲之辨明儒釋，是因爲「儒者步步是實，釋氏步步是虛」；梨洲強調「氣」的地位，是因爲「氣」即宇宙萬殊的表現，強調「氣」即強調宇宙間萬殊的價值。凡此種種重視客觀領域、重視事功的表現，都不是傳統的心學系統所能涵攝，梨洲既持守心學立場，又想替各層面的學術安排一適當的地位，那麼，對「心」的地位與功能作一特殊詮釋，重構一嶄新的心性學系統，就是他的學術的唯一出路了。而我們亦可發現，縱然梨洲仍講心學，但在他的思想體系中，內省的心性工夫的地位已告減弱，客觀領域的地位已告抬頭。

在經世思想上，梨洲相當重視經史之學，因爲他認爲儒者之學應是經緯天地，承擔人間現實問題之重責大任的致用之學，而經學恰可符合此一要求，所以梨洲爲學必「以《六經》爲根底」，而「經術所以經世」。

梨洲雖認爲經學是學術的根底，但學者若拘執經術，食古不化，容易流於迂腐，所以必兼讀史，用以輔助經學，達到經世致用的目標。而讀史的目的既在於「應務」，在於「不爲迂腐之學」，則近世當身之史自然要比古史的用處大，所以梨洲相當留心當身之史，他讀史時先讀《明十三朝實錄》，其次才上溯《二十一史》；編寫學案時，一反古人編史時由古及今的成例，先撰《明儒學案》，再及於宋元儒兩學案，就是重視近世當身之史的最佳例證。梨洲此一重史學、重近世當身之史的態度，對於沖淡由尊經而來的復古狂熱，培養以開放的心靈面對時代問題挑戰的心態，發揮了相當良好的作用。

《明夷待訪錄》是梨洲經世之學最具體的表現，代表他在亡國滅種之際，對傳流政治制度的反省與批判，其中的「原君」、「原臣」、「原法」三篇偏重政治上基本原理的抉發，其餘諸篇則偏於政治上具體問題的探討。全書的基本精神主要環繞著「以人民爲本位」的反專制理念而展開，文中經常透過古與今的對比批判專制政體中不合理的現象，提出很多精彩的見解，如：（1）公然以人民的自私自利爲政治理想，亦即不容許統治者利用任何道德性的藉口，抹殺人民自然的欲望要求，使人民的權利不再是「以德化民」的政治神話的祭品。（2）以專制政體的統治者爲屠毒萬民的劊子手，意識到皇帝本人就是現實上阻礙「道」之施行的利益集團的頭子，專制政體的毒害就是「道之不行」的死結，解開了傳統儒者一方面持守與現實政治絕不相同的政治理念，一方面又苦心等待得君行道機會之一廂情願的悲劇。（3）公天下的立法精神以及將制度的重要性置於人才之上的觀念，拉近了儒學傳統與近代法治的距離。（4）認爲君臣關係是暫時而有條件的，絕不同於「固不可變」的父子關係，劃清了政治倫理與親情倫理的界綫，徹底打破君尊臣卑的理論基礎，鼓舞人們向專制帝王挑戰的勇氣。

全謝山曾批評梨洲缺失，認爲「先生之不免餘議者有二：一則黨人之習氣未盡，蓋少年即入社會，門戶之見深入而不可猝去；其二則文人之習氣未盡，以正誼明道之餘技，猶留連於枝葉。」〔註151〕然而，由上述梨洲之學術表現看來，全氏的批評顯然並不中肯，因爲梨洲縱有全氏所謂的「黨人習氣」，也未必僅具負面意義，因爲此一「習氣」正使梨洲得以承接東林的抗議精神與經世精神，激發他「一黨師友，冷風熱血，洗滌乾坤」〔註152〕的豪情壯志，

〔註151〕《鮚埼亭集》，外編，卷四十四，〈答諸生問南雷學術劄子〉。
〔註152〕梨洲評東林黨人語。（見《明儒學案》，卷五十八，〈東林學案〉序），這句話其實也是梨洲本人的寫照，梨洲之父列籍東林，而梨洲本人亦猶有東林之流

使他對現實環境更爲敏銳，更留意於經世之學；也使得梨洲深有得於陽明、蕺山之學，使他能掌握明代思想的重心，梨洲的思想就是站在陽明、蕺山的基礎上而有的發展。至於將梨洲的心性學視爲「正誼明道之餘技」，視爲「枝葉」，而以一句「文人習氣未盡」將它糟蹋掉，更屬唐突，因爲梨洲的獨特就在舉世非議王學之時，獨能於王學中另闢蹊徑，透過對「心」的地位與功能所作的特殊詮釋，重建心性學系統，使他的心性之學成爲融攝歷史文化與經世之學的偉大體系，這正是梨洲一生學問的精神所在，全氏在這方面對梨洲思想的隔閡，正代表很多從事梨洲思想研究者的立場，此種隔閡，導致梨洲思想的精義一直未受到正視。

梨洲思想最具創造性的地方，就表現在〈明儒學案自序〉對傳統心學的改造，以及《明夷待訪錄》對傳統政治制度的反省。此外，他的思想表現仍有許多值得吾人反省的地方，例如：

（一）史學精神抬頭，逐漸擺脫經學權威的束縛，是梨洲思想具有原創性的重要因素

傳統儒者一直以爲建功立業的經世之學能在經學中尋到法門，例如與梨洲同時的顧亭林將「博學於文」的對象落實在經書上，將「經世致用」轉變爲「通經致用」；顏習齋則以《尚書》、《周禮》中的六府、三事、六德、六行、六藝爲最具實用價值的學問；甚至持歷史發展觀點的王船山亦自許「《六經》責我開生面」，希望以經書爲根底，找尋解決時代問題的靈感。這種以經書爲萬應靈丹的心態，遮蔽了人們面對新世界時的視野，使人忽略實際改革所必須面對的複雜問題，嚴重阻礙人們開創新局面的努力。

梨洲雖然亦認爲經學是學術的根底，但已意識到若要免於迂腐，就不能拘執經術，所以必兼讀史，尤其是讀近世當身之史，才足以「應務」，於是史學在他的學術系統中，已有由附庸蔚爲大國的趨勢。

比起經學來，史學無疑更能達到求眞、求實的要求，更能與現實問題相結合，如果以「即事求理」與「立理限事」這一對對比的觀念來形容史學與經學的精神，梨洲究心史學的努力，已使他由傳統儒者「立理限事」的經學束縛中解放出來，而能以開放的心靈面對時代問題的挑戰了。《明夷待訪錄》中許多具有創造性的開明見解，正是梨洲本其批判精神，結合社會現實的要求而有的表

風餘韻。

現，是史學經世的最佳例證，這些睿見是不可能由經學單獨提供的。

由於史學精神抬頭，梨洲遂能逐漸擺脫經學權威的束縛，而獲得空前成就，這與極端尊經者經常落入欲振乏力的困境比較起來，我們更能體會經學權威對於傳統儒者邁向新世界的阻礙，也更能體會一味地尊經復古是行不通的。

（二）《明夷待訪錄》所表現的平民主義傾向，是王學在政治領域的落實

《明夷待訪錄》中，處處透露「以人民為本位」的公天下精神，表現出平民主義的傾向。此一傾向的社會基礎，雖可能與明清之際江浙一帶資本主義萌芽，富民追求個人利益的背景有關，〔註 153〕但在思想淵源上，仍可視作王學精神的落實。

梨洲曾指出「自姚江指點出良知，人人現在，一反觀而自得，便人人有個作聖之路。」可見肯定人人皆有良知是對人格最大的尊重與肯定，這種對人格的尊重若推展到政治領域，勢必會有「以人民為本位」的政治覺醒。而由於左派王學的推闡，陽明人人皆具良知、滿街都是聖人的觀點，更被發揮到極致，使這一平民主義的精神風行天下。所以梨洲雖以陽明正統自居，而不喜左派王學，〔註 154〕但他在《明夷待訪錄》中所表現的平民主義傾向，却與左派王學脫不了關係，例如「原君」篇人各自私自利的說法就與李卓吾的主張若合符節。卓吾說：

> 夫私者，人之心也，人必有私而後其心乃見，若無私，則無心矣。〔註 155〕

由上可知，《明夷待訪錄》中所表現的平民主義傾向，是陽明良知說在政治領域的落實；而梨洲既不喜左派王學，其思想表現又與左派王學的平民精神相呼應，也可看出思想演變的奧妙過程。

（三）梨洲的成就證明王學本身具有開放性成份

明清之際的儒者，在天崩地解的情況下，鮮能不歸罪於王學，似乎講王學就必然會與現實世界疏離，就是逃避人生的象徵，但梨洲雖然不以王學的

〔註 153〕如梨洲的土地政策明白表示不可「困苦富民」（「田制二」），以及主張鑄造統一的銅幣，以暢公私之貨源（「財計」）。

〔註 154〕例如他排斥「名動天下」的李卓吾於《明儒學案》之外，對何心隱等人也深致不滿。

〔註 155〕《藏書》，卷二十四，〈德業儒臣後論〉。

反抗者的姿態出現，繼續持守王學的立場，却能於其中另闢蹊徑，開創出無比精彩的成就，梨洲這種對王學活潑有力的詮釋，證明了王學本身具有開放性的成份，在面對困局時不必然會步步趨於僵化、枯萎，而王學在明清之際的儒學運動上，也就不應被視爲時代的落伍者，〔註 156〕因爲心學發展到這個地步，類似朱子「却愁說到無言處，不信人間有古今」〔註 157〕的疑慮，已可消除了。

（四）清初儒者如何由經世之學轉入客觀的經史考證，在梨洲的學術表現上可獲得線索

梨洲學問的目標雖重在經世，本意並不在於客觀的經學、史學之研究，但他在經學、史學的研究上，却已不自覺地逸出「經世致用」的範圍，而別開一新方向、新領域，如江藩《國朝漢學師承記》即將梨洲列爲清代漢學的先鋒。故探討梨洲此一轉變的原因，將有助於我們了解清初儒學如何由經世之學一步步轉入客觀的經史考證。

簡言之，梨洲純客觀的經史考證之成就，可說是他的經史之學落實後的產物。因爲梨洲認爲經史之學是學術的根柢，是達到經世致用目標的憑藉，所以梨洲自然致力於經史之學的研究，而學問本身自有其規律，爲達到確實的成果，就必須遵守學術研究的規律，於是學術研究遂形成一自主的發展過程，不復是原來的研究動機所能拘束，所以梨洲的經史之學就在不知不覺中逸出經世致用的範圍，一步步轉入客觀的經史考證，這就像國外的漢學研究本有其實用的動機，但一旦投入其間，其研究成果往往會超出原先的實用目的，而獲得客觀的成就。

這種由經世之學一步步轉入客觀的經史考證的情況，在梨洲身上雖沒有表現得像顧亭林那麼明顯，但此一轉變的趨勢已值得我們特別留意。至於將梨洲的經學考證動機歸之於義理派別之爭的說法，本章第三節辨之已詳，故不復贅述。

〔註 156〕以清初經世之學與王學截然對反的看法，始於梁啓超所言「顧黃王顏，皆明學反動所產。」(《清代學術概論》，頁 29)，此一觀點爲一般思想史家所接受。

〔註 157〕這是朱陸鵝湖會後三年，朱子和詩的末兩句。

第三章　顧炎武

第一節　傳　略

顧炎武，字寧人，原名絳，明亡後改名炎武，或自署蔣山傭，學者稱亭林先生。江蘇崑山人，生於明萬曆四十一年，辛於清康熙二十一年（1613～1682），享年七十。〔註 1〕

顧氏爲江蘇崑山望族，嗣母王氏未婚守節，事姑至孝，并養先生於襁褓，崇禎九年，曾因此得朝廷表揚。明亡，江南抗清運動又挫，王氏避兵常熟，絕食自盡，遺言亭林勿事二姓，謂：「我雖婦人，身受國恩，與國俱亡，義也，汝無爲異國臣子，無負世世國恩，無忘先祖遺訓，則吾可以瞑於地下。」〔註 2〕亭林謹記此一教訓，終身奉行不渝。

先是，嗣祖紹芾希望亭林能早取功名，於亭林十三歲那年，爲納穀寄學，入學爲生員，習科舉文字，但他此時耿介絕俗的志行已不可掩，他不諧於俗，唯與同里歸莊爲友，并同遊復社，故有「歸奇顧怪」之稱。到了二十七歲那年，秋闈見擯，「感四國之多虞，恥經生之寡術」，〔註 3〕才全然絕意仕途，退而讀書，徧覽《二十一史》及《天下郡縣志》等書，著《天下郡國利病書》。這是亭林生命中的一大轉變，經史致用之學從此成爲他一生致力的對象。後

〔註 1〕有關顧炎武的生平資料，以全祖望〈顧亭林先生神道表〉（《結埼亭集》，卷十二）最爲精審，而張穆編《清顧亭林先生炎武年譜》最稱詳盡。

〔註 2〕《亭林餘集》，〈先妣王碩人行狀〉。

〔註 3〕《亭林文集》，卷六，〈天下郡國利病書序〉，頁 137。

來他回想這一轉變，自謂：

中年以前，不過從諸文士之後，注蟲魚，吟風月而已。〔註4〕

崇禎十七年，思宗殉國，清兵入關，馬士英等擁立嗣福王由崧即位南京，亭林擬就「軍制論」、「形勢論」、「田功論」、「錢法論」等四篇救國方策，作為南明政府復興大業的參考，〔註5〕然南明旋即覆亡，故未能施行。南京陷落後，亭林與吳其沆、歸莊等起兵於吳江，事敗，幸而逃脫。後唐王繼立，遙授亭林為兵部職方司主事，并遣使迎接，亭林因母喪未葬，未曾赴任。

三十八歲那年，亭林為避仇家陷害，化裝作商賈出遊，世僕陸恩叛投里豪葉嵋初，五年後，亭林歸，陸恩懼亭林報復，欲告亭林通海，亭林擒之，數其罪，沈之於江。陸恩壻復投葉家，以千金賄太守，求殺亭林，不繫於官而繫於奴家，事甚急，歸莊求救於錢牧齋，牧齋欲亭林稱門下，莊懼失援，私自書一制與牧齋，亭林聞訊，急索還，不得，遂列揭於通衢以自白，後賴路舍人澤溥奔走，亭林才得以脫罪。亭林這種「臨大節而不可奪也」的剛正氣節，眞無愧於他所主張的「行己有恥」之教。

經過這番波折，亭林才浩然有去志，遂於四十五歲那年北遊，往來魯、燕、晉、陝、豫諸省，徧歷塞外。因他善於理財，每到一處，懇田度地，故隨遇而足，不曾匱乏。亭林所至多為形勢險要之地，每至一地必記其險要之處與用兵之道，且喜就書本所載與實地對勘，「以二馬二騾載書自隨，所至阨塞，即呼老兵退卒詢其曲折，或與平日所聞不合，則即坊肆中發書而對勘之。」〔註6〕年六十七，卜居華陰，因為「華陰綰轂關河之口，雖足不出戶，而能見天下之人，聞天下之事。一旦有警，入山守險，不過十里之遙。若志在四方，一出關門，亦有建瓴之便。」〔註7〕觀亭林此種作為，證之他北遊前曾六謁孝陵，北遊後，六謁思陵，可見他心繫明室的耿耿忠心，始終不滅。

亭林北遊後交游的人物，如萊州任子良，青州張稷若、徐東痴，鄒平馬宛斯，長山劉果菴，太原傅青主，代州李子德，華陰王山史，盩厔李中孚，多屬精於考覈博古之士，與北遊前多屬文史之材有別。〔註8〕此外，亭林的巨著，如

〔註4〕《南雷文定》，〈附錄〉。

〔註5〕此據 Willard J. peterson 之考訂。見"The Life of Ku Yen-Wu（1613～1682）" Part I, PP.134-5.刊 Harvard Journal of Asiatic Studies, Volume 28-29, 1968～1969.

〔註6〕〈顧亭林先生神道表〉。

〔註7〕《亭林文集》，卷四，〈與三姪書〉。

〔註8〕參見錢穆，《中國近三百年學術史》，頁 151～152。

《日知錄》的增補改訂，《音學五書》與《天下郡國利病書》的完成，《金石文字記》的考求搜索等，皆完成於旅途勞頓、居無定所的北遊期間。〔註9〕可見亭林能實踐「博學於文」之教，開創實事求是的經世學風，北遊實居重要關鍵。

康熙十七年（1678），清廷開博學鴻辭科；十八年，開明史館，都中闊人爭欲羅致亭林，他以生死力爭得免。次年，捐資與人共建朱子祠於華陰，并作「上梁文」，對朱子備極欽慕，表明了他的學術立場。康熙二十一年，上馬失足墮地，卒於曲沃，享年七十。

亭林重要著作有《日知錄》、《音學五書》、《天下郡國利病書》、《亭林文集》等數十種，其中以《日知錄》、《音學五書》最爲重要，對清代學術影響頗大。

第二節　亭林的心性學立場與世界觀

一、心性學立場

基於務實的致用觀點與對歷史興衰的責任追究，亭林對宋明儒的心性之學——特別是王學——提出極爲強烈的批判，但在另一方面，他却成就了極爲特殊的心性學理論。

亭林批判宋明儒的心性之學，是因爲他認爲那是一種空虛、茫昧、墮於禪學，不合孔子之教，只是逃避現實的學問。他說：

> 自宋以來，一二賢智之徒，病漢人訓詁之學得其粗迹，務矯之以歸於內，而達道達德九經三重之事，置之不論，此眞所謂「告子未嘗知義」者也，不流於異端而害吾道者幾希。〔註10〕

又說：

> 竊歎夫百餘年以來之爲學者，往往言心言性，而茫乎不得其解也。命與仁，夫子之所罕言也，性與天道，子貢之所未得聞也；性命之理，著之《易傳》，未嘗數以語人。〔註11〕

〔註9〕〈金石文字記序〉云：「此二十年間，周游天下，所至名山、巨鎭、祠廟、伽藍之跡，無不尋求，登危峯，探窈壑……其可讀者，必手自鈔錄，得一文爲前人所未見者，輒喜而不寐。」（《亭林文集》，卷二），由此可看出亭林治學的堅苦、切實。

〔註10〕《日知錄》，卷七，「行吾敬故謂之內也」條。

〔註11〕《亭林文集》，卷三，「與友人論學書」。

這是批判「矯之以歸於內」的「言心言性」之學空虛、茫昧，不合孔子之教。雖然亭林的批判并未立基於堅強的理論基礎上，對於《易傳》非孔子所作，也未能了解，但他反「矯之以歸於內」的心性學的立場已非常明顯。另外，他又說：

> 今之君子……，終日言與天道，而不自知其墮於禪學也。〔註 12〕

這是批判「言性與天道」的心性之學之墮於禪學。他又說：

> 世之君子，苦博學明善之難，而樂夫一超頓悟之易，滔滔者天下皆是也。〔註 13〕

又引王世貞之言，謂：

> 今之學者，偶有所窺，則欲盡廢先儒之說而出其上，不學則借一貫之言，以文其陋；無行則逃之性命之鄉，以使人不可詰。〔註 14〕

這是批判言心言性的人，逃身玄虛之鄉，以掩飾對現實的無能。

於是亭林就把國家衰亡的責任歸咎於心性學者。他說：

> 劉、石亂華，本於清談之流禍，人人知之。孰知今日之清談，有甚於前代者？昔之清談談老莊，今之清談談孔孟。未得其精而已遺其粗，未究其本而先辭其末，不習六藝之文，不考百王之典，不綜當代之務，舉夫子論學論政之大端，一切不問，而曰一貫，曰無言，以明心見性之空言，代修己治人之實學，股肱惰而萬事荒，爪牙亡而四國亂，神州蕩覆，宗社丘墟。〔註 15〕

這是以明心見性之學爲空言、清談，且逕以明朝之亡，歸罪於心性學者了。亭林此一論斷，固然是過度簡化，也過度誇張了思想家在國家興亡上所扮演的角色，但他痛詆王學的不滿之情，也就顯露無遺了。所以他又說：

> 故王門高弟，爲泰州，龍溪二人。泰州之學，一傳而爲顏山農，再傳而爲羅近溪、趙大洲；龍溪之學，一傳而爲何心隱，再傳而爲李卓吾、陶石簣。昔范武子論王弼何晏二人之罪，深於桀紂。以爲一世之患輕，歷代之害重；自喪之惡小，迷眾之罪大。〔註 16〕

又說：

〔註 12〕《日知錄》，卷七，「夫子之言性與天道」條。
〔註 13〕《亭林文集》，卷六，「答友人論學書」。
〔註 14〕《日知錄》，卷十八，「朱子晚年定論」條。
〔註 15〕同上，卷七，「夫子之言性與天道」條。
〔註 16〕同上，卷十八，「朱子晚年定論」條。

以一人而易天下，其流風至於百有餘年之久者，古有之矣，王夷甫之清談，王介甫之新說。其在於今，則王伯安之良知是也。〔註17〕

這簡直是以陽明爲萬惡不赦、始作俑者的罪人，迷亂天下、流毒萬世的元凶了。此外，追根溯源，亭林亦批判「淫於禪學」的上蔡、横浦、象山等宋儒。他說：

今之言學者，必求諸語錄。語錄之書，始於二程，前此未有也。今之語錄，幾於充棟矣，而淫於禪學者實多，然其流蓋出於程門……夫學程子而涉於禪者，上蔡也。横浦則以禪而入於儒。象山則自立一說，以排千五百年之學者，而其所謂收拾精神，掃去階級，亦無非禪之宗旨矣。後之說者，遞相演述，大抵不出乎此。而其術愈深，其言愈巧。〔註18〕

亭林以陸王一系自程門而出，可謂缺乏思想史常識。但「淫於禪學」、「收拾精神、揮去階級」的指摘，仍不外認爲他們是「用心於內」。〔註19〕而我們由亭林的批判，可以歸納出一個準則，即凡屬「用心於內」、「矯之以歸於內」的心性之學，亭林都是極端不信任、極端痛惡的。

在宋明儒中，亭林最爲推崇朱子，認爲「兩漢而下，維多抱殘守缺之人。六經所傳，未有繼往開來之哲。惟絕學首明於伊雒，而微言大闡於考亭。不徒羽翼聖功，亦乃發揮王道。啓百世之先覺，集諸儒之大成。」，〔註20〕景仰之情，可見一斑。但他對朱子的「傳心」之說，卻依然無法認同，謂「俗說浸淫，雖賢者或不能不襲用其語，故僭書其所見如此。《中庸章句》引程子之言曰：『此篇乃孔門傳授心法』亦是借用釋氏之言，不無可酌。」〔註21〕由此可知，亭林所推崇的朱子，并不是言心言性的朱子，而是能於經學上繼往開來，且能「發揮王道」的朱子。所以他希望的是「有能繇朱子之言，以達夫聖人下學之旨」〔註22〕亦即他心目中的朱子是「下學」、「博學於文」的典型。同樣的理由，亭林也推尊某些宋元儒者。他說：

如炎武者，使在宋元之間，蓋卑之不足數，而當今之世，則已似我

〔註17〕同上。

〔註18〕《亭林文集》，卷六，〈下學指南序〉。

〔註19〕亭林曾引《黃氏日鈔》，云：「孔門未有專用心於內之說也。用心於內，近世禪學之說耳。」（《日知錄》，卷十八，「內典」條）。

〔註20〕《亭林文集》，卷五，〈華陰縣朱木祠堂上梁文〉。

〔註21〕《日知錄》，卷十八，「心學」條。

〔註22〕《亭林文集》，卷六，〈下學指南序〉。

者多，而過我者少。〔註23〕

又說：

以今論之，唯程子之《易傳》，朱子之《四書章句集注》、《易本義》、《詩傳》，及蔡氏之《尚書集傳》，胡氏之《春秋傳》，陳氏之《禮記集說》，是所謂代用其書，垂於國胄者耳。南軒之《論語解》，東萊之《讀詩記》，抑又次之。而《太極圖》、《通書》、《西銘》、《正蒙》，亦羽翼六經之作也。〔註24〕

以上明白地顯示，這些理學家所以能獲得亭林青睞，并不在於他們心性學的造詣，而在於他們能「羽翼六經」，能「博學於文」。

然而，亭林雖強烈批判「矯之以歸於內」的心性之學，但他重視「下學」的主張，卻在無意中成就了另一型態的心性之學，例如，他想擺脫理學家「用心於內」，以求索「性」與「天道」的方式。謂：

夫子之教人文行忠信，而性與天道在其中矣，故曰不可得而聞。子曰：「二三子以我爲隱乎，吾無隱乎爾！吾無行而不與二三子者是丘也。」謂夫子之言性與天道，不可得而聞，是疑其有隱者也。不知夫子之文章，無非夫子之言性與天道。

動容周旋中禮者，盛德之至也，孟子以爲堯舜性之事。夫子之文章，莫大乎《春秋》，《春秋》之義，尊天王，攘戎翟，誅亂臣賊子，皆性也，皆天道也。〔註25〕

依亭林之見，原來性與天道，并不在玄妙之鄉，而是在人倫日用之間，在文行忠信、尊王攘夷、誅亂臣賊子之上。亦即性與天道就在人生中，在經驗中，在實踐中，除此別無超越的性與天道。

由是，亭林乃重新詮釋心學鼻祖孟子的某些心性學理論。他對「求其放心」的解釋是：

「學問之道無他，求其放心而已矣。」然則但求放心，可不必於學問乎？與孔子之言「吾嘗終日不食，終夜不寢，以思，無益，不如學也」者，何其不同耶？他日又曰：「君子以仁存心，以禮存心」，是所存者，非空虛之心也。夫仁與禮，未有不學問而明者也。孟子

〔註23〕《亭林餘集》，〈與潘次耕札〉。

〔註24〕《日知錄》，卷十四，「嘉靖更定從祀」條。

〔註25〕同上，卷七，「夫子之言性與天道」條。

> 之意，蓋曰能求放心，然後可以學問。〔註26〕

此處顯示出亭林不願多談「空虛」的心性問題。故曲爲之解，想把此一微妙的求索道德心的問題，扭轉到平實的「學問」上。而「仁與禮，未有不學問而明者也」的論調，雖未必代表亭林反對先驗道德，主張仁與禮皆出於後天的薰習，〔註27〕但他在精微的心性問題上，不太關心自我境界的超越面，卻偏重「學問」——下學、學習、實踐——的傾向已不可掩。因而，他又詮釋《孟子》的「良知」爲：

> 《孟子》言「所不慮而知者，其良知也。」下文明指是愛親敬長。若夫因嚴以教敬，因親以教愛，則必待學而知之者矣。〔註28〕

這表示亭林反對以任何內有的方式體證「良知」，認爲「良知」就在「愛親敬長」上表現，在學習中獲得，除此別無所謂「良知」。這種將良知還原於人倫日用、還原於學習、實踐的主張，再度顯示出亭林急於擺脫傳統理學家「用心於內」的心態。當然亭林如此詮釋《孟子》，也有癱瘓心學權威之根源的用心在。〔註29〕

亭林既反對「用心於內」，以求索心體、性體、或形上的道體，所以他在成德問題上，就不再像傳統的宋明儒一般，取資於《中庸》、《易傳》、《孟子》、《大學》，探討精微的心、性、天道諸問題，而直接標出實踐性很強的口號——「行己有恥」。亦即心性的表現，就在於日常經驗的出處、去就、辭受、取與之間，〔註30〕不應「置四海之困窮不言，而終日講危微精一之說」、「祧東魯而直接二帝之心傳」，〔註31〕所以他感嘆道：「性也，命也、天也，夫子之所罕言，而今之君子之所恆言也。出處、去就、辭受、取與之辨，孔子、孟子之所恆言，而今之君子所罕言也。」〔註32〕

〔註26〕同上，「求其放心」條。

〔註27〕如任繼愈認爲：「顧炎武對二程朱熹的先驗的道德論也有批判，二程朱熹都認爲仁義禮智等封建道德，在人性中本來具備，是先驗的。」(《中國哲學史》第七篇，第三章，頁30)

〔註28〕《日知錄》，卷十八，「破題用莊子」條。

〔註29〕亭林亦常以《孟子》之言，折衷於孔子，見注〔註16〕引文。

〔註30〕〈與友人論學書〉云：「《孟子》一書，言心言性，亦諄諄矣，乃至萬章、公孫丑、陳代、陳臻、周霄、彭更之所問，與孟子之所答者，常在乎出處、去就、辭受、取與之間」(《亭林文集》，卷三)。

〔註31〕同上。

〔註32〕同上。

亭林此一下學上達的主張，給了我們很大的啓示，就是道德實踐如果不從切實的人倫日用中入手，而高談微妙的心性問題，就會脫離立足於人生的實踐性，變爲玄虛的觀念遊戲。而亭林對「用心於內」的宋明心性之學的批判。正反映出他對陽明學派言心言性、高談闊論、「清談」亡國的痛恨。而他獨特的心性學理論，則是企圖扭轉此一務虛不務實的學風，與他「明道」、「救世」的經世思想相一貫。要徹底了解亭林的心性學立場，仍須進一步探討他的經世思想。

二、世界觀

亭林的形上學興趣不濃，也沒有完整的哲學體系，但我們由其言論中，卻可找出他的世界觀。他重視經驗世界、重視特殊存在的世界觀，一方面與他的心性學立場相呼應，另一方面也與他的經世思想相一貫。他說：

> 盈天地之間者氣也。氣之盛者爲神，神者天地之氣，而人之心也。〔註 33〕

又說：

> 形而上者謂之道，形而下者謂之器。非器則道無所寓，說在乎孔子之學琴於師襄也。已習其數，然後可以得其志。已習其志，然後可以得其爲人。是雖孔子之天縱，未嘗不求之象數也。故其自言曰：「下學而上達。」〔註 34〕

論「氣」時認爲宇宙間充滿的都是「氣」，而且人之心不過是「氣之盛者」；論「器」時認爲「非器則道無所寓」。那麼，亭林重氣、重器的傾向已非常明顯。而重氣、重器其實是一貫的，那就是對客觀世界的重視。再觀亭林於主張「非器則道無所寓」後，又引孔子的「下學而上達」相比附，則是逕以「形下之器」指「下學」而言，以「形上之道」指「上達」而言。而既然「非器則道無所寓」，則亦可說：「非下學則無上達」了。

我們可以說：亭林重氣、重器的理論，是他重視客觀事業，重視「下學」——包括一切修己與治人的「實學」——反對「束書不觀，游談無根」之立場的反映。

〔註 33〕《日知錄》，卷一，「游魂爲變」條。
〔註 34〕同上，「形而下者謂之器」條。

第三節　亭林的經世思想

亭林的經世思想極爲強烈，他論「爲學」的目的時，明顯地流露出此一傾向，他說：

> 君子之爲學也，非利己而已也。有明道淑人之心，有撥亂反正之事，知天下之勢之何以流極而至於此，則思起而有以救之。〔註35〕

又說：

> 君子之爲學，以明道也，以救世也，徒以詩文而已，所謂雕蟲篆刻，亦何益哉！〔註36〕

可見「明道」、「救世」——反省時代的苦難，并謀求撥亂反正的方案——是亭林爲學的歸宿，他一生的立身行事與學術成就，都是此一經世思想的實踐。

亭林所謂「明道」的「道」指的是「聖人之道」，其內容是：

> 竊以爲聖人之道，下學上達之方，其行在孝弟忠信，其職在灑掃應對進退，其文在《詩》《書》《三禮》《周易》《春秋》，其用之身在出處辭受取與，其施之天下在政令教化刑法，其所著之書皆以爲撥亂反正，移風易俗，以馴至乎治平之用。〔註37〕

這是以「下學上達之方」爲「聖人之道」，可以見出亭林務實的心靈。所以比起梨洲來，亭林很明顯較重視實際問題之利病的探討。而由「聖人之道」的最終目的在於「撥亂反正，移風易俗，以馴至乎治平之用」看來，「明道」與「救世」也是一貫的。此一「聖人之道」的內容，亭林在「與友人論學書」中，更以「博學於文」、「行己有恥」兩句實踐性很強的口號，簡要地標示出來。〔註38〕這兩句話看似平淡，卻精神全出，因爲面對亡國之痛，面對衰頹的學風，須要的是以堅苦卓絕的精神與堅苦卓絕的實踐作中流砥柱，扭轉乾坤，辨析入微的心性學理論，在此是無啥意義的。本節就以這兩句話爲綱領，配以亭林的政治理想，來探討他的經世思想。

一、博學於文與通經致用

亭林「博學於文」之教，反映了他對晚明言心言性、束書不觀的學風的

〔註35〕《亭林餘集》，〈與潘次耕札〉。

〔註36〕《亭林文集》，卷四，〈與人書二十五〉。

〔註37〕同上，卷六，〈答友人論學書〉。

〔註38〕同上，卷三。

不滿。他說：

> 顏子之幾乎聖也，猶曰「博我以文」；其告哀公也，明善之功，先之以博學……今之君子則不然，聚賓客門人之學者數十百人，「譬諸草木，區以別矣」，而一皆與之言心言性，舍多學而識以求一貫之方，置四海之困窮不言，而終日講危微精一之說。是必其道之高於夫子，而其門弟子之賢於子貢，祧東魯而直接二帝之心傳者也。我弗敢知也。〔註39〕

明清之際潰爛的局勢，眞可謂「四海困窮」之時，此時若仍沈湎「危微精一」之鄉，適足以證明知識份子的無能。此外，明代八股取士之敗壞人才，使學子流於空虛，也是令人感嘆的，亭林曾慨言：「八股之害，等於焚書，而敗壞人才，有甚於咸陽之坑。」〔註40〕因而擺脫這些虛浮不實的學風，將知識份子的用心扭轉到「多學而識」以及對「四海困窮」的關心上，正表現出亭林改造學風、改造社會的心態。

亭林的「博學於文」并不侷限於書本知識。他說：

> 愚所謂聖人之道者如之何？曰：博學於文；曰：行己有恥。自一身以至於天下國家，皆學之事也。〔註41〕

又說：

> 君子博學於文，自身而至於家國天下，制之爲度數，發之爲音容，莫非文也。〔註42〕

由上可知，「博學於文」的「文」，範圍至廣，可以包括個人、社會的各種問題。所以亭林也相當重視書本知識與實際考察的結合，他長期以兩騾兩馬載書自隨，所見有與平日所聞不合之處，隨時核對，就是最好的例子。

亭林以「博學於文」與「行己有恥」并舉，頗値得注意。因爲傳統理學家對於所謂「尊德性」或「道問學」雖各有偏重，但就爲學的最終歸趨而言，他們「道問學」的目的，卻仍然是以成德爲目的之「尊德性」。此在陸王一系固不待言，即使程朱一系也不例外。如果朱子認爲：「大學始教，必使學者即凡天下之物，莫不因其已知之理而益窮之，以求至乎其極，至於用力之久，

〔註39〕同上，卷三，〈與友人論學書〉。

〔註40〕《日知錄》，卷十六，「擬題」條。

〔註41〕《亭林文集》，卷三，〈與友人論學書〉。

〔註42〕《日知錄》，卷七，「博學於文」條。

而一旦豁然貫通焉，則眾物之表裡精粗無不到」，但朱子主張透過「格物」以達於「眾物之表裡精粗無不到」，其目的也不外於使「吾心之全體大用無不明」。〔註 43〕可見依照傳統儒者的看法，知識并不能絕對獨立於道德之外，兩個領域是互相融攝的。但亭林將「博學於文」與「行己有恥」分別標舉開來，已在無形中劃分他們爲兩個各自獨立的領域，突出了客觀知識的地位。在儒學傳統上，這稱得上是一項有意義的發展，〔註 44〕因爲客觀領域不能獨立，使知識成爲道德的附庸。正是傳統儒學最嚴重的缺陷之一。

然而，亭林的「博學於文」，雖企圖囊括身家天下的各種問題，但落到具體工作上，卻仍不免以經書爲「博學」的主要對象。於是所謂「博學於文」，所謂「明道」、「救世」，遂落實在「通經致用」上。他說：

> 竊以爲聖人之道，下學上達之方……其文在《詩》《書》《三禮》《周易》《春秋》。〔註 45〕

又說：

> 人苟徧讀五經，略通史鑑，天下之事自可洞然。〔註 46〕

又說：

> 君子之爲學也，以明道也，以救世也，徒以詩文而已，所謂雕蟲篆刻，亦何益哉！某自五十以後，篤志經史，其於音學，深有所得，今爲《五書》，以續《三百篇》以來久絕之傳。而別著《日知錄》，上篇經術，中篇治道，下篇博文，共三十餘卷。有王者起，將以見諸行事，以躋斯世於治古之隆，而未敢爲今人道也。〔註 47〕

可見亭林是以經史——尤其是經書——爲「博學」的主要對象，且認爲通經足以洞察天下之事，解決政治社會問題，達到「明道」、「救世」的目的。當然，讀經絕不能食古不化，所以他批評那些不善讀經的人。云：

> 近世號爲通經者，大都口耳之學，無得於心。既無心得，尚安望其

〔註 43〕朱熹，《大學章句》，〈補大學格物致知傳〉。

〔註 44〕參看余英時，〈博與約〉（收入韋政通主編，《中國哲學辭典大全》，頁 588）。此外，如亭林論《孟子》「求其放心」一語，云：「孟子之意，蓋曰：能求放心，然後可以學問。……然但知求放心，而未嘗窮中竅之方，悉雁行之勢，亦必不能從事於奕。」（《日知錄》，卷七，「求其放心」條）亦可見出亭林視認知活動獨立於意志自覺之外，另有一領域。

〔註 45〕《亭林文集》，卷六，〈答友人論學書〉。

〔註 46〕同上，〈與楊雪臣〉。

〔註 47〕同上，卷四，〈與人書二十五〉。

致用哉？〔註48〕

由此可知，讀經絕不能僅是字面的誦讀，眞正的「通經」，是要玩索經文，有所心得，然後才能「致用」。亦即治經是要活用於當世，是要「考古以知今，明古以解今，據古以論今」，〔註49〕因此，亭林相當鄙視不關國計民生的零星考證。他說：

孔子之刪述六經，即伊尹、太公救民於水火之心。而今之注魚，命草木者，皆不足以語此也。……故凡文之不關於六經之指，當世之務者，一切不爲。〔註50〕

如是則「六經之旨」與「當世之務」已合而爲一，而將經學化爲「注蟲魚，命草木」等「爲知識而知識」的活動，亭林是不屑爲之的。

然而，亭林雖要求經典要與現實結合，要活用於當世，但他「明道」、「救世」的努力，畢竟是落實在經籍的研究上，所以仍難免陷入傳統儒者乞靈於古聖，向古人求救的思考模式之泥淖。政治、社會、文化諸問題代有不同，經書豈是萬驗的靈丹！將改革的希望寄託在經書中，衹會蒙蔽問題的眞像，鬆弛人們改造現實的努力，此所以亭林雖能特別著重「博學於文」，重視客觀領域的問題，但終究不能推動眞正的「經世」運動。他的理想也只能懸之於有王者起，將以見諸行事，以躋斯世於治古之隆〔註51〕的虛幻之鄉，他通經致用的理論，最後也只好淪落爲自己所鄙視的「注蟲魚，命草木」的客觀考證。儒家傳統就像天羅地網一般，範圍著每個儒者思考的界域，塑造他們思考的慣性，縱使精明銳利如亭林者，也不能例外，實在可嘆！

亭林重視經學的態度，對後世影響最大的，具體表現在他「理學之名，自宋人始有之，古之所謂理學，經學也」〔註52〕的主張上，這段話後亦經全祖望概括爲「經學即理學」〔註53〕的口號，并對清代經學取代宋明理學而興，產生相當大的影響。惟這段話的確定內涵，言人人殊，故以下將略作辨析，以確定其意義。顧氏此段引起爭論的文字，全文如下：

〔註48〕《亭林餘集》，〈與任鈞衡〉。

〔註49〕年潤孫，〈論顧亭林學術與儒學之眞精神〉（刊《新亞生活》，第四卷，第十一期，頁1）。

〔註50〕《亭林文集》，卷四，〈與人書三〉。

〔註51〕《亭林文集》，卷四，〈與人書二十五〉。

〔註52〕同上，卷三，〈與施愚山書〉。

〔註53〕《鮚埼亭集》，卷十二，〈亭林先生神道表〉。

> 理學之傳，自是君家弓冶，然愚獨以爲「理學」之名，自宋人始有之。古之所謂理學，經學也，非數十年不能通也。故曰：君子之於《春秋》，沒身而已矣。今之所謂理學，禪學也，不取之《五經》，而但資之語錄，校諸帖括之文而尤易也。又曰：《論語》，聖人之語錄也。舍聖人之語錄，而從事於後儒，此之謂不知本矣。高明以爲然乎？〔註54〕

由於同一段文字中，「理學」一名出現多次，而其義涵并不一致，造成解釋上很大的困難。爲徹底瞭解此段文字，先探討顧氏對宋代以降的理學所持的態度，〔註55〕是有幫助的。

亭林反「心學」的立場相當明顯，尤其對晚明學者之空談心性，更是反感。然而他對朱子卻非常推崇，對程伊川、蔡沈等宋元儒者也相當尊敬。〔註56〕於是，認爲顧氏「尊理學」、「黜心學」遂成爲學界相當流行的看法。

然而，我們若承認宋明理學，不分程朱陸王，在思想史上表現出的首要特色，不外在言心言性上能辨析入微，那麼，就不能認爲亭林水對的只是陸王一系的心學，對於程朱一系的理學則相當尊信。因爲，亭林之反「心學」是因爲他們「務矯之以歸於內」，「用心於內」，亦即反心學家之言心言性。但試問那一位理學家沒有這一面？甚至這些理學家之能在思想史上佔有一席地位，大抵還得歸功於他們言心言性之辨析入微。

當然有人會以顧氏之尊朱作爲他尊信理學的鐵證。但是，朱子在顧氏的筆下，其實已被二分，他所推崇的，并不是言心言性的朱子，而是能於經學上繼往開來，且能發揮王道的朱子。他心目中的朱子，實際上也僅是「下學」、「博學於文」的典型。同樣，那些理學家所以受到亭林的推崇，其原因也不在於他們心性之學的造詣，而在於他們能「羽翼六經」、能「博學於文」。〔註57〕因而，亭林也不免要批評濂、洛，謂「濂、洛言道學，後來者借以談禪，則其害深矣。」〔註58〕批評二程，謂「今之言學者必求諸語錄。語錄之書，始於二程，前此未有也。今之語錄，幾於充棟矣，而淫於禪學者實多，然其

〔註54〕《亭林文集》，卷三，〈與施愚山書〉。

〔註55〕此處的「理學」汎指宋明理學。以下如以「理學」「心學」對列，則「理學」一辭指的是與陸王心學對立的程朱理學。

〔註56〕參看本章第二節。

〔註57〕同上。

〔註58〕《日知錄》，卷七，「夫子之言性與天道」條，引《黃氏日抄》。

說蓋出於程門。」〔註 59〕其實，「道學」何必擔當「後來者借以談禪」之罪，而「語錄」何嘗一定「淫於禪學」，亭林所顧忌者，正在於道學即是心性之學，而語錄是言心言性的總匯耳！所以，我們若承認宋明理學家在思想史上表現出的首要特色，就在於言心言性上能辨析入微，那麼，我們應有如下的分辨：亭林不反對所有的理學家，但充滿反理學色彩。

亭林反理學的立場既明，我們就可進而疏解「與施愚山書」一文的確定意義，并尋求亭林眞正用心。

「理學之名，自宋人始有之」，意謂宋代以後才有「務矯之以歸於內」，專談隱微的性命之理的「理學」。這句話對理學深具貶意，與亭林反理學的立場相一致。

「古之所謂理學，經學也」中的「理學」，與上文的「理學」一辭，名稱雖同，但指涉的對象不同。上文的「理學」與「宋明理學」的「理學」相當；此處所指的，則是亭林理想中的理學，其實義是指講「理」的學問——義理之學。了解此一區分，才不致誤解亭林的主張。

至於「古之理學」的「古」究竟何指？若衡之以上文「余獨以爲理學之名，自宋人始有之。」那種貶斥宋代以降理學的立場，其時代當早於宋代，至於確切的時代則不必再加推究，因爲「古之理學」只是亭林理想學問的寄託，并藉以批判宋以降的理學，我們了解「古」指宋代以前，即已足夠。

然而，「今之所謂理學，禪學也。」的「今」字，最平實的解釋，當指作者所處的時代。那麼，亭林所批評的，似乎又僅限於明代心學。惟如此解釋，不但不能扣緊上文駁斥宋代以降理學的文義，而且容易陷入「古之所謂理學指宋。……後之所謂理學指明。」〔註 60〕的危險說法，使這段文字標示出的亭林的學術方向，變得隱晦。所以我們應當進而由亭林批評「今之理學」的內容，來衡定他所批評的對象。

亭林批評「今之理學」爲「禪學」，「不取之五經，而但資之語錄」。由此看來，他所批評的雖是王學末流的大病，但亦可兼及宋代理學，因爲正有很多宋代理學家被他批評爲「淫於禪學」，玩弄「語錄」。〔註 61〕而由上文所述，我們亦已知道亭林對宋代理學并不特別厚愛，他的反理學立場是無分於

〔註 59〕《亭林文集》，卷六，〈下學指南序〉。
〔註 60〕見錢穆，〈顧亭林學述〉，收入《中國學術思想史論叢（八）》，頁 53。
〔註 61〕見附註〔註 24〕〔註 25〕所引。

宋明的。因此，他所謂「今之理學」的時代，應該可以涵蓋整個宋明理學的時代。

綜上所述，亭林「今之所謂理學，禪學也。」在於說明宋代以降——特別是明代——那種「用心於內」的理學，本質上只是一種禪學，因爲它「不取之五經，而但資之語錄」。至於「古之所謂理學，經學也。」則在於說明宋代以前那種理想的義理之學，本質上是一種經學。因爲那要通過「下學上達」，通過「博學於文」的歷鍊，也要擔負起明道、救世的責任，是「非數十年不能通」的學問。所以亭林認爲研習此一學問的「君子」，應終身研讀經世的《春秋》，重視下學上達的《論語》，以求「知本」。

亭林既反對宋代以降的理學，又嚮往以經學爲本質的義理之學，所以我們可以概括亭林的立場爲：以經學取代理學。全祖望以「經學即理學」的口號，標明亭林的學術方向，是相當傳神的，雖然全氏這句話的字面意義與亭林「古之所謂理學，經學也」并不相當，它「把命題的主詞與述詞倒置」，〔註62〕但卻把握到了亭林學術的神髓。

亭林不但想以經學取代理學，表現出重經學的傾向，并且指出「考文」「知音」是研究經學的途徑，爲此後的經學研究標出一明確的方向。他說：

> 愚以爲讀九經自考文始，考文自知音始。以至諸子百家之書亦莫不然。不揣冒昧，僭爲《唐韵正》一書，而於《詩》、《易》二經，各爲之音，曰：《詩本音》、曰：《易音》。以其經也，故列於《唐韵正》之前。而學者讀之，則必先《唐韵正》，而次及《詩》、《易》二書，明乎其所以變，而後三百篇與卦爻彖象之文可讀也。其書之條理最爲精密。〔註63〕

由於經學內部，存在著種種困難的問題待解決，所以由「通經」通向「考文」「知音」可說是必然的趨勢，但一直到了亭林，才首次有了自覺的理論。於是文字、音韵之學成爲「通經」的唯一途徑，爲瑣碎的考據工作，披上了神聖的外衣。亭林以一代大儒鼓吹此一理論，配合實際的著作，對學術界所造成的震撼可想而知，後來乾嘉考證之學，即循此途徑而來的發展。

亭林在經學上最具代表性的著作，當推《日知錄》中關於經學的幾卷，以及《音學五書》。梁啓超曾謂亭林所以能在清代學術界占最要位置，「第一，

〔註62〕《中國早期啓蒙思想史》，頁206。
〔註63〕《亭林文集》，卷四，〈答李子德書〉。

在他做學問的方法給後人許多模範。第二，在他所做學問的種類，替後人開出路來。」〔註 64〕余英時亦認爲「在任何一門學術中建立新『典範』的人都具有兩個特徵：一是在具體研究方面，他的空前的成就，對以後的學者起示範的作用；一是他在該學術的領域之內，留下無數的工作，讓後人接著做下去，這樣便逐漸形成了一個新的研究傳統。」〔註 65〕《日知錄》與《音學五書》便是足爲後人取法的示範性著作，這兩部書爲以後的考證學者提示了許多具體的治學方法。如：

（一）就原始材料鈔錄比次，纂輯成說

亭林一生勤於收集材料，加以組織、歸納，嘗自述先祖之教，謂「著書不如鈔書。」〔註66〕所以畢生學問，皆從鈔書入手。鈔書充實了亭林的學問，也取代了他著書的工作，《天下郡國利病書》、《啓域志》等，皆爲鈔書的成果，而《日知錄》更是由鈔書而來的精心之作。但亭林的鈔書，并非隨意爲之，例如《日知錄》的成書，每成一條，大抵皆合數條或數十條之箚記而始能成，若非經過一番組織、歸納、批評的工夫，決不能有所得。亭林嘗自述其「鈔書」的艱苦。云：

> 嘗謂今人纂輯之書，正如今人之鑄錢。古人采銅於山，今人則買舊錢，名之曰廢銅以充鑄而已。所鑄之錢既已麤惡，而又將古人傳世之寶舂剉碎散，不存於後，豈不兩失之乎？承問《日知錄》又成幾卷，蓋期之以廢銅，而某自別來一載，早夜誦讀，反復尋究，僅得十餘條，然庶幾采山之銅也。〔註 67〕

可見亭林的「鈔書」，其中大有工夫在。采山之銅以鑄鐵，正如春蠶吐絲，是亭林消化了原始材料後，才加以組織、歸納，以成己說。這是「篝灯底下纖纖女手親織出來的布。」〔註 68〕後來如王引之的《經傳釋詞》、《經義述聞》、陳蘭甫的《東塾讀書記》，都是亭林此一纂輯比次工夫之運用。

（二）每下一說必博採證據，以歸於至當

潘丰在「日知錄序」中，謂亭林「有一疑義，反復參考，必歸於至當；

〔註 64〕《中國近三百年學術史》，頁 67。
〔註 65〕《歷史與思想》，頁 145。
〔註 66〕《亭林文集》，卷二，〈鈔書自序〉。
〔註 67〕同上，卷四，〈與人書十〉。
〔註 68〕梁啓超，《中國近三百年學術史》，頁 69。

有一獨見，援古證今，必暢其說而後止」，這是說亭林不管是懷疑舊說，或獨創新見，一定博採證據，以爲佐證。例如他受了陳第的啓發，採用「本證」和「旁證」兩類方法研究古音，最後斷定古音可以分入十大韵部，爲後來的古音研究奠下基礎，而爲使結論歸於至當，他在證據上一直反復搜求，如爲證明「服，古音逼」，在《詩本音》裡曾舉出本證十七條，旁證十五條；在《唐韵正》裡，舉出一百六十二個證據。這種博採證據，以爲佐證的精神與方法，後亦爲考證學者所承。

（三）由明古今音之流變，以正六經之文字義旨

這是亭林「讀九經自考文始，考文自知音始」的學術方向的落實。亭林在「考文」、「知音」上極爲重視古今之流變，《音學五書》先之以《音論》，就是爲了「審音學之源流」，〔註69〕以辨明「古今音之變，而究其所以不同」，使六經之文可讀。〔註70〕例如他考訂的結果，認爲三百五篇是古人之音書，而秦漢以下，其音已漸戾於古，及沈約作《四聲譜》，不能根據先秦文獻，於是「今音行而古音亡，爲經學之一變」。〔註71〕到了唐代，以詩賦取士，以陸法言《切韵》爲準。「其分部未嘗改也」。〔註72〕到了宋理宗時，平水劉淵併二百零六韵爲一百零七韵，元黃公度作《韵會》因之，「於是宋韵行而唐韵亡，爲音學之再變。」〔註73〕辨明了這些變遷後，亭林乃「據唐人以正宋人之失。據古經以正沈氏、唐人之失。而三代以上之音，部分秩如，至頤而不可亂。」「自是而六經之文乃可讀，其他諸子之書離合有之，而不甚遠也。」〔註74〕

辨明古今音的流變，所以能使六經之文可讀，還有另一個原因，因爲後人不解古音，不能通六經之文，輒以今音改之，於是有改經之病，導致「古人之音亡而文亦亡」的弊端，〔註75〕所以由知音進而考文，有助於正六經之文，使六經之文可讀。

亭林此一由辨明古今音的流變以考文的工夫，後遂爲乾嘉考證學派所承。此外，由於他能明古今音之流變，在材料上能謹愼的採取較古的典籍，

〔註69〕《亭林文集》，卷二，〈音學五書後序〉。
〔註70〕同上，〈音學五書序〉。
〔註71〕同上。
〔註72〕同上。
〔註73〕同上。
〔註74〕同上。
〔註75〕《亭林文集》，卷曰，〈答李子德書〉。

而以《詩經》韵爲主體，客觀的歸納韵脚，得到古人用韵的十個大類，也開清人系統化研究古代韵語的先河。

此外，亭林治學極博，而且他的很多學術成就，都爲後人開闢了研究的新領域，例如在音韵學方面，除古韵研究的成績外，在聲調的問題上，有「古人四聲一貫」等說法，〔註 76〕雖理論未臻精密，但後來段玉裁、王念孫、江有誥等，都本諸顧氏而加以修正。在經學方面，他對群經的研究，散見於《日知錄》上篇各卷，并有《左傳杜解補正》的專著，後阮元編《皇清經解》，列此書於全部書之首，則儼然以亭林開清代漢學之先河了。此外，亭林篤嗜經史，有《金石文字記》、《求古錄》、《石經考》諸作，清代金石學大昌，也不能不歸於亭林的開闢之功。

當然，亭林的學術成就并非前無所承，例如亭林在纂輯上有獨特貢獻，但纂輯之風已盛於明中葉以後，這從他「著書不如鈔書」的庭訓也可以看出來。至於古音研究，亦有取徑於陳第《毛詩古音考》、《屈宋古音義》中以本證、旁證兩類方法研究古音的方式。所以《四庫全書總目提要》說：

> 明之中葉，以博洽著稱者楊愼……次則焦竑，亦喜考證。……唯以智崛起崇禎中，考據精核，迥出其上。風氣既開，國初顧炎武、閻若璩、朱彝尊沿波而起，始一掃懸揣之空談。〔註 77〕

可見以亭林之學起源明之中葉，清人已有此說。此外，觀亭林北遊後，所交遊多爲精於考覈博古之士，且亭林此時才一掃往昔詩文華藻之習，而歸於考索，所以錢賓四推測「其時稽古樸學，已盛於齊魯之間。」「亭林久薰染於北學者深也。」〔註 78〕可見就當時的學術狀況而言，亭林也并非惟一從事考文、知音等經學考索之作的人物。但後人卻仍然公推亭林爲清代漢學的山，綜合以上的討論，其原因當在於亭林表現了如下的特色：

（1）有響亮明確的口號。亭林「理學之名，自宋人始有之，古之匠謂理學，經學也」的主張，經全祖望概括爲「經學即理學」的口號後，更形斬截凌厲，足以鼓動以經學取代理學的時尚，開創新局。

〔註 76〕見《音論》。「四聲一貫」并非指語音不分聲調，而是指「古人如後代分四個聲調，韻語亦以分聲諧叶者爲常，不過，間有混用的情形而已。」（引自董同龢《漢語音韻學》，頁 307）

〔註 77〕子部、雜家類三，方以智《通雅》條。

〔註 78〕《中國近三百年學術史》，頁 156。錢氏且特別推介馬驌《繹史》對清代漢學家校勘、辨僞、輯逸等經史考訂工作的影響。（同書，頁 153～156）。

（2）掌握學術的走向。由「通經」逼向「考文」「知音」，雖是必然的趨勢，但亭林「讀九經自考文始，考文自知音始」的主張，卻是首次自覺提出的理論，從此經學研究有了明確的方向，發展更形迅速。而亭林亦因掌握了學術的走向，所以他的學問就變成了最具時代性的典型，他因勢利導，自然爲衆人所追隨。

（3）有具體的治學方法。他的纂輯、博證，由知音以考文等治學方法，都影響後人。

（4）有示範性的著作，足以實際證明他的學術方向、治學方法是一條行得通的途徑。《日知錄》與《音學五書》就是最具代表性的著作。

（5）開闢了研究的新領域。在治學方法與研究領域上，亭林雖非前無所承，但因他氣象遠較前人博大，造詣遠較前人精卓，所以仍不礙他爲清代漢學的開山地位。

此外，錢穆與余英時二位先生曾指出：「古之所謂理學，經學也」，或「經學即理學」的名言，在亭林之前及其并世的學者中，就有同調。〔註79〕例如十六世紀時，歸有光（1507～1571）就有類似的說法。「送何氏二子序」云：

漢儒謂之講經，而今世謂之講道。夫能明於聖人之經，斯道明矣，道亦何容講哉！凡今世之人，多紛紛然異說者，皆起於講道也。〔註80〕

此與顧氏欲以經學取代理學的主張何其相似！後來，錢謙益（1582～1664）、費密（1625～1701）都承震川之說。錢氏云：

世謂之講道，漢儒謂之講經。而今聖人之經，即聖人之道也。〔註81〕

費氏云：

聖人之道，惟經存之。舍經無所謂聖人之道，鑿空支曼，儒無是也。〔註82〕

此外，與亭林并世的方以智亦有類似說法。他說：

夫子之教，始於《詩》、《書》，終於《禮》、《樂》……太枯不能，太濫不切，使人虛掠高玄，豈若大泯於薪火。故曰：藏理學於經學。

〔註79〕錢氏，《中國近三百年學術史》，頁137～139。余氏，〈清代思想史的一個新解釋〉，（收入《歷史與思想》，頁144）。

〔註80〕《震川先生集》，卷九。

〔註81〕《初學集》，卷二十八，〈新刻十三經注疏序〉。

〔註82〕《弘道書》，卷上，〈道脈譜論〉。

〔註83〕

又說：

> 朱陸諍而陽明之後又諍，何以定之？曰：且衍聖人之教而深造焉。……聖人之經即聖人之道。〔註84〕

基於這些事實，余英時先生遂斷言「理學爭論必須『取證於經書』，便是『經學即理學』的眞源所在。」〔註85〕這即是說，亭林以經學取代理學的主張，就思想史上的起源與意義而言，是因爲宋明理學家都堅持他們的思想是直接得之《六經》、孔、孟，是古裝相傳的眞血，才乞靈於原始典籍中的語句，以定是非。且「到了清初，顧亭林正式提出了『經學即理學』的說法，這條思想史上的線索就愈發彰顯了。」〔註86〕

但是，謂亭林以經學取代理學的主張是「回向原典」〔註87〕則可，若以亭林此一主張導源於理學內部的爭論，因而要求「取證於經書」則待商榷。因爲如本文前所述及，亭林之尊經，其目的一面在於「通經致用」，以解決政治、社會問題；一面是認爲透過下學上達的經學研究，可以醫治「今之理學」所帶來的一切弊病，而不在於理學內部的爭辯。站在亭林反「用心於內」的心性學的立場上，他不但反陸王，也會反程朱，他尊敬的朱子，并不是理學家朱子，而是能於經學上繼往開來，能下學上達的朱子，這是無關於朱子的理學立場的。所以，將亭林以經學取代理學的主張，歸因於理學內部爭論，要求「取證於經書」的發展，是不妥的。

以上所述，主要在指出亭林以經學取代理學的主張，雖在他以前及其并世的學者中，頗有同調，但他們之間的動機并不相同，亭林的主張，自有其本身思想內部的動力，有其個人理論系統上對經學的迫切需求，而「經學即理學」的口號，也要到亭林以後，才產生深遠的影響，所以我們探討理學轉變爲清代經學考證時，需要特別留意亭林這條關鍵性的線索，賦予確當的詮釋，才不會蒙蔽此一時期思想發展的眞相。

〔註83〕《青原山志略》，〈凡例〉，「書院」條。

〔註84〕同上，卷三，〈仁樹樓別錄〉。

〔註85〕見〈經學與理學〉。（收入韋政通主編《中國哲學辭典大全》，頁705），另可參見〈清代思想史的一個新解釋〉，頁144。

〔註86〕〈清代思想史的一個新解釋〉，頁144。

〔註87〕〈經學與理學〉，頁705。

二、行己有耻與移風易俗

國人於尋找歷史興衰的法則時，慣於把複雜的政治、社會、經濟問題，化約爲道德問題的解釋方式，到了亭林達於頂峯。他不但把神州蕩覆的責任歸之於心學家的清談，而且爲歷史尋求出路時，也抹上濃厚的道德色彩。「行己有恥」就是他經世思想中與「博學於文」并立的兩大柱石之一，他的目的是要藉著實踐性很強的「恥」以立本，作爲內而修己，外而安人的道德動力。而就國家、社會的立場來說，他也認爲改造社會在於移風易俗，他說：「目擊世趨，方知治亂之關，必在人心風俗。」〔註 88〕而「人心風俗」則仍離不開「行己有恥」，因爲「士人有廉恥，則天下有風格。」而「不廉則無所不取，不恥則無所不爲，人而如此，則禍敗亂亡，亦無所不至。」〔註 89〕

亭林雖不喜空言心性，卻極端重視人的道德生活，而且標出實踐性很強的口號——「行己有恥」——以收攝廣大的道德行爲，使儒家的道德實踐，在淪爲玄虛的口號後，經此一落實而重獲生命力。他說：

> 愚所謂聖人之道者如之何？曰：博學於文；曰：行己有恥。……自子臣弟友，以至出入、往來、辭受、取與之間，皆有恥之事也。……士而不先其恥，則爲無本之人。〔註 90〕

這是以「恥」概括廣大的道德行爲，并且要求士人以「恥」立本，免成「無本之人」。而亭林所以如此重視「恥」，是因爲他認爲一切道德行爲的墮落，皆源於「無恥」。他說：

> 四者（按：指禮、義、廉、恥）之中，恥尤爲要。故夫子之論士曰：「行己有恥。」孟子曰：「人不可以無恥，無恥之恥，無恥矣。」又曰：「恥之於人大矣，爲機變之巧者，無所用恥焉。」所以然者，人之不廉，而至於悖禮犯義，其原皆生於無恥也。故士大夫之無恥，是謂國恥。〔註 91〕

再者，「恥」不僅限於修己，也是經世濟民的道德動力，所以亭林又云：

> 恥之於人大矣！不恥惡衣惡食，而恥匹夫匹婦之不被其澤。〔註 92〕

但是，當時的社會風氣，卻是極端的無恥，極端的墮落。他說：

〔註 88〕《亭林文集》，卷四，〈與人書九〉。
〔註 89〕《日知錄》，卷十三，「廉恥」條。
〔註 90〕《亭林文集》，卷三，〈與友人論學書〉。
〔註 91〕《日知錄》，卷十三，「廉恥」條。
〔註 92〕《亭林文集》，卷三，〈與友人論學書〉。

「飽食終日，無所用心，難矣哉！」今日北方之學者是也。「群居終日，好行小慧，難矣哉！」今日南方之學者是也。〔註93〕

又說：

以今觀之，則無官不賂遺，而人人皆吏士之爲矣。無守不盜竊，而人人皆僮豎之爲矣。自其束髮讀書之時，所以勸之者，不過所謂千鍾粟，黃金屋，而一旦服官，即求其所大欲，君臣上下，懷利以相接，遂成風流，不可復制。〔註94〕

這種情況發展下去，就會導致「昔時所稱魁梧丈夫者，亦且改形換骨，學爲不似之人。」〔註95〕人人變爲闇然媚世的軟骨頭。所以亭林不禁感嘆道：「生子不能讀書，寧爲商賈百工技藝食力之流，而不可求仕。……蓋三十年之間，而世道彌衰，人品彌下，使君而及見此，其將噭然而哭，如許子伯之悲世者矣。」〔註96〕

這是極端嚴重的問題，因爲亭林博徵史實，認爲中國歷史的興衰與道德風俗脫離不了關係，〔註97〕明朝之亡，也不例外，所謂「目擊世亂，方知治亂之關，必在人心風俗」是也。這種人心風俗敗壞的現象，亭林以「亡天下」稱之，認爲比「亡國」還要嚴重。他說：

有亡國，有亡天下。亡國與亡天下奚辨？曰：易姓改號，謂之亡國；仁義充塞，而至於率獸食人，人將相食，謂之亡天下。〔註98〕

因爲「亡國」只是統治者更替、政權轉手而已，「亡天下」則是文化、道德的淪亡，社會倫常綱紀的崩潰，這必然會關係到全民族的命運，所以亭林又說：「保國者，其君其臣，肉食者謀之。保天下者，匹夫之賤，與有責焉耳矣。」〔註99〕

由是，亭林十分心儀東漢風俗之美，謂「光武……尊崇節義，敦勵名實，所舉用者，莫非經明行修之人，而風俗爲之一變。至其末造，朝政昏濁，國事日非，而黨錮之流，獨行之輩，依仁蹈義，舍命不渝，風雨如晦，雞鳴不

〔註93〕《日知錄》，卷十三，「南北學者之病」條。

〔註94〕同上，「名教」條。

〔註95〕《亭林文集》，卷二，〈廣宋遺民錄序〉。

〔註96〕《亭林餘集》，〈常熟練陳君墓誌銘〉。

〔註97〕詳見《日知錄》，卷十三，「周末風俗」、「秦紀會稽山刻石」、「兩漢風俗」、「正始」等條。

〔註98〕《日知錄》，卷十三，「正始」條。

〔註99〕同上。

已，三代以下，風俗之美，無尙於東京者。」，〔註100〕並且相信，透過移風易俗的努力，可以有美麗的前景，他說：「嗚呼！觀哀平之可以變而爲東京，五代之可以變而爲宋，則知天下無不可變之風俗也。」〔註101〕

移風易俗既屬可能，於是亭林有改造社會風氣的主張。他說：

> 目擊世趨，方知治亂之關，必在人心風俗，而所以轉移人心，整頓風俗，則教化綱紀爲不可闕矣。百年必世養之而不足，一朝一夕敗之而有餘。〔註102〕

可見「教化綱紀」是亭林轉移人心風俗的關鍵，且必須注意平日的培養，至於推動「教化綱紀」的原則在於「立名教」。他說：

> 後之爲治者，宜何術之操？曰：唯名可以勝之。名之所在，上之所庸，而忠信廉潔者，顯榮於世；名之所去，上之所擯，而怙侈貪得者，廢錮於家。即不無一二矯僞之徒，猶愈於肆然而爲利者。……故昔人之言，曰：名教；曰：名節；曰：功名。不能使天下之人以義爲利，而猶使之以名爲利，雖非純王之風，亦可以救積洿之俗矣。〔註103〕

此外，亭林亦取證歷史，支持他「立名教」的立場。他說：

> 漢人以名爲治，故人材盛；今人以法爲治，故人材衰。〔註104〕

由上可知，「立名教」是亭林轉移人心風俗的總原則，他是想用「以名爲利」的辦法，透過在上位者的提倡，引導天下之人愛「名」、利「名」、貴「名」，培養出忠信廉潔的風俗，改造社會風氣。至於「立名教」的具體方案，首在於「勸學」、「獎廉」。他說：

> 今日所以變化人心，蕩滌污俗者，莫急於勸學、獎廉二事。天下之士，有能篤信好學，至老不倦，卓然可以當方正有道之舉者，官之以翰林國子之秩，而聽其出處，則人皆知向學而不兢於科目矣。庶司之官有能潔己愛民，以禮告老，而家無儋石之儲者，賜之以五頃十頃之地，以爲子孫世業，而除其租賦，復其丁徭，則人皆知自守而不貪於貨賂矣。……遂使名高處世，德表具僚，當時懷稽古之榮，

〔註100〕同上，「兩漢風俗」條。
〔註101〕同上，「宋世風俗」條。
〔註102〕《亭林文集》，卷四，〈與人書九〉。
〔註103〕《日知錄》，卷十三，「名教」條。
〔註104〕同上。

> 沒世仰遺清之澤。不愈於科名爵祿勸人，使之于進而饕利者哉？以名爲治，必自此塗始矣。〔註 105〕

這是採取國家獎勵的方式，使篤信好學而有成的人，與清廉的官吏，分別得到酬報，名利雙收。那麼人人就會知所欣慕，聞風而起。所以說：「以名爲治，必自此塗始矣。」

其次，亭林想藉著「清議」的力量，亦即輿論的制裁，用以約束人民的行爲。他說：

> 古之哲王……存清議於州里，以佐刑罰之窮。……兩漢以來猶循此制，鄉擧里選，必先考其生平，一玷清議，終身不齒。君子有懷刑之懼，小人存恥格之風；教成於下而上不嚴，論定於鄉而民不犯。〔註 106〕

清議之所以有效，正在於「君子有懷刑之懼，小人存恥格之風」，使欲爲惡者，在千夫所指下，有所顧忌。如此，教化自然易於推行。輿論是社會的良心，只要它存在一天，社會的生機就不會完全斷絕，公理正義就不會完全泯滅，所以亭林接著說：「天下風俗最壞之地，清議尙存，猶足以維持一二，至於清議亡而干戈至矣。」由這段話更可看出「清議」在亭林心目中的地位。

此外，亭林也企圖由解決人民基本的物質條件著手，改正社會風氣。例如貪污問題是明末的大問題，由於貪污之風盛行，人心大壞。他說：

> 自神宗以來，黷貨之風，日甚一日；國維不張，人心大壞，數十年於此矣。〔註 107〕

但亭林未完全由精神層面看這個問題，他指出：

> 今日貪取之風所以膠固於人心而不可去者，以俸給之薄而無以贍其家也。〔註 108〕

這已經意識到對別人的道德要求，不能完全不顧現實條件，是很開明的觀念。另外，他對農村人口因避亂而集中城市，導致「錐刀之末，將盡爭之」，使風俗敗壞的現實，也主張先從物質層面著手，再進而談及風俗教化。他說：

> 今將靜百姓之心而改其行，必在制民之產，使之甘其食，美其服，

〔註 105〕同上。
〔註 106〕同上，「清議」條。
〔註 107〕同上，「貴廉」條。
〔註 108〕同上，卷十二，「俸祿」條。

而後教化可行，風俗可善乎！〔註109〕

不管是從勸學、獎廉著手，或藉著清議力量的約束，或先行解決士民的基本生活，其目的都不外乎移風易俗，爲清明的政治奠定基礎，所謂「有風俗然後有政事，有政事然後有國家」是也。〔註110〕縱使天下大亂，若人心風俗仍能維繫，也不致於土崩瓦解，陷入「亡天下」的絕境。所以亭林說：「國亂於上，而教明於下。《易》曰：『改易不改井』，言經常之道賴君子而存也。」〔註111〕又說：「知保天下，然後知保其國。」〔註112〕我們在這些地方，再度看到了亭林處異族入主，紀綱崩壞之世，念念不忘「明道」、「救世」的苦心。

亭林以治亂關鍵歸於人心風俗，主張「行己有恥」、移風易俗的主張，自有其特殊的時代感受。而「行己有恥」此一實踐性極強的口號，雖然不是玄妙眩人的理論，卻能使儒家的道德實踐更爲落實，在晚明空談心性的學風中，是一項有意義的發展。「行己有恥」配上「博學於文」，這一對平實的口號，包含了道德的實踐與知識的追求，使學者跳出心性學家危微精一的迷霧，重獲磅礴的生命力，平衡發展的人格，這是相當令人鼓舞的。

然而亭林的主張也存在著某些缺陷。他以人心風俗爲治亂關鍵的想法，是把複雜的政治、經濟、社會問題，化約爲道德問題，犯了傳統儒者的老毛病。人心風俗的醇美固然是一種令人羨慕的理想，但人心風俗不是獨立存在的，它是整個社會結構的產物，它是反映整個社會變遷的冰山之一角，以人心風俗擔當治亂關鍵的想法，顯然是倒果爲因。

其次亭林一面主張改正人心風俗，另一面卻力斥講學。此一作爲未免捨棄改造社會風俗的利器。他說：

> 近日講學之輩，彌近理而大亂眞，士附其門者，皆取榮名，於是一唱百和，如伐木者呼邪許然。徐而叩之，不過徼捷徑於終南，而其中實莫之能省也。〔註113〕

又說：

> 伏承來教，閔其年衰暮，而悼其學之無傳，其爲意甚盛。然欲使效曩者二三先生招門徒、立名譽，以光顯於世，則私心有所不願也。

〔註109〕同上，「人聚」條。
〔註110〕《亭林文集》，卷五，〈華陰文氏宗祠記〉。
〔註111〕同上。
〔註112〕《日知錄》，卷十三，「正始」條。
〔註113〕同上，卷十八，「學業」條，引林文恪《福州府志》言。

> 若乃西漢之傳經弟子……可不謂榮歟，而班史乃斷之曰：蓋利祿之路然也。……而況於今日乎？今之爲祿利者，其無藉於經術也審矣，於此時將行吾道，其誰從之。大匠不爲拙工改廢繩墨，羿不爲拙射變其彀率，若徇眾人之好，而自貶其學，以來天下之人，而廣其名譽，則是枉道以從人，而我亦將不暇。〔註 114〕

亭林爲了講學易於流入利祿之路，遂放棄講學，到了最後，面對破壞人心風俗的人，也就無能爲力。謂「倘有如阮籍之徒，猖狂妄行，而嫉禮法爲仇讎者，則亦任之而已。」〔註 115〕而求能與他共行大道的人，也就不敢期望於當世。謂「斯道之在天下，必有時而興，而君子之教人，有私淑艾者，雖去之百世，而若同堂也。」〔註 116〕這話又是何等的蒼涼！其實，講學大益於世道人心，亭林同時的歸玄恭已有體認。他說：

> 本朝儒者之講學，前則姚江，後則錫山爲盛，而天下之謗議亦叢焉。於是數十年來，士大夫遂安於不學，而以講學爲諱。安於不學，而人才壞矣。以講學爲諱，而人心日喪。以致海內分崩，兩都淪陷，豈一朝一夕之故哉。……流俗後進，惟知《五經》《四子》爲干祿之具，馳騖於浮名，沈溺於聲色貨利，委瑣齷齪，與聖賢之言往往背馳。正誼明道之論，耳未嘗聞，念不到此。一旦聞先生長者稱聖人之遺訓，演先儒之眇旨，知人倫之不可苟，名教之不可犯，天理之不可滅，人欲之不可縱，能無惕然動於中乎？故……謂有補於人心也。〔註 117〕

歸玄恭認爲，廢除講學就是斷了學者接觸正誼明道的聖賢之學的機會，導致惟知《五經》《四子》爲干祿之具。話雖說得過於斬截，但觀乎亭林之後，學者群趨於考證，而忽略了「行己有恥」的身心之學，則玄恭之論，亦不無見地。畢竟，講學雖非萬能靈丹，但在農業社會裡，總算是改造風俗的一條可行途徑，亭林主張改造人心風俗，卻又力斥講學，實在值得商榷。

此外，亭林以「名」誘人，引導天下之人「以名爲利」的教化方式，固然可能收效於一時，但長久下來，一定會相率成僞，爭高鬥勝，以謀虛名實利，造成社會上種種不近人情的行爲，與形式主義的風氣，此徵之東漢末季，

〔註 114〕《亭林文集》，卷三，〈與友人論門人書〉。
〔註 115〕同上，卷六，〈與毛錦銜〉。
〔註 116〕同上，卷三，〈友人論門人書〉。
〔註 117〕《歸玄恭遺著》，〈靜觀樓講義序〉。

其理自明。亭林雖了解「即不無一二矯僞之徒，猶愈於肆然而爲利者」，但情況必然更嚴重，且這種虛僞之風，最後必定會埋葬「行己有恥」的努力。

三、地方分權的政治理想

亭林於六十四歲那年，曾致書梨洲，稱贊《明夷待訪錄》的貢獻，謂「百王之弊，可以復起；而三代之盛，可以徐還。」并自認《日知錄》一書，「同於先生者，十之七八。」〔註118〕可見二人的政治思想頗多暗合。惟二人關心的對象仍有基本歧異，梨洲著重中央政府的問題，亭林則重視地方問題，「地方分權」即爲亭林政治理想的核心。

亭林力主地方分權，是因爲他看清了中央集權所暴露的缺陷。他說：

> 古之聖人以公心待天下之人，胙之土而分之國。今之君人者，盡四海之內爲我郡縣，猶不足也。人人而疑之，事事而制之，科條文簿日多一日，而又設之監司，設之督撫，以爲如此，守令不得以殘害其民矣。不知有司之官，凜凜焉救過之不給，以得代爲幸，而無肯爲其民興一日之利者。民焉得而不窮，國焉得而不弱。〔註119〕

這是認爲由封建變爲家天下的集權專制後，統治者爲維護一己權益，不敢信任大臣，必立法以層層相制，結果弄得官員僅能奉行成規，以求無過。「于是天子之權不寄之人臣，而寄之吏胥。」〔註120〕而國勢也因此積弱不振。他又引葉適之言，云：

> 宋葉適言：「國家因唐五代之極弊，收斂藩鎭之權，盡歸於上。一兵之籍，一財之源，一地之守，皆人主自爲之也。欲專大利，而無受其大害，遂廢人而用法，廢官而用吏。禁防纖悉，特與古異，而威柄最爲不分。雖然，豈有是哉？故人才衰乏，外削中弱，以天下之大而畏人，是一代之法度，又有以使之矣。」……又曰：「萬里之遠，嚬呻動息，上皆知之。雖然，無所寄任，天下泛泛焉而已。百年之憂，一朝之患，皆上所獨當，而其害如之何？此夷狄所以憑陵而莫禦，讎恥所以最甚而莫報也。」〔註121〕

〔註118〕此文不載《亭林文集》，而見於黃宗羲《思舊錄》中。
〔註119〕《亭林文集》，卷一，〈郡縣論一〉。
〔註120〕《日知錄》，卷十三，「守令」條。
〔註121〕同上，卷八，「法制」條。

葉適之言，正是亭林之親身感受。人主欲專天下之大利，以致外削中弱，無可用之人，導致「夷狄所以憑陵而莫禦，讎恥所以最甚而莫報」，觀晚明歷史，豈非趙宋之翻版。夷夏之防的觀念，正是亭林力主地方分權的原因之一，因為亭林本身曾參與抗清活動，他目睹清兵入關後，「至一州則一州破，至一縣則一縣殘」，一定感受到了地方力量不足的無力感。而崇禎末年，「一夫縱橫，而城池自夷」〔註 122〕的慘事，他也必然記憶深刻。此一沈痛的體驗，對亭林政治思想的塑造，必然有很大的影響。

亭林既深知中央集權的專制政體之弊病，遂力謀補救之道，他持守「法古用夏」〔註 123〕、「引古籌今」〔註 124〕的原則。順應時勢的變化，在古與今、理想與現實中，謀求調和折衷的辦法。由於封建、井田、宗法、學校，是儒家的政治、經濟、社會、教育理想之所在，所以本文就以這些問題為中心，探討亭林如何提出地方分權的政治理想。〔註 125〕

「寓封建於郡縣之中」是亭林地方分權的首要主張，這是因應郡縣制度的流弊，注入封建的精神。他說：

> 知封建之所以變而為郡縣，則知郡縣之敝而將復變。然則將復變而為封建乎？曰：不能。有聖人起，寓封建之意於郡縣之中，而天下治矣。〔註 126〕

「寓封建於郡縣之中」的具體辦法，在於中央賦予地方較大的權責。約而言之，則為「尊令長之秩，而予之生財治人之權，罷監司之任，設世官之獎，行辟屬之法。」，〔註 127〕如改知縣為五品官，正其名為縣令，選熟習當地風土的人擔任，并得以自辟僚屬，稱職者并准予世襲等是。〔註 128〕此外，郡縣以下的單位，亦規模《周禮》鄉黨之制，各有權責，達到「以縣治鄉，以鄉治保，以保治甲」的分權目的。〔註 129〕免得「以縣令一人之身，坐理

〔註 122〕同上，卷九，「藩鎮」條。

〔註 123〕《亭林文集》，卷六，〈與楊雪臣〉。

〔註 124〕同上，卷四，〈與人書八〉。

〔註 125〕這四種領域間的關係并不完全是平列的，有時也是主從的，為敘述方便，姑如此劃分。亦即封建、井田、宗法、學校雖分屬於政治、經濟、社會、教育以領域，但亦可為廣義的政治一辭所涵蓋。

〔註 126〕《亭林文集》，卷一，〈郡縣論一〉。

〔註 127〕同上。

〔註 128〕詳見〈郡縣論一——九〉。

〔註 129〕《日知錄》，卷八，〈鄉亭之職〉。

數萬戶口賦稅，色目繁猥又倍於昔時，雖不欲叢脞，其可得乎？」〔註 130〕

在經濟上，亭林反對「財聚於上」的政策，認爲「財聚於上，是謂國之不祥。」。〔註 131〕他對晚明「盡外庫之銀，以解戶部」的作法，感到不滿，〔註 132〕因爲錢幣是上下共通之財，「將以導利而布之上下，非以爲人主之私藏也。」〔註 133〕他又說：

> 今日之銀，猶夫前代之錢也。乃歲歲徵數百萬貯之京師，而不知所以流通之術。於是銀之在下者，至於竭涸而無以繼上之來，然後民窮而盜起矣。〔註 134〕

由於銀力枯竭，在租稅上，亭林反對征銀，尤其在不通商賈的地方，應盡納本色，〔註 135〕以免造成錢荒、銀荒，與「火耗」之弊，〔註 136〕并且認爲地方租稅不應盡歸中央，用以充實州縣的財力。〔註 137〕凡此，可以見出亭林安定農村經濟與重視地方的用心。

此外，亭林對後魏的均用制度相當嚮往，而均田實即井用之遺意，其精神在於注重土地的平均分配，「均給天下之田，勸課農桑，興富民之本。」〔註 138〕亭林認爲後世人君，若能規模其意，治天下猶運之掌上。〔註 139〕

在社會組織上，亭林相當重視宗法氏族。其目的在於輔行教化，并以強宗立國。他說：

> 人君之於天下，不能以獨治也。獨治之而刑繁矣。眾治之而刑措矣。古之王者不忍以刑窮天下之民也，是故一家之中，父兄治之；一族之間，宗子治之。其有不善之萌，莫不自化於閨門之內，而猶有不帥教者，然後歸之士師。然則人君之所治者約矣。〔註 140〕

這是透過宗法，以風俗教化取代部分法律的任務，而另一方面也跟亭林「分

〔註 130〕同上。
〔註 131〕同上，卷十二，「言利之臣」條。
〔註 132〕同上，「財用」條。
〔註 133〕同上。
〔註 134〕同上。
〔註 135〕同上，「以錢爲賦」條。
〔註 136〕《亭林文集》，卷一，〈錢糧論上、下〉。
〔註 137〕同上，〈郡縣論七〉。
〔註 138〕同上。
〔註 139〕同上。
〔註 140〕同上，卷六，「愛百姓故刑罰中」條。

權」的原則相符合。他又說：

> 自治道愈下，而國無強宗，無強宗，是以無立國，是以內潰外畔，而卒至於亡。然則宗法之存非所以扶人紀而張國勢者乎！……予嘗歷覽山東河北，自兵興以來，州縣之能不至於殘破者，多得之豪家大姓之力，而不盡恃乎其長吏。……夫不能復封建之治，而欲借士大夫之勢以立其國者，其在重氏族哉！其在重氏族哉！〔註 141〕

這是以他親身目睹的經驗，在不能恢復封建的地方勢力的情況下，希望藉著強宗大姓，作爲地方力量的中堅，表現了他重視地方的一貫立場。

在教育上，亭林深斥明代科舉制度，對於府州縣學的「生員」產生的流弊更是痛切言之。他認爲國家設生員的目的，本在於「收天下之才俊子弟，養之於庠序之中，使之成德達材，明先王之道，通當世之務，出爲公卿大夫，與天子分猷共治者也。」〔註 142〕但到了後來，不但變得百無一用，而且爲禍鄉邑。綜其爲害，約有四點：

一、壞官府之政。如出入公門以撓官府之政，倚勢以武斷於鄉里，與胥吏爲緣，甚或身自爲胥吏，把持官府陰事，官府一拂其意則群起而鬨，欲治之則以殺士坑儒相鼓譟，所以亭林憤然說：「廢天下之生員而官府之政清。」〔註 143〕

二、困民。生員依法無雜泛之差，而差乃盡歸於小民。加以一切考試科舉之費皆派取於民，所以生員於其邑人，無秋毫之益而有丘山之累。所以亭林說：「廢天下之生員而百姓之困蘇。」〔註 144〕

三、樹立門戶。生員一登科第，則互相援引，朋比膠固，牢不可解，「其小者足以蠹政害民，而其大者至於立黨傾軋，取人主太阿之柄而顚倒之。」所以亭林說：「廢天下之生員而門戶之習除。」〔註 145〕

四、敗壞人才。生員舍經史而不讀，專以「時文」取功名，「故敗壞天下之人材而至於士不成士，官不成官，兵不成兵，將不成將，夫然後寇賊姦宄得而乘之，敵國外侮得而勝之。」所以亭林說：「廢天下之生

〔註 141〕同上，卷五，〈裴村記〉。

〔註 142〕《亭林文集》，卷一，〈生員論上〉。

〔註 143〕同上，〈生員論中〉。

〔註 144〕同上。

〔註 145〕同上。

員而用世之材出。」〔註 146〕

然而，亭林之廢生員，亦只是「廢今日之生員」，〔註 147〕他的補救方法是：一、廢鬻賣生員之制，另立「保身家」之爵，聽民得買，「其名尚公，非若鬻諸生以亂學校者之爲害也。」〔註 148〕二、并存生員與辟舉之制，以廣開出身之路。〔註 149〕三、減少生員名額，嚴其考核，以弭結黨橫行之風。〔註 150〕由上所述，知亭林之論生員，也含有整頓地方士風，避免他們爲禍鄉邑，安定地方人民的用心性。

由以上的討論，知亭林不論在政治、經濟、社會、教育各方面的構想，都與地方分權的理想有關。而亭林所以對地方分權制度深具信心，除了提出歷史的根據，并極言集權的流弊外，尚有一特殊的見解，即可利用人性心理自私自爲的傾向，以保障此一制度的成功。他說：

> 天下之人，各懷其家，各私其子，其常情也。爲天子爲百姓之心，必不如其自爲，此在三代以上已然矣。聖人者因而用之，用天下之私，以成天下之公，而天下治。夫使縣令得私其百里之地，則縣之人民皆其子姓，縣之土地皆其田疇，縣之城郭皆其藩垣，縣之倉廩皆其囷窌。爲子姓則必愛之而勿傷，爲田疇則必治之而勿棄，爲藩垣囷窌則必繕之而勿損。……於是有效死勿去之守，於是有合從締交之拒。非爲天子也，爲其私也。爲其私，所以爲天子也。故天下之私，天子之公也。〔註 151〕

然而，若賦予地方官實權，一旦尾大不掉，稱兵作亂，又將如何？亭林以爲此一問題不必擔心，因爲蕞爾之縣，固不足以稱兵叛變。而且「上有太守，不能舉旁縣之兵以討之乎？太守欲反，其五六縣者，肯舍其可傳子弟之官而從亂乎？」〔註 152〕

亭林地方分權的政治主張，除了針對現實問題的探討外，其中尚涵有高遠的理想，透顯出某種程度的公天下思想。他說：「古之聖人以公心待天下之

〔註 146〕同上。
〔註 147〕同上，〈生員論下〉。
〔註 148〕同上，〈生員論上〉。
〔註 149〕同上，〈生員論下〉。
〔註 150〕同上。
〔註 151〕《亭林文集》，卷一，〈郡縣論五〉。
〔註 152〕同上，〈郡縣論四〉。

人。」〔註 153〕「所謂天子者……以天下之權寄之天下之人。」〔註 154〕凡此，皆涵有反專制，反私天下的用心。與他論「周室班爵祿」所云：「爲民而立之君，故班爵之意，天子與公侯伯子男一也，而非絕世之貴。代耕而賦之祿，故班祿之意，君卿大夫士與庶人在官一也，而非無事之食。是故知天子一位之義，則不敢厚取於民以自奉。」〔註 155〕都說明天子并不是絕對超於萬民之上，可私天下爲己有；天子只是爲了人民需要而產生，絕不是可以作威作福的壓榨者。然而，比起梨洲來，亭林畢竟較注重政治上實際事務的得失利病，并未能暢言公天下的理想，故於公天下的根本原理之發揮，實較梨洲遜色。

中國歷史上，主張強化地方力量，不乏其人，但眞正能有系統提出地方分權主張的，則不得不首推亭林。而他所提出的辦法，雖然由於歷史條件的限制，不會是政治的眞正出路，但已經是陷於封建、郡縣糾結的傳統政治思想中，所可能想出的較好辦法之一。然而，即使我們不「以今非古」，仍可發現亭林的政治思想依然存在著某些限制，其中最重要的是他對專制政體「藏天下於筐篋」，不容他人窺伺的本質，以及權力必然趨向集中的走向認識不夠深刻，所以他雖然有「天下之權，寄之天下之人」的公天下理想，對集權專制的流弊也有入骨的分析，但是對君主專制本質上的罪惡卻未予抨擊，這使得他的很多政治主張變得不切實際。例如他想效法六朝、唐代，藉著強宗大族「扶人紀而張國勢」，但世運已變，專利君主在私天下爲己有的用心下，是不可能主動恢復此一可能動搖專制基礎的門閥制度的。同理，中央也不會樂意強化地方力量。所以「寓封建於郡縣之中」的地方分權制度，在傳統政治結構下，必將變成空中樓閣。此外，亭林凡事在「古代」中找靈感的傾向，也使得他雖想折衷古今，調和理想與現實，但其思考模式仍時帶烏托邦主義的色彩。例如他想藉著宗法力量推行風俗教化，并作爲地方力量的中堅，以保家衛國。但強宗大族平日往往侵凌弱民以自肥，過到非常時期，也往往會勾結異族，犧牲廣大百姓的利益以自保，明清之際率先降清的正是這些強宗大族。而且，重視強宗大族，必阻礙社會各階層間的流動性，這種保護大族的作法，會造成社會內部更大、更僵化的不平等。亭林的想法往往類此。錢穆批評他「雖激於世變，然懷古之情既深，而不悟世運之不可反，則終爲書

〔註 153〕同上，〈郡縣論一〉。

〔註 154〕《日知錄》，卷九，「守令」條。

〔註 155〕同上，卷七。

生之見也。」〔註 156〕正可指此而言。〔註 157〕

總之，在政治思想方面，亭林是一位現實問題的傑出批評家與分析家，卻不是一位傑出的實際改革者，更不是一位能看清傳統政治問題癥結的先知先覺，他的地方分權的政治理想，大抵只能視爲他面對時代困局而有的回應。

第四節　結　語

明清之際的思想家，現實感都很強烈，但最能重視實際問題的利病，學術表現與時代關係最密切、最直接的，當推顧炎武。

亭林的學問以「明道」、「救世」，或「經世致用」爲核心，并以能否合乎此一要求，作爲檢驗一切學問之價値的標準。因而，他的一切學問，都循著此一標竿而發展。

在心性學立場上，亭林基於務實的致用觀點，對宋明儒的心性之學提出極爲強烈的批判，認爲那是一種空虛、茫昧、墮於禪學、逃避現實的學問，并把明亡的責任，歸咎於王學的清談。另一方面，亭林雖然推崇朱子，但他所推崇的朱子并不是言心言性的朱子，而是能羽翼六經，發揮王道，博學於文的朱子。亭林之推尊某些宋元儒者，亦當作如是觀。

由於反對「用心於內」的心性之學，亭林無意中成就了另一型態的心性學。他不以任何內省的方式，求索性、天道或良知於玄妙之鄉，而主張在人倫日用，在學習實踐中體現性、天道或良知。

在世界觀方面，亭林表現了重氣、重器的立場。這也反映了他重視客觀事業，重視「下學」——包括一切修己治人的「實學」——的立場。

在經世之學上，亭林標出「博學於文」、「行己有恥」兩句實踐性很強的口號，作爲「聖人之道」的內容。「博學於文」之教，反映出亭林對晚明言心言性、束書不觀之學風的不滿。「文」雖然不僅限於書本知識，還包括個人、社會的各種問題，但落到具體工作上，卻不免仍以經書爲「博學」的主要對象。因爲亭林認爲通經可以洞察天下之事，解決政治社會問題，達到「明道」、「救世」的目的，於是所謂「博學於文」遂落實爲「通經致用」。

〔註 156〕《中國近三百年學術史》，頁 149。

〔註 157〕當然，亭林這些主張也不能完全以「書生之見」目之，進一步探討形成這些主張的社會基礎是更有意義的。有關此一問題的討論，請詳見本文綜論部份。

亭林重視經學的態度，對後世影響最大的，具體表現在「與施愚山書」上，其見解後由全祖望概括爲「經學即理學」的口號，對清代經學代宋明理學而興產生相當大的影響。由於這段文字言人人殊，所以本文作了詳細的疏解。我們可以確定的是，亭林反對的是宋代以降的理學，而不只是明代的心學；他所尊崇的「古之理學」，則是以經學爲本質的義理之學。所以，我門可以概括亭林的立場爲：以經學取代理學。因而，全祖望以「經學即理學」的口號，標明亭林的學術方向，是相當傳神的。

在經學研究上，亭林不但有「經學即理學」這一響亮明確的口號，而且首次自覺到由「通經」逼向「考文」、「知音」是必然的趨勢，提出「讀九經自考文始，考文自知音始」的主張，掌握了學術的走向。此外，他又有示範性的著作與具體的治學方法，并開闢許多研究的新領域。所以亭林的學術成就雖非前無所承，但後人仍公推他爲清代漢學的開山。

此外，亭林以經學取代理學的主張，雖在他以前及并世的學者頗有同調，但他們之間的動機并不相同。亭林尊經的目的，一面在於「通經致用」以解決政治社會問題，一面是認爲透過「下學上達」的經學研究，可以醫治「今之理學」所帶來的一切弊端，所以認爲亭林以經學取代理學的主張，導源於理學內部的爭論，因而要求「取證於經書」的推斷是不合事實的，我們探討明清之際儒學的發展時，必須特別留意這條關鍵性的線索。

「行己有恥」也是亭林經世思想的兩大柱石之一。他的目的，是要藉著實踐性很強的「恥」以立本，作爲內而修己，外而安人的道德動力。他以「恥」收攝廣大的道德行爲，并認爲一切道德行爲的墮落，皆源於無恥。而就國家社會的立場來說，他也認爲改造社會在於移風易俗，而人心風俗也脫不了「行己有恥」。

亭林所處的時代，社會極端的無恥、墮落，以致人人變爲闇然媚世的軟骨頭。而他博徵史實，認爲中國歷史的興衰，與道德風俗脫離不了關係，明朝之亡也不例外。這種人心風俗敗壞的現象，亭林以「亡天下」稱之，認爲人人都要負責。并且相信，透過各種移風易俗的努力，可以有美麗的前景。

「教化綱紀」是亭林轉移人心風俗的關鍵，至於推動教化綱紀的原則在於「立名教」。亦即「以名爲利」，透過在上位者的提倡，引導天下之人愛名、利名、貴名，以培養忠信廉潔的風俗，改造社會風氣。其具體方案則爲「勸學」、「獎廉」；并藉著「清議」，約束人民的行爲；以及由解決人民基本的物質條件著手，改造社會風氣。亭林認爲，縱使天下大亂，若人心風俗仍能維繫，也不致土崩瓦解，陷入「亡天下」的絕境。在這些地方，我們看到了亭林處異族入主，紀綱崩壞之世的苦心。

然而，亭林以人心風俗爲治亂關鍵的想法，畢竟犯了傳統儒者把複雜的政治、社會、經濟問題化約爲道德問題的老毛病。因人心風俗是整個社會結構的產物，以人心風俗擔當治亂關鍵的想法，顯然是倒果爲因。此外，他一面主張移風易俗，一面卻力斥講學，未免捨棄了改造社會風俗的利器。而他以「名」誘人的教化方式，容易導致相率成僞的風氣，與形式主義、不近人情的作風，畢竟不是可大可久之道，最後必定會埋葬「行己有恥」的努力。

在政治思想方面，亭林極爲重視地方問題，「地方分權」即爲他政治理想的核心。他力主地方分權，是因爲看清了中央集權所暴露的「外削中弱」之病，導致「夷狄所以憑陵而莫禦，讎恥所以最甚而莫報」，并與自身的抗清經驗，感受到地方力量不足的無力感有關。所以夷夏之防，是亭林力主地方分權的原因之一。當然，在夷夏之防外，亭林地方分權的政治理想，也反映出新的社會結構下，眾多新的地方既得利益階層的要求。

亭林力矯中央集權的專制政體之弊，是持守「法古用夏」、「引古籌今」的原則，順應時勢的變化，在古與今、理想與現實中，謀求調和折衷的辦法。在政治上，主張「寓封建於郡縣」之中，加強地方的權責。在經濟上，反對「財聚於上」的政策，并注重土地的平均分配。在社會組織上，相當重視宗法氏族，用以輔行教化，并作爲地方力量的中堅，達到以強宗立國的目的。在教育上，則深斥明代科舉制度，對於府州縣學的「生員」產生的流弊，更是痛切言之，并提出補救的方法，以整頓地方士風，避免他們爲禍鄉邑。

亭林地方分權的主張，除了針對地方現實問題的探討外，也透顯出某種程度的公天下理想，但因他較注重政治上實際事務的得失利病，於公天下的根本原理之發揮，比起黃宗羲來，畢竟較爲遜色。

「寓封建於郡縣」的思想，當然不是政治的眞正出路，但在傳統的歷史條件下，在封建、郡縣的糾結中打滾的政治思想中，這也應算是較能照顧多方面利益的好辦法了。然而，亭林對專制政體下，政治權力不容他人分享的本質，以及權力必然趨向集中的走向，認識不夠深刻，使他的很多政治主張變得不切實際。而他凡事在「古代」中找靈感的傾向，以及將政治理想寄託於宗法氏族的幻想，也使得他的思想模式時帶烏托邦主義的傾向，并且無力突破儒家德化政治的窠臼。總之，在政治思想上，亭林算得上是一位現實問題的傑出批評家與分析家，卻不是一位傑出的實際改革者，更不是一位能看清傳統政治問題癥轡的先知先覺，我們可把亭林地方分權的政治理想，視爲他面對時代困局的回應。

綜上所述，知亭林對一切學問的要求，都指向「明道」、「救世」或「經世致用」的目標。而且他的現實感特強，對實務特別關心，所以他的學問與時代的關係也最爲直接、密切，不管是他的心性學立場、宇宙觀或經世思想，都有明顯的時代影子。而在明清之際急遽變遷的儒學發展過程中，亭林的學問在經世致用的目標主導下，更表現出許多值得矚目的特色：

（1）鮮明的反理學色彩：除了採取極端致用論立場的顏習齋外，清初諸大儒者中，以亭林反宋明理學的態度最爲徹底，他不但反王學，反陸學，甚至對程朱的言心言性也大表不滿。對亭林而言，凡是「用心於內」的學問，就是空虛、茫昧、墮於禪學、逃避現實的學問。

（2）獨特的心性學立場：傳統心性學都是「用心於內」的，亭林卻反對以任何內省方式求索性、天道或良知，主張在人倫日用中，在人生的經驗表現中體現性、天道或良知。并且提出實踐性很強的口號——「行己有恥」，使儒家的道德實踐在淪爲玄虛的觀念遊戲後，重獲生命力。

（3）重視客觀世界：亭林重氣、重器的世界觀，表現出他對經驗世界的重視。

（4）突出客觀知識的地位：傳統學者的「道問學」，通常指「成德之學」而言，知識不能絕對獨立於道德之外。到了亭林，「學」的意義有了轉換，例如他以「博學於文」與「行己有恥」并列，無形中它劃分它們爲兩個獨立的領域，又《日知錄》云：「彼章句之士既不足以觀其會通，而高明之君子又或語德性而遺問學，均失聖人之旨矣。」〔註 158〕亦是認爲德性之學外另有「問學」之學。此外，他博學的範圍，包括個人、社會的各種問題，并且相當重視書本知識與實際考察的結合。凡此，都說明亭林的學術系統中，客觀知識的地位相當突出，聞見之知與德性之知間的分疏較爲清楚。於是，知識不再只是道德的附庸。

〔註 158〕《日知錄》，卷七，「予一以貫之」條。

（5）尊經的傾向：亭林的「博學於文」雖企圖囊括身家天下的各種問題，但落到具體工作上，卻認爲通經史——尤其是經書——可以洞察天下之事，解樊政治社會問題，於是致世致用之學遂落實在「通經致用」上。

（6）以道德性觀點解釋歷史興衰：亭林尋求歷史興衰的法則時，認爲人心風俗是治亂的關鍵，所以想透過行己有恥與移風易俗的努力，改造社會。

（7）地方分權的意義：亭林地方分權的政治理想，涵有某種程度的公天下理想，如「古之聖人以公心待天下之人。」「以天下之權寄之天下之人。」等主張，皆涵有反專制、反私天下的用心；此外，這種爭取地方利益的主張，也反映出以富民與士大夫集團爲代表的地方勢力的興起。

（8）正視私利的地位：正統儒者往往強調「以公滅私」，使事實上不能不存在的個人私利處在一個很尷尬的地位，亭林對此則有突破性的看法，在「郡縣論中，他想將縣令的個人私利與天下公利結合起來，使私利成爲推進公利的動力，這種正視私利的地位與價值的主張是很開明的。

由以上所述的學術特色看來，亭林在某些地方，諸如獨特的心性學立場、重視經驗世界、突出客觀知識的地位、正視私利等，已經超出傳統儒學的範疇，然而，他主觀上「經世致用」的努力畢竟是失敗了，他的失敗，自有原因，本文隨後將會述及，但他救世的主觀願望雖未能實現，卻「無心插柳柳成蔭」，在客觀影響上，對清代考證訓詁學風，造成很大的影響。

亭林既認爲「致用」必先「通經」，并且提出以經學取代理學的主張，經學在他思想體系中，遂佔有絕對重要的地位。而就學術發展的「內在理路」而言，此一極端尊經的心態，必然會逼出另一形態的學術研究——考文知音的訓詁考證工作。

中國經籍內部的問題繁雜是眾所皆知的，「通經」就必須先通過這些障礙的試鍊，於是，想解決經書中繁雜的問題以達到通經的目的，就不能不有考文知音的考據工作。這是學術發展的自然要求。

亭林所以不愧爲清學開山，就在於他能清楚地意識到此一學術走向，提出「讀九經自考文始，考文自知音始」的研究方針，使經學研究轉換爲訓詁考據的發展，由不自覺的推移，變成方向明確的學術運動。清初諸儒莫不篤志經學。而亭林對清代考證學的影響，卻迴出眾人之上，這是一個重要的關鍵。再加上他提供了示範性著作、具體的治學方法，并開創許多研究的新領域，清代考證之學的基礎就此奠定。

然而，亭林雖被視爲清學開山，他的學術性格卻與清學大不相同。例如，他在治經上雖有客觀的成就，卻擺脫不了「致用」的目的，不能完全投入客觀的經史考證之中；「註蟲魚、命草木」的零星考證工作，他是不屑爲之的。而清儒重視的則是經學的客觀研究，不復拘束於「致用」的目標，這由亭林用力最深的經世之學，清儒捨棄不道，反而重視他的治學方法，已可見出學術風氣的轉向。此外，亭林雖然持守反理學的立場，但他的立身行事，卻不忘「行己有恥」之訓，且欲以此移風易俗，改造社會。而其踐履之篤實，也不遜於任何理學家，這與清儒之非議理學，實不可同日而語。總之，亭林雖尊崇經學、排斥理學，且有經學考證上的客觀成就，但他的經世意願極高，且踐履不失理學家的風範，這是他異於清代漢學家的地方。一直到清末，中國再度陷入危機時，亭林明道、救世的思想才告復甦，影響經世學派，點燃知識份子經世濟民的生命熱力。

當然，亭林之學的侷限性也很清楚。其中最嚴重的是他過度尊信經書。由於過度尊信經書，於是「博學於文」的對象，遂落實在經書上，「經世致用」也轉變爲「通經致用」。甚至與「尊經」并生的「尊古」傾向也一再出現，所以他的地方分權理想，是寄託於宗法、世官等封建精神之上。他讀書的態度是認爲「著書不如鈔書，凡今人之學，必不及古人也；今人所見之書之博，必不及古人也。」，〔註 159〕而他對語音問題，更希望「天之未喪斯文，必有聖人復起，舉今日之音而還之諄古者。」〔註 160〕凡此種種尊經信古的主張，反映出亭林以爲經世之學能在儒學傳統中找到法門的心態，忽略了實際改革所必須面對的複雜問題，并且無力超越傳統儒學將政治秩序視爲道德秩序的缺陷。因而，亭林在擺脫紙上工夫，突出客觀知識地位、重視經驗世界等方面，雖有值得雀躍的成就，但這些成就卻立刻被他尊經信古的主張所遮掩。於是，儒家外王之學欲振乏力的困境，仍存在亭林的思想中。反而，此一崇古尊經的精神，後爲乾嘉學派所承，成爲他們學術研究的原動力。

〔註 159〕《亭林文集》，卷二，〈鈔書自序〉。
〔註 160〕同上，〈音學五書序〉。

由於清初諸儒較以往的儒者更能重視知識問題，治學上也能應用某種程度的科學方法，且對外王事功的要求也更爲強烈，而他們所處的十七世紀，正是近代歐洲新科學的奠基時期，所以有些人惋惜清初儒學的發展中道夭折，不能爲中國人造成一個自然科學的時代；也有些人不解何以像亭林這種能運用「科學方法」的人，所得的成績只是偏在音韵經史一方面。〔註 161〕但我們若了解亭林在某些方面雖有超越前儒的成就，但他的基本價値卻仍然紮根於對經書的信仰，那麼，就不能寄望亭林的學術能表現出眞正的「科學精神」或「科學方法」，并進而寄望他能開創一個自然科學的新時代了。瞭解此一缺陷，對於衡定亭林思想的地位是極爲重要的，至於亭林在其它方面所表現的缺陷，諸如他對所批評的對象不能有客觀的了解等，〔註 162〕尚其餘事。

〔註 161〕胡適曾企圖解答這個問題，他認爲中西方的成就所以不同，原因在於他們雖使用同樣的方法，但因工作範圍不同，使用的材料不同，所以結果也不同。(《胡適文存》，三集，「治學的方法與材料」。或"The Chinese Renaissance"頁 70～71。(芝加哥大學 1934 年版)。

〔註 162〕如亭林把心性學家嚴肅的成德問題一概看成玄虛、無意義，以及痛斥陽明、卓吾，而未能體會他們打倒權威，追求思想、行爲自由的正面意義。此外，他尊崇朱子，但對朱子哲學並不是眞有所知，他認爲「淫於禪學者」出自程門，且後世陸王一派皆由此衍出，亦缺乏對思想流變的客觀了解。所以，我們僅能由這些觀點歸納出亭林的價値取舍，而不能當作思想上客觀的分辨、疏通。

第四章　王夫之

第一節　傳　略

王夫之，字而農，別號薑齋，湖南衡陽人，晚歲隱於湘西石船山，自稱船山老人或船山老農，故學者稱爲船山先生。生於明萬曆四十七年（1619），卒於清康熙三十一年（1692），享年七十有四。〔註 1〕船山終生聲光隱晦，且其重要著作，一直到十九世紀才重見於世，這與顧炎武、黃宗羲當世即享盛名比較起來，他算是那個時代的「邊緣人物」（Peripheral figure），〔註 2〕但我們以現代的眼光來看，他的學術成就，卻絲毫不在顧、黃之下。

船山幼承家學，七歲即畢《十三經》，後於經義、韻語、文學、歷史亦無所不涉，二十四歲那年，以《春秋》第一中式第五名舉人。翌年，張獻忠攻佔湖南衡州，以船山之父爲人質，誘其兄弟相隨，船山剺面傷腕，叫人抬到獻忠軍營，然後用計脫逃，拒絕了張獻忠的邀請。

〔註 1〕有關船山的傳記，重要的有船山子敔所作《薑齋公行述》、潘宗洛〈船山先生傳〉、《清史稿》〈儒林傳〉本傳、曾國藩〈船山遺書序〉（以上收入太平洋本《船山遺書全集》）。余廷燦〈船山先生傳〉、李元度〈王而農先生事略〉等（以上收入王永祥《船山學譜》）。另劉毓崧有《王船山年譜》、王之春有《船山公年譜》。民國後，王永祥成《船山學譜》六卷（廣文書局有影印版）、張西堂作《船山學譜》四章（商務有影印版）、劉茂華作《王夫之學術思想繫年》（新亞學報，五卷一期）。而許冠三《船山學術思想生命年譜》（附於氏著《王船山的致知論》香港中文大學出版，更搜羅了中外研究船山的著述。

〔註 2〕Ian Mcmorran 語，見"Wang Fu-chih and the Neo- Confucian Tradition"（王夫之與新儒學的傳統），收入 De Bary 編"The Unfolding of Neo-Confucianism（新儒學的開展），頁 413。

崇禎十七年(1644),清兵入關,船山悲憤不食者數日,作悲憤詩一百韻,營續夢菴於雙髻峯。次年,清兵繼陷金陵,船山再續悲憤詩一百韻,並於翌年居續夢菴,始註《周易》。

三十歲那年,清兵入湖南,船山與管嗣裘舉兵衡山,戰敗軍潰後,赴肇慶投桂王,任行人司行人介子之職於梧州。時內閣王化澄弄權,紀綱大壞,船山兩度上疏彈劾,故化澄欲置之死地,幸忠貞營降帥高必正慕義營救,始免於難,於是解職赴桂林,依瞿式耜。後來桂林為清兵所陷,式耜殉難,桂王又為孫可望刼遷於安隆所,大勢已不可為,遂決心隱遁。此後四十年,隨地托跡,或改名易服,與傜人雜居,或逃入深山,寓於僧寺。然於顛沛流離中,仍著述不輟,有時竟至撿拾爛紙帳簿以書寫文稿。嘗顏其堂:「六經責我開生面,七尺從天乞活埋。」這種於大局不可為時,轉而致力學術,守先待後,以爭剝復的剛健精神,令人感動。

船山隱遁著述期間,杜門謝客,唯與方以智書信往來甚密,并相當推崇以智的學問,謂「密翁與其公子為質測之學,誠學思兼致之實功,蓋格物者即物以窮理,惟質測為得之。」〔註3〕所謂「質測之學」即指方氏父子的科學而言。以智屢次招船山逃禪,曾贈詩諷勸,云:「……縱遊泉石知同好,踏過刀鎗亦偶然,何不翻身行別路,瓠落出沒五湖煙。」〔註4〕而船山答詩云:「洪爐滴水試烹煎,窮措生涯有火傳,哀雁頻分絃上怨,凍蜂長惜紙中天。知恩不淺難忘此,別調相看更輾然,舊識五湖霜月好,寒梅春在野塘邊。」〔註5〕這首詩顯示出「握天樞,爭剝復」的儒者,當天下紛崩,人心晦否之日,仍相信只要文化不亡,則薪盡火傳,未來仍有無限生機的偉大信念。

康熙三十一年元旦次日,船山卒於湘西草堂,遺命禁用僧道,自題其墓曰:「明遺臣王夫之之墓」,自為銘曰:「抱劉越石之孤忠,而命無從致;希張橫渠之正學,而力不能企。幸全歸於茲邱,固銜恤以永世。」〔註6〕。

船山著述甚豐,重要的有《張子正蒙注》、《周易內傳》、《周易外傳》、《讀四書大全說》、《思問錄內篇》、《思問錄外篇》、《搔首問》、《禮記章句》、《莊子通》、《莊子解》、《老子衍》、《黃書》、《俟解》、《讀通鑑論》、《宋論》等,此外,

〔註 3〕《搔首問》,頁 8 下。
〔註 4〕引自船山《南窗漫記》,頁 5 上。
〔註 5〕《薑齋六十自定詩稿》,頁 12 下。
〔註 6〕潘宗洛,〈船山先生傳〉。

尙有詩集、文集多種。探索的範圍，幾徧及傳統學術的每一層面。

第二節　船山對宋明儒的批評及其思想取向

宋明新儒學發展到明清之際，已累積了許多豐富的遺產，同時也暴露出許多問題，而不論船山之學表現出何種特色，它畢竟是宋明新儒學中的一環，所以先了解船山對宋明儒所持的態度，將有助於我們衡定他在宋明新儒學發展史中的地位。

船山論衡宋明儒得失時，尺度極嚴，用辭不少寬假，唯獨對於張橫渠則推崇備至，他自題墓銘，云：「希張橫渠之正學，而力不能企。」足見橫渠之學是他心目中的「正學」，是他一輩子追尋的目標。而船山此一尊橫渠、貶諸儒的主張，與他不滿傳統儒學，亟欲開創新局的意圖大有關係。他企圖在橫渠之學的基礎上，建立自己的思想體系，以超越程朱、陸王，為儒學找尋一條出路，而船山此一思想態度，可先經由他對宋明儒——特別是宋明儒中最重要的程朱、陸王二系——的批評反襯出來。

一、貶斥陸王

船山對象山、陽明的批評相當露骨。他說：

> 自異端有直指人心見性之說，而陸子靜、王伯安附之，陷而必窮，動之不善宜矣。……君子體德於身，居之安而自得；敷教於俗，養以善而自化，皆由浸漸而深，漸者學誨之善術也。世豈有一言之悟，而足為聖之徒；俄頃之化，而令物皆善哉！異端之頓教，所以惑世而誣民也。〔註7〕

又嚴斥陽明四句教：

> 密室傳心之法，乃玄禪兩家自欺欺人事，學者未能揀別所聞之邪正。且於此分曉，早已除一分邪惑矣。王龍溪、錢緒山天泉傳道一事，乃摹倣慧能、神秀而為之。其「無善無惡」四句，即「身是菩提樹」四句轉語。〔註8〕

又說：

〔註 7〕《周易內傳》，卷四，頁17。
〔註 8〕《俟解》，頁8。

> 陽明天泉付法，止依北秀南能一轉語作葫蘆樣，不特充塞仁義，其不知廉恥亦甚矣。〔註9〕

由此看來，船山是把陸王之學當作禪學看待，而其理由首在於陸王之學直指人心見性，是不能居之自得，且令物皆善的頓教。其次在於王學傳承，摹倣禪學的密室傳心，「無善無惡心之體」的四句教，只是神秀慧能偈語的轉語。換言之，船山對陸王之學的批評，首在於認爲他們類於佛教中直指人心見性的頓教，內不能保障一己之成德，以「居之安而自得」；外不能發爲道德事業，以「敷教於俗」、「令物皆善」。所以船山又貶斥陽明的良知：

> 以其恍惚空冥之見，名之曰：此明德也，此知也，此致良知而明明德也。體用一，知行合，善惡泯，介然有覺，頹然任之，而明德於天下矣。〔註10〕

這是以「良知」的流行等同於私欲之橫行或玄虛光影之把捉，談不上眞正的「明德於天下」，所以認爲「致良知」所達到的只是「恍惚空冥之見」，只會流於「善惡泯」、「頹然放之」的放縱而已。

至於船山不喜陽明的四句教，比之爲禪宗的密室傳心，原因當在禪宗是以「悟自性」——徹悟主體自由——爲大覺，〔註11〕視一切存在爲幻妄，所以不能肯認客觀存在與文化秩序之莊嚴。所以他說：

> 異端則揮斥萬物，滅裂造化，偶有一隙之靜光，侈爲函蓋乾坤之妙悟。而謂人倫物理之繁難爲塵垢穅粃，人法未空之障礙。天地之大用且毀，而人且同於禽獸。〔註12〕

而陽明的「四句教」，正也是要肯認心體的最高自由，〔註13〕所以船山很容易把陽明之說與禪宗聯想在一起，認爲陽明之學亦不能肯認客觀存在與文化秩序的莊嚴。他說：

> （釋氏）但見來無所從，去無所歸，遂謂性本眞空，天地皆緣幻立，事物倫理，一從意見橫生，不覩不聞之中，別無理氣。近世王氏之說本此，唯其見之小也。〔註14〕

〔註 9〕《搔首問》，頁2。
〔註10〕《禮記章句》，卷四十二，頁9。
〔註11〕《六祖壇經》，《般若品》云：「若識自性，一悟即至佛地」。
〔註12〕《周易內傳》，卷五，頁5。
〔註13〕參見本論文，第二章，第二節。
〔註14〕《張子正蒙注》，頁6。

所以船山相當惋惜陽明晚年流於「無善無惡」之旨，使功業一無足觀。他說：

> 陽明撫贛以前，舉動俊偉，文字謹密，又豈人所易及。後為龍溪、心齋、緒山、蘿石輩推高，便盡失其故吾，故田州一役，一無足觀。使陽明而早如此，則劾劉瑾、討宸濠事亦不成矣。蓋斥姦佞，討亂賊，皆分別善惡事，不合於無善無惡之旨也。〔註15〕

船山論「無善無惡」之旨，雖與陽明原意不相應，〔註16〕但他認為流於「無善無惡」之旨，則不足以創功立業的主張，固極明顯。

由上所述，知船山將陸王——尤其是陽明——之學擬之為禪，予以嚴厲的批判，主要是因為陸王之學與禪學同樣肯認心體的最高自由，故船山容易把他們聯想在一起，并且認為他們內不能保障一己之成德，易流於私欲之放縱；外不能發為道德事業，肯認客觀存在與大化秩序的莊嚴。所以船山站在儒家人文化成之理想的立場上，予陸王之學嚴厲的指責。

然而，船山於陸王之學并非一無所取，例如他說：

> 人倫之序，天秩之矣。顧天者，生乎人之心者也，非寥廓安排，置一成之型於前，可弗以心酌之，而但循其軌跡者也。人各以其心而凝天，天生乎人之心而顯其序，則緩急先後輕重取舍之節，亦求其心之安者而理得矣。〔註17〕

此處突出「心」的主宰地位，認為「天生乎人之心」，行事須以心安而理得為準，明顯是心學的立場。他又說：

> 夫知之方有二，二者相濟也，而抑各有所從，博取之象數，遠證之古今，以求盡乎理，所謂格物也。虛以生其明，思以窮其隱，所謂致知也。非致知則物無所裁，而玩物以喪志。非格物則知非所用，而蕩智以入邪。二者相濟，則不容不各致焉。〔註18〕

此處的「格物」是朱子義，即以認知心「格物窮理」。而觀「格物」「致知」相對而言的文義，則「致知」之「虛以生其明，思以窮其隱」當以陽明義解之較順適，「虛」不是「虛壹而靜」的「虛」，而是陽明「心體上著不得一念留滯」的「良知之虛」，〔註19〕「思」也不是汎指一般的思考，而是心之主宰

〔註15〕《俟解》，頁8。
〔註16〕同註7。
〔註17〕《續左氏傳博議》，〈辟司徒之妻〉。
〔註18〕《尚書引義》，卷三，頁14。
〔註19〕參見曾昭旭，《王船山哲學》，頁303。

性的判斷。而船山既說「非致知則物無所裁，而玩物以喪志」，并主張以朱子的格物與陽明的致知相濟，則他與陽明之學并非水火不容亦明矣。

由上所述，知船山對陸王之學的批判雖極端嚴厲。但二者并非截然對立。所以我們探討此一問題時，不應過度看重船山抨擊陸王之學的表象，而應藉著船山對陸王之學的批判為線索，追尋他為學的用心所在。因為船山對陸王之學最忌諱的地方，應當就是他自己為學最用心的地方，否則二者之學既非截然對立，批評時的語氣是不應如此露骨的。

二、批評程朱

船山對程朱之學的價值較能肯認。他說：

> 宋自周子出而始發明聖道之所由，一出於太極陰陽人道生化之終始。二程子引而伸之，而實之以靜一誠敬之功，然游謝之徒且歧出以趨於浮屠之蹊徑。故朱子以格物窮理為始教，而檠括學者於顯道之中，乃其一再傳而後流為雙峯、勿軒諸儒，逐跡躡影，沉溺於訓詁，故白沙起而厭棄之，然而遂啓姚江王氏陽儒陰釋誣聖之邪說。〔註20〕

由此看來，船山頗能承認程朱繼承濂溪「發明聖道」的貢獻，尤其是二程的「靜一誠敬之功」與朱子的「格物窮理」之教。但這并不表示船山完全認同程朱的主張，在關鍵之處，船山往往表現出他與程朱的歧異。如他對朱子〈大學補傳〉中「一旦豁然貫通」的說法即深致不滿。他說：

> 只下學處有聖功在，到上達却用力不得……乃朱子抑有忽然上達之語，則愚所未安。若立個時節因緣，作迷悟關頭，則已入釋氏窠臼。朱子於〈大學補傳〉亦云：「一旦豁然貫通焉。」「一旦」二字亦下得驟。想朱子生平或有此一日，要未可以為據也。孟子曰：「是集義所生者。」一「生」字較精切不妄。循循者日生而已，豁然貫通，固不可為期也。曰「一旦」則自知其期矣。自知為貫通之一旦，恐此一旦者未即合轍。下學而上達，一「而」字說得順易從容。云一旦云忽然，則有極難極速之意。且如懸之解，而不謂之達矣。忽然上達，既與下學打作兩片，上達以後便可一切無事，正釋氏磚子敲

〔註20〕《張子正蒙注》，〈序論〉。

> 門，門忽開而磚無用之旨。釋氏以頓滅爲悟，故其教有然者；聖人反己自修，而與天爲一，步步是實，盈科而進，豈其然哉！故曰：「天積衆陽以自剛，天之不已，聖人之純也。」發憤忘食，樂以忘憂，不知老之將至，聖人之上達，不得一旦忽然也明矣。〔註21〕

此段文字所表明的主要觀點有二，一爲「一旦豁然貫通」之說不可恃，自認爲能豁然貫通者，往往却「未即合轍」。二爲縱使能「豁然貫通」、「忽然上達」，但上達與下學既打作兩片，則一旦上達之後，先前的工夫即淪爲敲門磚子，只是方便法門而無積極價值，類於釋氏「以頓滅爲悟」，有違聖人「步步是實，盈科後進」之教，而朱子辛勤格物所達成的「上達」，也就失掉其意義。

船山此一批判，雖僅就朱子「大學補傳」中的「一旦豁然貫通」而言，却足以顯示他與朱子學術根本方向的重大歧異，因朱子一生對《大學》所下的功夫甚鉅，至屬而後絕筆，而格物致知補傳更是他關鍵性的觀點之一，否則他不必費力爲《大學》補上這段義理。所以補傳所主張的，經由格物窮理之工夫，「至於用力之久，而一旦豁然貫通焉，則眾物之表裡精粗無不到，而吾心之全體大用無不明」，正代表朱子格物窮理的最終目的。亦即經由格物窮理工夫，以體證一切具體存有的超越的形而上的根據——統體之理——是朱子格物窮理的終極目標。而船山既特別標出朱子此義加以反對，就足以說明他的義理的根本方向，絕對異於朱子以豁然貫通於統體之理爲最終目的，「上達之後便可一切無事」。明瞭此義，則船山義理的根本方向已呼之欲出了。

此外，船山對於朱子把「心」當作致知窮理的關鍵，但理之在心，只是認知地具，涵攝地具，關鍵地具，而不是創造地具，〔註22〕這種「汎認知主義」的傾向，〔註23〕也極不滿意。他說：

> 朱子所說（按：指「敬以直內」）乃心得正後更加保護之功，而非欲修其身者爲吾心之言行動立主宰之學。故一則曰聖人之心瑩然虛明。一則曰至虛至靜、鑑空衡平。終於不正之由與得正之故全無指證。則似朱子於此心字尚未的尋落處。〔註24〕

此謂朱子所說的「心」只能是虛靈不昧，具眾理而應萬事的心，而不能是直

〔註21〕《讀四書大全說》，卷六，頁33。

〔註22〕牟宗三即以陸王爲縱貫系統，而以程（伊川）朱爲橫攝系統。見《心性與性體》，頁54，66～67等。

〔註23〕劉述先語，見《朱子哲學思想的發展與完成》，頁247。

〔註24〕《讀四書大全說》，卷一，頁15。

接起道德創造作用的心，所以他的「正心」僅能達到「瑩然虛明」或「至虛至靜、鑑空衡平」，對於道德實踐或徹悟統體之理，并無必然保然，〔註 25〕因此船山謂其「終於不正之由與得正之故全無指證」、「非欲修其身者爲吾心之言行動立主宰之學。」并直捷表示朱子尚未能了解「心」的地位，「朱子於此『心』字尙未的尋落處。」

由上所述，知船山對程朱之學雖有相當程度的尊敬，但在某些關鍵處却不掩其不滿之情，他對朱子〈大學補傳〉「一旦豁然貫通」之語的不滿，以及對朱子把「心」當作「瑩然虛明」、「至虛至靜、鑑空衡平」之心，而非道德創造之心的貶斥，在在都顯示出他與朱子的義理確實存在著極大的差距。我們甚至可以說，船山表面上雖尊程朱、貶陸王，但他與程朱間的差距却遠超過與陸王間的差距。因此，船山之力貶陸王，當與時代因緣有關，而不只是學術性格的歧異。然而，無論其原因爲何？藉著以上所述船山對程朱、陸王的批評，船山本身的義理方向已約略可以窺見了。

三、歸宗橫渠的意義

由船山對程朱、陸王的批評，我們可以約略窺見他爲學的根本方向。例如程朱、陸王之學本有相當差異，但船山既批評陸王近禪，擬「四句教」爲禪宗之密室傳心，也批評朱子「大學補傳」中「一旦豁然貫通」的說法類於釋氏，由此可見船山對宋明儒偏於立本，偏於向內反省的傾向相當不滿，而船山本身重視客觀事業的立場也就自然被反襯出來。又如船山反對程朱把「心」視爲虛靈不昧，不能直接起道德創造作用，而帶有強烈認知意味的心，并突出「心」之主宰判斷的地位，已類於陸王的觀點，却又不放心陸王肯認心體的最高自由，反而欣賞朱子格物窮理之說。那麼，船山解決此一問題的可能方向，也已透露出可循的綫索。總之，船山對程朱、陸王的態度，是批判二者之短，兼取二者之長，以超越他們，達到一個新的統合，爲儒學找尋一條出路，而此一理想模式，船山在橫渠之學中找到樣本。

船山自題墓銘，云：「希張橫渠之正學，而力不企。」對橫渠之學欽慕備

〔註 25〕所以朱子的工夫仍落在格物窮理之上，盡心本身失却其獨立意義。他說：「盡其心者由知其性也。知得性之理，然後明得此心。知性猶格物、盡心猶知至。」又說：「知性然後能盡心，先知然後能盡，未有先盡而後方能知者，蓋先知得，然後見得盡。」（見《朱子語類》，卷六十）亦即盡心所以知性已倒轉爲盡其心者由知其性。

至而且此一欽慕并非泛泛的嚮往先聖先賢之情，而具有特殊的意涵。就歷史地位而言，船山認爲漢魏以降能得聖學之正的，只有橫渠一人，能對應時代問題，提出解決之道的，也只有橫渠一人，所以在歷代儒者中，船山只有對橫渠無一微辭。〔註26〕他說：

> 嗚呼！孟子之功不在禹下，張子之功又豈非疏洚水之歧流，引萬派而歸墟，使斯人去昏墊而履平康之坦道哉！是匠者之繩墨也，射者之彀率也。〔註27〕

又說：

> 自漢魏以降，儒者無所不淫，苟不扶其躍如之藏，則志之搖搖者，差之黍米而已背之霄壤矣。此《正蒙》之所得不異也。〔註28〕

這是比橫渠之學於孟子，比橫渠之作《正蒙》爲孟子之距楊墨。所以船山又痛心橫渠之學不彰，導致邪說橫行。他說：

> 嗚呼！張子之學，上承孔孟之志，下救來茲之失，如皎日麗天，無幽不燭，聖人復起，未有能易焉者也。學之興於宋也，周子得二程子而道著。程子之道廣，而一時之英才輻輳於其門，張子教學於關中，其門人未有殆庶者。而當時鉅公耆儒，如富、文、司馬諸公，張子皆以素位隱居，而未由相爲羽翼。是以其道不行，曾不得與邵康節之數學相與頡頏，而世之信從者寡，故道之誠然者不著，貞邪相競而互爲畸勝。是以不百年而陸子靜之異說興，又二百年而王伯安之邪說熺，其以朱子格物道問學之教爭貞勝者，猶水之勝火，一盈一虛而莫適有定。使張子之學曉然大明，以正童蒙之志於始，則浮屠生死之狂惑，不折而自摧；陸子靜王伯安之蕞然者，亦惡能傲君子以所獨短，而爲浮屠作率獸食人之倀乎！〔註29〕

此段不但盛稱橫渠之學，并將浮屠之說盛行，陸王之學得爲浮屠作倀，歸因於橫渠之學不行，而貶低了宋代諸儒的地位。則在船山心目中，漢魏以降諸儒，僅橫渠一人能得聖學之正，能照明學術方向，已毋須多言。

當然，船山如此推尊橫渠，定是他深有契於橫渠之義理，他經常以「正」

〔註26〕船山之不滿程朱、陸王，見本節前文。

〔註27〕《張子正蒙注》，〈序論〉。

〔註28〕同上。

〔註29〕同上。

形容橫渠之學，如「希張橫渠之正學」、「程子規模直爾廣大，到魁柄處自不如橫渠之正」，〔註 30〕然則橫渠義理之「正」果惡乎在？船山嘗云：

> 《或問》中語子貢一貫之理，中間駁雜特甚。朱子曰：「此說亦善。」取其「不躐等」數語爲學有津涘耳。乃其曰：「一體該攝乎萬殊」，則固然矣。抑曰：「萬殊還歸乎一原」，則聖賢之道，從無此顚倒也。《周易》及〈太極圖說〉〈西銘〉等篇，一件大界限正在此分別，此語一倒，縱復盡心力而爲之，愈陷異端。〔註 31〕

「一體該攝乎萬殊」與「萬殊還歸乎一原」的區別，是本末一貫與捨末逐本的區別。主張「萬殊還歸乎一原」者，終難以肯認形色世界、客觀事業的價值，而易偏於向內反省以證體的態度，此處一差，縱使有心扭轉此一傾向也難以挽回，故云「一件大界限正在此分別，此語一倒，縱復盡心力而爲之，愈陷異端。」所以船山必於此力爭，判定「萬殊還歸乎一原」的顚倒。而持守「一體該攝乎萬殊」之說，以肯認本末之一貫，肯認形色世界、客觀事業的價值。這是船山對儒學方向的根本要求，所以立論如此斬截，毫無通融餘地。他贊許《周易》、〈太極圖說〉即著眼於此，而以「正學」許橫渠，亦是對橫渠之能把握本末一貫的義理方向，深有契於心。就如他論橫渠之學：

> 《周易》者，天道之顯也，性之藏也，聖功之牖也。陰陽動靜幽明屈伸，誠有之而神行焉，禮樂之精微存焉，鬼神之化裁出焉，仁義之大用興焉，治亂吉凶生死之數準焉。故夫子曰：「彌綸天下之道，以崇德而廣業者也。」張子之學無非《易》也，即無非《詩》之志，《書》之事，《禮》之節，《樂》之和，《春秋》之大法也，《論》《孟》之要歸也……張子言無非《易》，立天立地立人，反經研幾，精義存神，以綱維三才，貞生而安死，則往聖之傳，非張子其孰與歸。〔註 32〕

此處儼然以橫渠之學集傳統學問之大成，并以之統攝人類活動——包括自天至人，自體至用——的所有領域。而此一本末一貫的義理方向，正是船山本人所樂道的。他說：

> 體用無不可分作兩截。〔註 33〕

〔註 30〕《讀四書大全說》，卷十，頁 19。
〔註 31〕同上，卷六，頁 36。
〔註 32〕《張子正蒙注》，〈序論〉。
〔註 33〕《讀四書大全說》，卷一，頁 15。

又說：

> 言氣即離理不得。……理與氣互相爲體，而氣外無理，理外亦不能成氣，善言理氣者，必不判然離析之。〔註34〕

又說：

> 天理即寓於人情之中，天理流行，而聲色貨利皆從之而正。若恃其性情之剛，遂割棄人情以杜塞之，使不足以行，則處心危而利欲之乘之也終因閒而復發。〔註35〕

凡此體用、理氣、天理人欲不可分的主張，皆足以說明船山主張本末一貫的義理方向，而主張本末一貫的人，必不能以「證體」、「見本」爲滿足，必須正視形色世界、客觀事業的價值。所以船山究其極必云：「非有一性焉命焉，如釋氏之欲見之也。見性二字在聖人份上，當不得十分緊要。」〔註36〕因爲以「見性」爲終極目的之，必會偏於向內反省，忽視客觀世界的問題。了解此義，則知船山之反陸王的直指人心見性，反陽明天泉證道的「無善無惡心之體」之說，甚至不滿朱子「一旦豁然貫通」的說法，正是他的學術主張落在具體的人物批評時所必有的表現。

經由以上的討論，知船山之歸宗橫渠，主要原因在於他深有契於橫渠本末一貫的義理取向，因爲此一取向恰可救正一般宋明儒者偏於立本，偏於向內反省，以及忽視客觀領域的缺失。合乎他「六經責我開生面」之改造文化傳統以應付變局的悲情宏願。而且船山不僅在言辭上盛贊橫渠，他確實是將橫渠之學融入自己的思想體系中，例如他即氣言體，將一切神、性、心皆內於氣之中而言等主要觀念，皆與橫渠有關。惟這些問題牽涉甚廣，進一步的探討，僅能俟諸後文，我們於此先明白船山歸宗橫渠的意義，了解船山的義理取向，以便於掌握船山思想體系的重心，即已足夠。

第三節　船山的宇宙觀

明清之際諸大家中，船山對哲學理論的興趣最爲濃厚，他的思想自成一個架局，超越宋明諸儒的規模，表現出偉大的綜合心靈，在宇宙論方面，他

〔註34〕同上，卷十，頁36。
〔註35〕《周易內傳》，卷三，頁39。
〔註36〕《讀四書大全說》，卷五，頁38。

更是殫精竭慮，獨鑄偉辭，企圖透過對道器、理氣、陰陽、乾坤等問題的特殊詮釋，安頓各種層面的價值，使繁然皆備，密藏無盡之世界，皆成眞實不虛，而船山「本末一貫」的要求，亦可在此取得堅實的理論根據。

一、論道器

船山的宇宙觀與前儒最大的差別，就在於他能先肯定形、器的地位，以肯定現實存在的眞實性。他說：

> 天下唯器而已矣。道者器之道，器者不可謂之道之器也。無其道則無其器，人類能言之。雖然，苟有其器矣，豈患無道哉？……無其器則無其道，人鮮能言之，而固其誠然者也洪荒無揖讓之道，唐虞無弔伐之道，漢唐無今日之道，則今日無他年之道者多矣。未有弓矢而無射道，未有車馬而無御道，未有牢醴璧幣鐘磬管絃而無禮樂之道；則未有子而無父道，未有弟而無兄道，道之可有而且無者多矣。故無其器則無其道，誠然之言也，而人特未之察耳。〔註37〕

本段文字最能突出船山對「器」的重視。「無其器則無其道」，則孤立於具體存在物之上的「道」已遭否定，且表示「器」先於「道」，「道」只是依存於「器」之上的功能、律則等的表現。所以船山繼云：「古之聖人能治器，而不能治道。治器者則謂之道。」〔註38〕

由是，船山對傳統思想中以「形而上」的「道」超越於「形而下」的「器」之上，「形而上」在理論次序上先於「形而下」的看法，也提出異議。他認爲「器而後有形，形而後有上。」〔註39〕肯定「器」與「形」的優先性。并云：

> 形而上者，非無形之謂。既有形矣，有形而後有形而上。……故曰：「惟聖人然後可以踐形。」踐其下，非踐其上也。〔註40〕

然而，船山「器先於道」的主張并不一貫，他有時又強調道與器之不相離。他說：

> 形而上者，當其未形，而隱然有不可踰之天則，天以之化，而人以爲心之作用，形之所自生，隱而未見者也。及其形之既成，而形可

〔註37〕《周易外傳》，卷五，頁25。
〔註38〕同上。
〔註39〕同上。
〔註40〕同上。

> 見，形之所可用以效其當然之能者，如車之所以可載，器之所以可盛，乃至父子之有孝慈，君臣之有忠禮，皆隱於形中而不顯，二者則所謂當然之道也，形而上者也。形而下即形之已成乎物而可見可循者也。形而上之道，隱矣，乃必有其形，而後前乎所以成之者之良能著，後乎所以用之者之功效定，故謂之形而上而不離乎形。道與器不相離。故卦也、辭也、象也，皆書之所著也，器也；變通以成象辭者，道也。民用器也；鼓舞以興事業者，道也。聖人之意所藏也。合道器而盡上下之理，則聖人之意可見矣。〔註41〕

本段文字相當繁雜、繳繞。文中以未形時，「隱然有不可踰之天則。」以及形既成之後，「形之所可用以效其當然之能者」釋「形而上」，不但與前引《周易外傳》「器先於道」的主張有別，甚至這兩種解釋本身亦不能一致。因爲「形而上者，當其未形，而隱然有不可踰之天則」的主張，似乎意謂「道」是先於「器」之存有；而以「形之所可用以效其當然之能者」釋「形而上」，則又與下文「道與器不相離」的主張可相一致。故此處須進一步的討論，以確定其意義。

要解決以上的問題，可先由船山表意較明確的文字著手。我們由「形而上之道，隱矣，乃必有其形，而後前所以成之者之良著，後乎所以用之者之功效定，故謂之形而上而不離乎形，道與器不相離」，可以見出船山是先肯定「形」的地位，然後肯定有一「形」之「所以成」的「良能」與「形」之後「所以用之者」的「功效」，并認爲合此二者即所謂形而上或道。而且，形之所以成的「良能」，只能解釋爲形之「生成之理」，形之後所以用之者之「功效」只能解釋爲「用之理」，〔註42〕不能解釋爲超絕的「理」，如此即可謂此一生成變化之理不在形器之外，而「隱」於形器之中，符合「(道) 謂之形而上而不離乎形，道與器不相離」的主張。此義既明，則「形而上者，當其未形，而隱然有不可踰之天則」，不能解釋爲「道」是先於「器」之存有，固不待言。〔註43〕

〔註41〕《周易內傳》，卷五，頁34～35。

〔註42〕此義參見勞思光《中國哲學史》，第三卷下，頁728。勞氏并認爲此一「生成之理」或「用之理」不涉及個別事物之特殊內容之決定，而只涉及普徧意義之生成與功用。換言之，不論是何種事物、何種功用，其能「有」即依一「生成」之理，其有後之能具一定性質，即係一「用」之理。(同上)

〔註43〕這段文字是「形而上之道，隱矣，乃必有其形，而後前乎所以成之者之良能

綜上所述，知船山論道器的主張并不一致，有時持「器先於道」的立場，有則持「道與器不相離」的立場。但無論船山持何種立場，他首出形器的地位，反對道獨立於器之上的主張却從無二致。所以他反對略去形器，向形上作無窮的追尋。他說：

形而上者，隱也；形而下者，顯也。才說形而上，早已有一形字，爲可按之跡，可指求之主名。就這上面窮將去，雖深求而亦無不可。唯一概丟抹下者形，籠統向那沒邊際處去搜索，如釋氏之七處徵心，全不依物理推測將去，方是索隱。〔註 44〕

又說：

作者之謂聖，作器也；述者之謂明，述器也；神而明之，存乎其人，神明其器也。……嗚呼！君子之道，盡夫器而已矣！〔註 45〕

由上所述，船山首出器和形之地位，以肯認形色世界之價值的「捨虛就實」傾向已極爲明顯。他就站在此一以形器爲根本的立場上，一面批判老釋虛無寂滅之道，一面將儒學重立本、輕功用的偏向，扭轉到「治器不治道」、「踐其下，非踐其上」之重實踐、重客觀世界的方向上。

二、論氣與理氣關係

船山首出形器，肯定個體存在，以肯定形色世界之價值的主張，擴大於宇宙全體而言之，即表現於他論氣的觀點中。而船山之論氣。大抵藉著注橫渠的《正蒙》而發揮。橫渠「虛空即氣」〔註 46〕等觀念，爲船山預備了思想的骨幹。

在對宇宙本體的詮釋上，船山認爲宇宙間充滿的盡是實有之氣。他說：

虛空者，氣之量。氣彌淪無涯而希微不形，則人見虛空而不見氣。凡虛空皆氣也，聚則顯，顯則人謂之有；散則隱，隱則人謂之無。〔註 47〕

此段說明「氣」徧在於宇宙，常人所謂的「虛空」，也只是氣希微不形，隱而不可見而已。常人囿於耳目，於聚而顯者則謂之有，散而隱者則謂之無，其

著。」的另一種表達方式，義理全無二致。

〔註 44〕《讀四書大全說》，卷二，頁 22。

〔註 45〕《周易外傳》，卷五，頁 25。

〔註 46〕《正蒙》，〈太和篇〉。

〔註 47〕《張子正蒙》，卷一，頁 5。

實「凡虛空皆氣也。」所以船山又云：

> 人之所見爲太虛者，氣也，非虛也。虛涵氣，氣充虛，無有所謂無者。〔註48〕

以上所述，已明顯揭露船山視宇宙爲實有之「氣」所構成的本體宇宙觀。在船山眼中，「氣」徧於太虛，彌淪無涯，宇宙間除氣之外更無他物，而且，「氣」是永恆的，只有聚散，而無生滅，所以船山又以往來、屈伸、聚散、幽明說明一切現象的變化，并藉以駁斥釋氏之說。他說：

> 未嘗有辛勤歲月之積，一旦悉化爲烏有明矣。故曰往來，曰屈伸，曰聚散，曰幽明，而不曰生滅。生滅者，釋氏之陋說也。儻如散盡無餘之說，則此太極渾淪之內，何處爲其翕受消歸之府乎？又云「造化日新而不用其故。」則此太虛之內，亦何以得此無盡之儲以終古趨於滅而不匱邪？〔註49〕

釋氏以「緣起」的觀點解釋一切存在物，於是一切存在物僅是虛幻不實的緣生物，而他們所追求的，只能是散盡無餘的大涅槃。這在重視客觀世界價值的船山看來，是可忍，孰不可忍？因而提出永恆實有的「氣」觀念來對抗，認爲一切現象的變化，只是氣屈伸、聚散之表現而已，而「散而歸於太虛，復其絪縕之本體，非消滅也。聚而爲庶物之生，自絪縕之常性，非幻成也。」〔註50〕如此，釋氏銷毀世界的願望，必不能達成，何況，氣若可散盡無餘，則又將歸往何處？且造化日新之物又何所從出？此一無限容納力的歸宿之處，與用之不竭的根源，將何處去找尋？故船山終判之曰：「妄欲銷隕世界，以爲大涅槃，彼亦烏能銷隕之哉，徒有妄想以惑世誣民而已。」〔註51〕

在同一精神下，船山亦駁斥老氏「有生於無」之說，以肯定氣是萬有的最後根據。他說：

> 老氏以天地如橐籥，動而生風。是虛能於無生有，變幻無窮，而氣不鼓動，則無是有限矣，然則孰鼓其橐籥令生氣乎？〔註52〕

在船山心目中，「無能生有」是不可理解的，因爲「無」本身不能鼓動，而誰是鼓動者？縱有鼓動者，若無「氣」作爲鼓動的對象，「儘橐籥鼓動那得者風

〔註48〕同上，頁9。
〔註49〕同上，頁4～5。
〔註50〕同上，頁3。
〔註51〕同上，卷二，頁9。
〔註52〕同上，卷一，頁6。

氣來？」〔註53〕所以實有的氣才是萬有的最後根據。

船山批判釋老幻滅虛無的宇宙觀，轉移到對儒家傳統本身的反省時，則是批評陸王等儒者不能正面挺立形色世界的價值。他評陽明云：

> 但見來無所從，去無所歸，遂謂性本眞空，天地皆緣幻立，事物倫理，一從意見橫生，不覩不聞之中，別無理氣。近世王氏之說本此，唯其見之小也。〔註54〕

甚至朱子也難逃同樣的批評。船山云：

> 朱子以其（指《正蒙》「太和篇」）言既聚而散，散而復聚，譏其爲大輪迴。而愚以爲朱子之說反近於釋氏滅盡之言，而與聖人之言異。〔註55〕

這是認爲若不能先肯認氣的實有性與永恆性，則不能眞正肯認客觀世界的價值，終會如陽明視「事物倫理，一從意見橫生」。〔註56〕或如朱子理先氣後之說，終會導致「萬一山河大地都陷了，畢竟理卻只在這裡。」〔註57〕那種類似「釋氏滅盡無餘之言」的結論。船山論氣的觀點，透過對釋老的批判，以及對傳統儒學的反省，所表現出的「舍虛就實」傾向，以及重視客觀世界之價值的立場，愈發明顯了。

然而，船山的「氣」並不只是客觀的實有、物質性的存在，它同時也是含有道德意義的價值存在。他說：

> 唯本有此一實之體，自然成理，以元以亨以利以貞，故一推一拽，動而愈出者皆妙。實則未嘗動時，理固在氣之中，停凝渾合得住。那一重合理之氣，便是萬物資始，各正性命，保合太和底物事。〔註58〕

這是說明「氣」也是價值性的存在。當氣未嘗動時，固已經含藏了無限的價值，「是萬物資始，各正性命，保合太和底物事」。當它發用後，更即兵値創造的實現，所以說它「一推一拽，動而愈出者皆妙。」而這也就是船山所謂「氣充滿於天地之間，即仁義充滿於天地之間。」「氣充滿於有生之後，則健

〔註53〕《讀四書大全說》，卷十，頁3。

〔註54〕《張子正蒙注》，卷一，頁6。

〔註55〕同上，頁4。

〔註56〕可能指陽明四句教「無善無惡心之體，有善有惡意之動」而言。當然，船山的批評并無當於陽明。但我們可由此看出船山的思想取向。

〔註57〕《朱子語類》，卷一。

〔註58〕《讀四書大全說》，卷十，頁3。

順充滿於形色之中」的意義。〔註59〕船山又說：

> 程子統心性天於一理，於以破異端妄以在人之幾爲心性，而以未始有爲天者則正矣，若其情思而實得之，極深研幾而顯示之，則橫渠之說，尤爲著明。蓋言心言性言天言理，俱必在氣上說，若無氣處，則俱無也。〔註60〕

「心」、「性」、「天」、「理」等概念，在儒家系統內，俱爲價值概念。船山必將心、性、天、理與氣綰合在一起，可見他相當重視這些概念的存在面意義，亦即道德實踐必須結合人生，展現於繫富萬有的世界中才有意義，而不只是體證內在的靈明即告了事。

此一作爲宇宙本體的「氣」，船山有時更直持稱之爲「天」〔註61〕、「太極」〔註62〕、或「誠」，〔註63〕每一稱謂各強調一宇宙本體的某一面，但亦皆必須落實在「氣」上去理解，才能看出船山的思想特色。

在理氣關係的問題上，船山反對將理氣分作兩截的主張相當明確。他說：

> 言氣即離理不得。……而氣外無理，理外亦不能成氣，善言理氣者，必不判然離析之。〔註64〕

又說：

> 理即是氣之理，氣當得如此便是理，理不先而氣不後。……天人之蘊，一氣而已，從乎氣之善而謂之理，氣之外更無虛託孤立之理也。〔註65〕

然而，船山究係在何種意義下說理不離，則頗有可說，因船山并不就作爲本體的「氣」本身言「理」，而往往就「氣化」之有秩序條理言「理」。他說：

> 太和之中，有氣有神，神者非他，二氣清通之理也。不可象者，即在象中。〔註66〕

〔註59〕同上，頁2。

〔註60〕同上，頁32。

〔註61〕船山云：「天即以氣言……固不得謂離乎氣而有天也。」(同上，頁32)。

〔註62〕船山云：「太者，極其大而無尚之辭，至也；語道至此而盡也。其實陰陽之渾合者而已。」(〈周易內傳〉，卷五，頁31。)

〔註63〕船山云：「氣之誠則是陰陽，則是仁義；氣之幾則是變合，則是情才。若論本然之體，則未有幾時固有誠也。」(《讀四書大全說》，卷十，頁3)。

〔註64〕《讀四書大全說》，卷十，頁35～6。

〔註65〕同上，頁1。

〔註66〕《張子正蒙注》，卷一，頁1。

此處所言神與氣的關係，即理與氣的關係。此外，象指氣，不可象指理。「不可象者，即在象中」即理在氣中，而理指「二氣清通之理」而言，則是以氣化後的陰陽二氣之條理言理，并非就作爲本體的「氣」本身言理明矣。船山又云：

> 太極最初一〇，渾論齊一，固不得名之爲理，殆其繼之者善爲二儀，爲四象，爲八卦，同異彰而條理現，而後理之名以起焉，氣之化而人生焉，人生而性成焉。〔註67〕

本段文字最能看出船山所謂「理氣不離」的眞正意義，因「太極」即作爲宇宙本體的「氣」的另一種稱謂。「太極」不得名之爲理，要等到化爲二儀、四象、八卦，「同異彰而條理現」才有理之名出現，則船山以氣化之條理言理更可確認。

此外，船山既主張理氣不離，何以不像傳統儒者，諸如朱子之以理爲統體之理，將理推至宇宙本體的地位，直接就作爲本體的氣本身言理，而僅就氣化之有秩序條理處言理？此船山云：

> 理雖無所不有，而當其爲此理，則固爲此理，有一定之例，不能推移而上下往來也。〔註68〕

船山認定理有「一定之例」，即理只是某一意義的秩序、條理，既爲此理，即限定於此理不能爲彼理，所謂「當其爲此理，則固爲此理」是也。而「氣」則是宇宙人生的大本，具有無限的創造性，是「理」之所從出，不應反以任何一理拘限之，否則理既「不能推移而上下往來」，則非但不能彰顯「氣」爲宇宙人生大本之義，且其無限性反將受到損害。此亦即船山所謂的「故可云天者理之自出，而不可云天一理也」〔註69〕之義。而我們由上所述，知船山理氣不離的立場，在更確定的意義上，仍然突出了以「氣」作爲宇宙人生大本之義。

總之，船山的「氣」既是繁富萬有之宇宙的本體，亦是充滿道德價值之宇宙的本體。由是，「氣」所展現的形色世界，亦是具有道德價值的世界。船山特別將「氣」提到本體的地位，特別重視客觀世界的價值，是他推闡橫渠之學在傳統儒學中別開生面之處，〔註70〕另一方面，他亦緊守「氣」的道德

〔註67〕《讀四書大全說》，卷十，頁33。

〔註68〕同上，頁32。

〔註69〕同上，頁33。

〔註70〕橫渠雖重氣，但他的思想在宋代一直未受到特別重視，例如二程、朱子都將他的氣之聚散說視同於佛教的大輪迴。我們可以說，由於船山的推衍，才使

意義，不淪爲唯物主義者，說明他仍是位重視人文化成的儒者，以「六經責我開生面」自居的船山，畢竟未脫離儒學的矩矱。

三、陰陽渾合，乾坤并建

船山以「氣」爲體，爲宇宙人生之大本的意義已見於前，惟若欲窮盡「氣」的涵義，進一步探討陰陽渾合、乾坤并建之說是必要的。

陰陽渾合、乾坤并建之說，是船山注《周易》時，著意發揮的理論。他說：

> 太者，極其大而無尚之辭。極，至也；語道至此而盡也。其實陰陽之渾合者而已，而不可名之爲陰陽，則但贊其極至無以加曰「太極」。太極者，無有不極也，無有一極也。惟無有一極，則無所不極，故周子又從而贊之：無極而太極。陰陽之本體，絪縕相得，和同而化，充塞於兩間，此匠謂太極也。張子謂之太和。〔註71〕

這是以陰陽之渾合爲「太極」。而船山必以陰陽之渾合言太極，以「陰陽之本體，絪縕相得，和同而化，充塞於兩間」言太極，是有其特別用心的。因船山心目中的宇宙，是一實有健動的宇宙，而作爲宇宙本體的「太極」，也應是孕育無限生機的神化不息之本體。以既對立又互相滲透的陰陽二氣說明其中的絪縕摩盪之作用，正可符合此一要求。所以船山說：

> 一氣之中，二端既肇，摩之盪之，而變化無窮。〔註72〕

又說：

> 陰陽合於太和，而性情不能不異，惟異生感，故交相訢和於既感之後，而法象以著，藉令本無陰陽兩體虛實清濁之實，則無所容其感通，而謂未感之先，初無太和亦可矣。今既兩體各立、則溯其所從來，太和之有一實顯矣，非有一則無兩也。〔註73〕

這二段文字一再強調陰陽之交感、摩盪，是一切變化的泉源。可見由陰陽渾合以言太極，正是船山健動的宇宙觀之表現。而由陰陽二體肇於「一氣之中」，「非有一則無兩」之說，亦可見由陰陽二體交感、摩盪而來的變化，仍可說

此一理論更完備，更有價值。

〔註71〕《周易內傳》，卷五，頁31。

〔註72〕《張子正蒙注》，卷一，頁15。

〔註73〕同上，頁12。

是作爲宇宙本體的氣體或太極之發用而有的神化。當然，氣體或太極并不在陰陽之先，而即在氣化之流行中，此船山既云「陰陽未分，二氣合一，絪緼太和之眞體。」〔註 74〕似乎肯定陰陽未分前之眞體，但旋又云「謂未感之先，初無太和亦可矣。今既兩體各立，則溯其所以來，太和之有一實顯矣。」認爲「太和」正見於「兩體各立」後，所以「謂未感之先，初無太和亦可矣。」總之，陰陽交感所成的生化，即是氣體或太極的神化，而氣體或太極即在此一生化的流行中，見其爲一神化不息的氣體或太極。

船山既認爲太極是孕育無限生機之神化不息的本體，於是他更說明宇宙間只有「動」是絕對的，并沒有「廢然之靜」。他說：

> 太極動而生陽，動之動也；靜而生陰，動之靜也。廢然無動而靜，陰惡從生哉？一動一靜，闔闢之謂也。由闔而闢，由闢而闔，○（按：闕字當爲「皆」）動也，廢然之靜，則是息矣。至誠無息，況天地乎？維天之命，於穆不已，何靜之有？〔註 75〕

此處強調絕對的靜止是不可能的，一般所謂的動、靜，只是「動之動」或「動之靜」，是絕對之動的一種形態，以成就此絕對之動者。於是，宇宙皆是絕對之動的展現，而盈天地之間的事物，亦皆是繁茂多姿，富有日新。船山說：

> 今日之日月，非用昨日之明也；今歲之寒暑，非用昔歲之氣也。明用昨日，則如鐙如鏡，而有息有昏；氣用昨歲，則如湯中之熱，溝澮之水，而漸衰漸泯。而非然也。是以知其富有者，惟其日新，斯日月貞明而寒暑恆盛也。〔註 76〕

這是說明宇宙之富有，皆源於其日新。船山由陰陽渾合以言太極，肯認太極或氣體爲一神化不息的太極或氣體，終能在此一健動的發展觀上，暢發宇宙有日新之理念，肯認繁茂多姿的天地萬物之價值。

陰陽渾合之說外，船山另有一相類似之理論——乾坤并建。他說：

> 《周易》并建乾坤爲太始，以陰陽至足者，統六十二卦之變通。古今之遙，兩間之大，一物之體性，一事之功能，無有陰而無陽，無有陽而無陰；無有地而無天，無有天而無地。不應立一純陽無陰之卦，而此以純陽爲乾者，蓋就陰陽合運之中，舉其陽之盛大流行者

〔註 74〕同上。

〔註 75〕《思問錄》，內篇，頁 2。

〔註 76〕《周易外傳》，卷六，頁 7。

言之也。〔註 77〕

又說：

《周易》并建乾坤爲諸卦之統宗，不孤立也。然陽有獨運之神，陰有自立之體，天入地中，地函天化，而抑各效其功能。故伏羲氏於二儀交合以成能之中，摘出其陽之成象者，以爲六畫之乾；而文王因繫之辭，謂道之元亨利貞者，皆此純陽之撰也。摘出其陰之成形者，以爲六畫之坤，而文王因繫之辭，謂道有元亨利牝馬之貞者，惟此純陰之撰也。爲各著其性情功效焉。〔註 78〕

以上釋「乾」、「坤」二卦之辭，最能表現船山乾坤并建的義旨。「乾坤」即「陰陽」，〔註 79〕陰陽相待而有，不可偏廢，本不應立一純陽無陰之卦或純陰無陽之卦，所以乾或坤之名，只是從「陰陽合運」或「二儀交合以成能」中，「摘出」其創生不已的德能——「獨運之神」，與順成萬物、普載無遺的德能——「自立之體」而言，〔註 80〕實際上仍是「陰陽合運」或「二儀交合」的渾然氣體之流行、發用。亦即乾坤并建，并非意謂眞有乾坤二體作爲宇宙人生之本體的二元論思想，而是表述渾然氣體之流行的德能而已。此船山云：「凡卦有取象於物理人事者，而乾坤獨以德立名，盡天下之事物，無有象此純陽純陰者也。」〔註 81〕

乾坤合德，遂能妙生萬物而不息。船山說：

神者，乾坤合德。健以率順，順以承健，絪縕無間之妙用，并行於萬物之中者也。〔註 82〕

又說：

《周易》并建乾坤，以統六子，而爲五十六卦之父母。在天之化，在人之理，皆所由生，道無以易，而君子之盛德大業，要不外乎此也。乾者，陽氣之舒，天之所以運行；坤者，陰氣之凝，地之所以

〔註 77〕《周易内傳》，卷一，頁 2。

〔註 78〕同上，頁 18。

〔註 79〕船山云：「乾坤謂陰陽也。」（同上，卷五，頁 30。）。

〔註 80〕船山釋「乾」卦云：「此卦六書皆陽，性情功效皆舒暢而純乎健……全體盡見諸發用，無所倦吝，故謂之乾。」（《周易内傳》卷一，頁 2），另又云：「坤象地之厚無疆，天之無窮也，其始也，生之；既生矣，載之。天所始之萬物，普載無遺，則德與天合，故與乾均爲元。」（同上，頁 19）。

〔註 81〕《周易内傳》，卷一，頁 18。

〔註 82〕同上，卷六，頁 30。

翕受。天地一誠無妄之至德，生化之主宰也。〔註83〕

這是說明在乾坤合德下，成就絪緼無間之妙用，顯發宇宙人生種種之盛德大業。於是，乾坤并建乃可通於陰陽渾合之旨，故不再贅言。

船山陰陽渾合、乾坤并建所表現的健動宇宙觀，落在體用問題上，遂有「體用相函」的主張，認爲「體」必顯現其「用」，且不離「用」而立。他解《中庸》第二十章：

> 《中庸》一部書，大綱在用上說。即有言體者，亦用之體也。乃至言天，亦言天之用；即言天體，亦天用之體。大率聖賢言天，必不捨用，與後儒所謂太虛者不同。若未有用之體，則不可言誠者天之道矣。舍此化育流行之外，別問窅窅空空之太虛，雖未嘗有妄，而亦無所謂誠，佛老兩家都向那畔去說，所以儘著鑽研，只是捏謊。〔註84〕

這段文字重「用」的立場相當明顯，船山一面強調由「化育流行」見體，一面由此辨別儒與佛老宗旨之異，可見他心目中的宇宙，惟是化育流行、動而不息的宇宙。因此，船山體用相函的主張與陰陽渾合、乾坤并建仍然是一貫的。

由船山首出形器的地位，可以看出他肯認形色世界之價值的傾向。由船山特別將「氣」提到本體的地位，視「氣」爲繁富萬有之宇宙以及充滿道德價值之宇宙的本體，并且認爲道德價值必須展現於繫富萬有的世界才有意義，也可以看出他重視客觀事業的「捨虛就實」傾向。而由船山陰陽渾合、乾坤并建、體用相函之說，更可以看出他心目中的宇宙，是化育流行、健動不息的宇宙。透過船山的詮釋，繁然皆備，密藏無盡的世界，皆是眞實不虛，且本身即是充滿價值意義的世界。

第四節　船山的天人關係論

船山的宇宙觀已述之於前，而此一實有、健動的宇宙如何與人相貫通，人又如何稟天命之性，參贊化育，以創造生命的意義，則尚須進而探討他的天人關係論。

〔註83〕同上，卷五，頁2。

〔註84〕《讀四書大全說》，卷三。

一、論人性

船山論人性，係循宇宙論之進路（cosmological approach）而入。他說：

> 太虛者，陰陽之藏，健順之德存焉；氣化者，一陰一陽，動靜之幾，品彙之節具焉。秉太虛和氣健順相涵之實，而合五行之秀，以成乎人之秉彝，此人之所以有性也。凝於形氣而五常百行之理無不可知，無不可能，於此言之，則謂之性。人之有性，函之於心，而感物以通……故由性生知，以知知性，交涵於聚而有間之中，統於一心，由此言之則謂之心。順而言之，則惟天有道，以道成性，性發知道；逆而言之，則以心盡性，以性合道，以道事天。惟其理本一原，故人心即天；而盡心知性，則存順沒寧，死而全歸於太虛之本體，不以客感雜滯遺造化以疵纇，聖學所以天人合一，而非異端之所可溷也。〔註85〕

這段話所闡釋的是由宇宙論進路而入的天人合一論中，最詳備的一種模式。船山一方面認爲人之性源於太虛本體之氣化，而且是「秉太虛和氣健順相涵之實，而合五行之秀」以成，此一「惟天有道，以道成性，性發知道」的思路，類於《中庸》「天命之謂性。」或《易傳》「一陰一陽之謂道，繼之者善也，成之者性也。」〔註86〕那種從「存有」（Being）以說德性價值之理論，而且述說得更爲詳盡。但在另一方面，船山又肯定心、性的力量，肯定「逆而言之，則以心盡性，以性合道，以道事天」的必要性，則又類於孟子「盡心知性知天」的思路。所以船山是站在從「存有」以說德性價值的基礎上，統合以心性爲本位的心性論之說。這與傳統的天人合一論比較起來，質是很特殊的。對於人性的尊貴，船山又說：

> 天之爲命也廣大，于人命之，于物亦兼命之。萬物之生，無以異于人之生，天之所以并育而不害，乃天之仁也。人之爲性也精微，惟人有性，惟人異于物之性，函性於心，乃以異于物之心，人之所以爲萬物之靈，人之道也。故君子于此專言性，而廣言命焉。〔註87〕

這段話重在區別人性與物性。天命廣大，兼人、物而命之，但在嚴格的意義上，只有人性才能稱爲性，所以君子就以「性」專指人性而言，而由於人性如此之尊貴，人在宇宙中之責任也就無可旁貸了。

〔註85〕《張子正蒙注》，卷一，頁10～11。

〔註86〕《繫辭上》，第五章。

〔註87〕《四書訓義》，卷三十八，頁20。

以上所言，基本上是傳統儒學中循宇宙論進路論人性者的進一步發展。此外，船山更說：

> 在天地直不可謂之性，故曰天道，曰天德。由天地無未生與死，則亦無生；其化無形埒、無方體，如何得謂之性？天命之謂性，亦就人物上見得。天道雖不息，天德雖無間，而無人物處則無命也。況得有性？〔註88〕

這是反過來由人物的形埒、方體之存在來說明命與性之存在。若無人物的形埒、方體之存在，則天命與性俱無著落而不可說。此一重視天道、天德必下貴於人物具體存在之形質的立場，正是船山一貫所注重的「本末一貫」之立場的反映。而船山以「性」為天道、天德之流行而具有形埒、方體者，更顯示出他對形質的重視。所以船山言性時，又必綰合人之聲色臭味等現實的具體存在性而言。他說：

> 蓋性者生之理也。均是人也，則此與生俱有之理未嘗或異，故仁義禮知之理，下愚所不能滅，而聲色臭味之欲，上智所不能廢，俱可謂之為性。……故告子謂食色為性，亦不可謂為非性，而特不知有天命之良能爾。〔註89〕

此處將「聲色臭味之欲」亦視之為性，於是性除涵攝「天命之良能」外，亦涵攝告子所謂的食色之性。而不復如前儒之必分義理之性與氣質之性，或如孟子之必分大體與小體，而心身俱貴的尊生之義就很明顯了。

綜上所述，船山論人性時所建立的天人合一論，基本上是站在從「存有」以說德性價值的基礎上，統合以心性為本位的心性論之說，而且也相當能肯認人性的尊貴。此外，他反過來由人物的形埒、方體之存在來說明命與性的存在，且綰合天命之良能與人之聲色臭味等現實的具體存在性以言性，更表現了他對形質的重視，而此一心身俱貴的觀點，正是他重視「本末一貫」之立場的反映。然而，吾人若欲對船山的天人合一之論有更進一步的了解，則須進一步探討他的「道大而善小，善大而性小」與「命日受、性日生」等理論之內涵。

二、道大而善小，善大而性小

在天人關係上，船山有所謂「道大而善小，善大而性小」之說。他說：

〔註88〕《讀四書大全說》，卷七，頁12。
〔註89〕《張子正蒙注》，卷三，頁14。

> 人物有性，天地非有性，陰陽之相繼也善，其未相繼也不可謂之善。故成之而後性存焉，繼之而後善著焉。……性存而後仁義禮知之實章焉，以仁義禮知而言天，不可也。成乎其爲體，斯成乎其爲靈，靈具於體之中，而體皆含靈。若夫天，則未有體矣。相繼者善，善而後習知其善，以善而言道，不可也。道之用，不僭不吝以不偏而相調，故其用之所生，無僭無吝以無偏而調之广適然之妙。妙相衍而不窮，相安而各得於事，善也；於物，善也。若夫道則多少陰陽無所不可矣。故成之者，人也；繼之者，天人之際也。天則道而已矣。道大而善小，善大而性小。道生善，善生性。〔註90〕

本段文字旨在分辨道、善、性三層觀念。「道統天地人物。」〔註91〕「道」不是特定的存在，而是善或性的根據，所以不能以善或仁義禮知描述之，「道大而善小。」「道生善，善生性。」即表示道是最高層觀念。至於「善」則透過「陰陽之相繼。」或道之用之「妙相衍而不窮，相安而各得於事。」而言，亦即船山講「善」，重在道用之流行不已處，尤其是天人接續之際、天化之流行於人處而言之，故云「繼之而後善著焉。」「繼之者，天人之際也。」換言之，道之善，就在於它能化生不息、流行不已也。「性」則是指特殊的存在而言，故云「人物有性，天地非有性」，而且船山論性是偏重人而言，故又以仁義禮知說性，謂「性存而後仁義禮知之實章焉。」而船山有時亦專就人而言性，謂「道統天地人物，善、性則專就人而言也。」〔註92〕又因爲性是繼善而成的，所以說「善大而性小」、「善生性」。

既認爲「道大而善小，善大而性小」，似乎「性」爲最下層的觀念而無足觀。然細究船山本意卻恰恰相反，他認爲只有人性能載道之大以無遺。船山說：

> 道大而性小，性小而載道之大以無遺；道隱而性彰，性彰而所以能然者終隱。道外無性，而性乃道之所函；是一陰一陽之妙以次而漸凝於人，而成乎人之性，則全《易》之理不離乎性中。即性以推求之，《易》之蘊豈待他求象數哉！〔註93〕

〔註90〕《周易外傳》，卷五，頁13。
〔註91〕《周易內傳》，卷五，頁12。
〔註92〕同上。
〔註93〕同上。

這是認為「隱」的道必藉性而彰顯，亦即只有人才能眞正的繼道成性，所以性雖小而能「載道之大以無遺。」且可云「全《易》之理不離乎性中。」是則性雖小而實大。故船山又云：「小者專而致精，大者博而不親。」〔註 94〕

由可知，船山「道大而善小，善大而性小」的觀點，表面上是重「道」過於重「善」，重「善」過於重「性」，但這只是他循宇宙論進路論人性下所分的層級。事實上，就價値而言，他既尊道，但亦尊善與性，尊道是因為道統天地人物，故為大，以顯客觀天道之莊嚴；尊善是重視道用之流行不已、化生不息；尊性則是重視人性能彰顯道、「載道之大以無遺。」而由天道之善必見於道用之流行，由人性之必得繼道以成其大，更可看出船山實有一更根本的觀點——強調道之化生不息與人之亹亹以繼天之善。此船山所謂：「天人相紹之際，存夫天者莫妙於繼。然則人以達天之幾，存乎人者，亦孰有要於繼乎！」〔註 95〕而本文亦將由此進而言船山的「命日降，性日生」之義。

三、命日降，性日生

船山的宇宙觀是動態、發展的宇宙觀，而他論人性又是循宇宙論進路而入，所以他論人性、論天人關係時遂有「命日降、性日生」的說法。他說：

> 夫性者，生理也。日生則日成也。則夫天命者，豈但初生之頃命之哉！但初生之頃命之，是持一物而予之於一日，俾牢持終身以不失，天且有心以勞勞於給與？而人之受之，一受其成形，而無可損益矣。夫天之生物，其化不息。初生之頃，非無所命也。何以知其有所命？無所命，則仁義禮知無其根也。幼而少，少而壯，壯而老，亦非無所命也。何以知其有所命？不更有所命，則年逝而性亦日忘也。……形日以養，氣日以滋，理日以成。方生而受之，一日生而一日受之。受之者，有所自授，豈非天哉！故天日命於人，而人日受於天。故曰：性者生也，日生而日成之也。〔註 96〕

以上是船山闡釋「命日降，性日生」的義理時，意義最為顯豁的一段文字。基本上，船山雖仍認為人性源於天命，而與《中庸》「天命之謂性」的義理相當，但對於天命的方式與人性生成的方式，船山卻有極為特殊的詮釋。他認

〔註 94〕《周易外傳》，卷五，頁 13。
〔註 95〕同上，頁 14。
〔註 96〕《尚書引義》，〈太甲二〉。

為天不僅在人初生之頃有所命，而且在整個人生過程中，仍續有所命。所以，性并不是在初生之頃就被決定了，而是「方生而受之，一日生而一日受之」，無時不受天命的灌注。由是，船山堅決反對人性一成不變的觀點，反對空泛的推測人性之善惡。他說：

> 懸一性於初生之頃，爲一成不易之例，揣之曰：「無善無不善」也，「有善有不善」也，「可以爲善，可以爲不善」也。嗚呼！豈不妄與！〔註97〕

在人性日生日成的理論上，船山另外提出「習」的觀念，用以解釋人性的形成。他說：

> 「習與性成者」，習成而性與成也。使性而無弗義，則不受不義；不受不義，則習成而性終不成也。使性而有不義，則善與不善，性皆實有之；有善與不善而皆性氣稟之有，不可謂天命之灾。氣者天氣，稟者稟於天也。故言性者，户異其説。今言習與性成，可以得所折中矣。〔註98〕

這段話是批評「性無不善」與「性有不善」的主張，而代以「習與性成」之說。因爲主張「性無不善」，則將排除受不善之習影響的可能；主張「性有不善」，則天命亦將有所不善，凡此於理皆不可通。而船山覺得「習與性成」之說，可以解決這些問題。「習與性成」就是「習成而性與成」，亦即人性是透過實踐所發展而成，如何實踐，就塑造成如何的人性。船山又具體闡釋「習」之義爲：

> 天命之謂性，命日受則性日生矣。目日生視，耳日生聽，心日生思。形受以爲器，氣受以爲充，理受以爲德，取之多，用之宏而壯；取之純，用之粹而善；取之駁，用之雜而惡。不知其所自生，是以君子自強不息，日乾夕惕，而擇之守之，以養性也。於是，有生之後，日生之性益善，而無有惡焉。若夫二氣之施不齊，五行之滯於器，不善用之則成乎疵者，人日與媮暱苟合，據之以爲不釋之欲，則與之浸淫披靡，以與性相成，而性亦成乎不義矣。〔註99〕

這段話一方面認爲人性的形成——習——離不開視、聽、思等日常生活的實

〔註97〕同上。
〔註98〕同上。
〔註99〕同上。

踐，一方面認爲人性之成乎義或不義，在於人之所「取」所「用」如何。可見命日降以灌注於人性的實義，當指人自取自用於二氣五行之天化，所謂「乃其所取者與所用者非他取別用，而於二殊五實之外亦無所取用，一稟於天地之施生，則又可不謂之命哉？」〔註100〕

船山由「命日降，性日生」所導出的「習與性成」的主張，把人性視爲一發展的過程，拋開傳統儒者將人性視爲「一成不易之侀」，以膠著於性之本體爲善抑爲惡的抽象討論，突出了人生實踐的意義，將形上的天命，化爲人生動態的實踐過程，這在傳統儒學中，算得上是一項有意義的發展。

四、理與欲

在理欲的問題上，船山嚴厲批評不能正視人欲的佛老，也反對宋明理學家視天理與人欲爲對立，認爲天理即在人欲中。他說：

> 禮雖爲天理之節文，而必寓於人欲以見。（自注：飲食，貨；男女，色。）……唯然，故終不離人而別有天，終不離欲而別有理也。離欲而別爲理，其唯釋氏爲然，蓋厭棄物則而廢人之大倫矣。〔註101〕

由於天理必寓於人欲以見，故船山更認爲「欲」是「理」得以成爲可能的必要條件。他說：

> 天理充周，原不與人欲爲對壘。理至處，則欲無非理；欲盡處，理尚不得流行。如鑿池而無水，其不足以畜魚，與無池同。〔註102〕

所以「欲」與「理」是相輔相成，無「欲」則「理」不足以自行，且「理」正須「欲」以彰著其存在。

另外，船山亦站在社會公益的觀點，認爲人欲不應抹殺。他說：

> 吾懼夫薄于欲者之亦薄于理，薄于以身受天下者之薄于以身任天下也。……是故天地之產皆有其用，飲食男女皆有所貞。君子敬天地之產而秩其分，重飲食男女之辨而協其安。苟其食魚，則以河魴爲美，亦惡得而弗河魴哉？苟其娶妻，則以齊姜爲正，亦惡得而弗齊姜哉？〔註103〕

〔註100〕同上。

〔註101〕《讀四書大全說》，卷八，頁18。

〔註102〕同上，卷六，頁27。

〔註103〕《詩廣傳》，卷二，〈陳風〉。

這段話一方面由權利義務觀念看理欲問題，認爲不重權利者往往亦不重義務。〔註 104〕另一方面認爲人追求欲望的滿足是合理的，只要能有合理的分配與安排，飲食男女又有何妨？船山這段突出的理論，出現在「正其誼不謀其利」的傳統思想迷霧中，相當難能可貴。

船山此一重人欲的觀點，是重視現實人生的表現，并在一定程度上表現出肯定平民生活權利的理想。後來戴震大斥宋儒理欲之辨，謂「苟舍情求理，其所謂理，無非意見也。」「未有情不得而理得者也。」〔註 105〕東原此一引以自豪，〔註 106〕并最爲後人重視的觀點，船山實已導其先河。甚至，東原嚴厲批判的「以理殺人」，所謂「尊者以理責卑，長者以理責幼，貴者以理責賤……上以理責其下，而在下之罪，人人不勝指數。人死於法，猶有憐之者；死於理，其誰之！」〔註 107〕亦可在船山反對「絕己之意欲以徇天下，推理之清剛以制天下」〔註 108〕的主張中，嗅出一點訊息了。

第五節　船山論聞見之知與知行關係

一、論聞見之知

在儒學傳統中，「聞見之知」在「德性之知」壓抑下，其地位是相當卑微的。能正視「聞見之知」的問題，對其作一較嚴肅，深入之深討的，當首推船山。

船山認爲對象是客觀存在的。他說：

> 天下固有五色，而辨之者人人不殊；天下固有五聲，而審之者古今不忒；天下固有五味，而知之者久暫不違。不然，則色、聲、味惟人所命，何爲乎胥天下而有其同然者？〔註 109〕

這是說明客觀對象并非「惟人所命」，而是獨立於人的主觀之外的存在，所以不同的人對同樣的色、聲、味，才會得到同樣的感覺。此亦即船山所謂「越

〔註 104〕參見侯氏《中國早期啓蒙思想史》，頁 103。
〔註 105〕《孟子字義疏證》，卷上，「理」字。
〔註 106〕原刊《戴東原戴子高手札眞蹟》，中華叢書本，台北，1956 年。
〔註 107〕《孟子字義疏證》，卷上，「理」字。
〔註 108〕《四書訓義》，卷二十六，頁 18。
〔註 109〕《尚書引義》，〈顧命〉。

有山，而我未至越，不可謂越無山。」〔註 110〕之義。

船山稱此一客觀對象爲「客形」或「法象」，以與「氣之本體」相區別。他說：

> 日月之發斂，四時之推遷，百物之生死，與風雨露雷，乘時而興，乘時而息，一也，皆客形也。有去有來謂之客。〔註 111〕

又說：

> 天不言，物不言，其相授受，以法象相示而已。形聲者，物之法象也。〔註 112〕

船山以人類認識所達到的百物、形聲等對象爲「客形」、「法象」，似乎已意識到人類感官知覺所能達到的，只是事物的表象，而不是事物的本體。但船山此一立場，是立足於他以「氣」爲宇宙本體，而以聚散、往來等說明一切現象之變化的理論上。〔註 113〕故只能由此以說「聚散變化，而其本體不爲之損益。」〔註 114〕而與洛克（John Locke 1632～1704）以「初性」、「次性」區分物體的眞實性質與可感性質，或康德（Immanuel Kant 1724～1804）對「現象」、「物自體」所作的區分，是截然不同心態下的產物。

知識的成立，則是由於主體同客觀對象的結合。而且船山將此一認識活動分爲兩個階段，第一階段是感官和外物接觸所產生的感覺。船山說：

> 心之神明，散寄於五藏，待感於五官。……無目而心不辨色，無耳而心不知聲，無手足而心無能指使，一官失用而心之靈已廢矣。其能孤挖一心以絀群用，而可效其靈乎？〔註 115〕

此處以心之神明待感於五官，且有一感官失用，則心之靈必受損害。可見船山是以感覺器官的作用爲認識活動的第一階段。此亦即船山所說：「人於所未見未聞者，不能生其心」之義。〔註 116〕

然而，僅有感官經驗尙不足以構成正確的認識，所以船山又強調心的思惟作用。他說：

〔註 110〕同上，〈召誥無逸〉。
〔註 111〕《張子正蒙注》，卷一，頁 2。
〔註 112〕《思問錄》，內篇，頁 15。
〔註 113〕參見本章第三節。
〔註 114〕《張子正蒙注》，卷一，頁 2。
〔註 115〕《尚書引義》，〈畢命〉。
〔註 116〕《張子正蒙注》，卷九，頁 8。

耳與聲和，目與色合，皆心所翕闢之牖也。合故相知，乃其所以合之故，則豈耳目聲色之力哉！故輿薪過前，群言雜至，而非意所屬，則見如不見，聞如不聞，其非耳目之受而即合明矣。〔註117〕

這是說明若缺乏心的思惟作用之引導，縱有耳目等感官作用，亦將「見如不見，聞如不聞」，無法統合形成知識。由是，船山遂統言之曰：「形也，神也，物也，三相遇而知覺乃發。」〔註118〕亦即知識活動的成立，是感官作用、心的思惟作用，以及客觀對象三者間的統合。船山如此闡釋認識活動，在儒學傳統裡，可算是「前無古人」了。

此外，船山對聞見之知的價值也相當強調。例如他注《正蒙》「人病其以耳目見聞累其心，而不務盡其心。故思盡其心者，必知心所從來而後能。」：

於人則誠有其性，即誠有其理，自誠有之而自喻之，故靈明發焉。耳目見聞皆其所發之一曲，而函其全於心，以爲四應之眞知。知此，則見聞不足以累其心，而適爲護心之助，廣大不測之神化，無不達矣。〔註119〕

此處的「心」與上文所述擔當思惟作用的心不同，是作爲人生大本的德性心、靈明心。而船山認爲見聞之知不足爲心累，且爲護心之助，是心顯發「廣大不測之神化」的助力，此一強調見聞之知之正面價値的說法，顯然已超出《正蒙》原文「人病其以耳目見聞累其心」的範圍，顯示他正視見聞之知的心態。所以船山又說：

多聞而擇，多見而識，乃以啓發其心思而會歸於一，又非徒恃存神而置格物窮理之學也。……張子之學所以異於陸王之孤僻也。〔註120〕

這是認爲聞見之知足以啓發心思，所以不能捨棄格物窮理之學而論「存神」，以免流於陸王之孤僻。透過此段文字，船山肯定見聞之知的心態更明確了。

由上所述，知船山相當重視聞見之知，但聞見之知在船山理論系統中究竟居於何等地位，尙待進一步之探討。有關此一問題，下面一段論格物、致知的文字，頗能代表船山對聞見之知之地位的看法。船山說：

〔註117〕同上，卷四，頁2。
〔註118〕同上，卷一，頁10～11。
〔註119〕同上，卷四，頁3。
〔註120〕同上。

> 大抵格物之功，心官與耳目均用，學問爲主，而思辨輔之，所思所辨者皆其所學問之事。致知之功則唯在心官，思辨爲主而學問輔之，所學問者乃以決其思辨之疑。致知在格物，以耳目資心之用，而使有所循也。非耳目全操心之權，而心可廢也。〔註 121〕

這段文字研究船山的學者頗喜引用，且通常被視爲船山論認佑活動有兩個層次的例證。其中「格物」指的是認識的感性階段，這一階段主要在於通過感官與外界發生關係；「致知」指的是認識的理性階段，這一階段主要是運用思維對感性材料進行判斷推理。〔註 122〕亦即格物、致知均屬聞見之知的範圍。然而，船山論「致知」，通常是就德性之知而言，如「知至者，吾心之全體大用無不明也，則致知者亦以求盡夫吾心之全體大用，而豈但於物求之哉！」〔註 123〕「吾心之知有不從格物而得者，則非即格物即致知審矣。」〔註 124〕凡此，足以說明致知并非大腦的思維作用，而是「求盡夫吾心之全體大用」的價值朗現。所以，這段文字當是船山對聞見之知與德性之知應居之分位的說明。在「格物」的階段，因爲牽涉對事物的客觀了解，故著重客觀認知的「學問」。而「致知」既是就德性之知而言，故思辨當係《孟子》「心之官則思」的思辨，客觀認知的「學問」亦非逐物而不反之事，故不能忘本，須以「思辨輔之」。然此一階段畢竟著重客觀認知活動，故云「學問爲主。」「所思所辨者皆其所學問之事。」此義亦即船山所謂「博取之象數，遠證之古今，以求盡乎理，所謂格物也。」「非致知則物無所裁，而玩物以喪志」之義。〔註 125〕至於「致知」則是要求吾心之全體大用無不明，并求運用客觀知識以貫通於客觀事業，所以此時著重的雖是心官的自覺，但客觀學問亦相當重要，故云「致知之功則唯在心官，思辨爲主而學問輔之。」此外，客觀的認知有時亦有輔助成德的作用，如船山云：「知善知惡是知，而善惡有在物者，如大惡人不可與交，觀察他舉動詳細，則雖巧於藏奸，而無不洞見。如砒毒殺人，看《本草》、聽人言，便知其不可食，此固於物格之而知可至也。」〔註 126〕故又云：「所學問者乃以決其思辨之疑。」而合格物、致知的工夫，即以自覺的心官，運用客觀知識，以成就本末一貫的道德事業，故云：

〔註 121〕《讀四書大全說》，卷一，頁 6。
〔註 122〕大陸學者如任繼愈等皆持此說。
〔註 123〕《讀四書大全說》，卷一，頁 6。
〔註 124〕同上，卷一，頁 5。
〔註 125〕《尚書引義》，〈說命中〉。
〔註 126〕《讀四書大全說》，卷一，頁 5。

「致知在格物，以耳目資心之用，而使有所循也。」然聞見之知，畢竟不能取代德性之知而爲人生的主宰，故又云：「非耳目全操心之權，而心可廢也。」

綜上所述，船山以德性之知與聞見之知并重的主張已相當明顯。而在船山理論系統中，聞見之知的地位爲：一、輔助成德，以「求盡夫吾心之全體大用」。惟此義宋明儒闡之已群，非船山論聞見之知的勝義。二、是德性之知貫徹於外王事業的必備條件。由是聞見之知雖不是人生最高的指導原則，卻也自有其獨立的領域，不再只是倫理學的附庸，這與宋明儒之偏於內聖有顯著不同，而船山對此也再三致意。如他又說：「知止至善，內盡其心意知之功，而外窮物理，善乃至也。心意不妄而物理未窮，雖善而不至。」〔註 127〕明顯賦予聞見之知獨立於德性的地位，并將聞見之知納入至善的範疇，以窮究聞見之知爲達於至善的必備條件。由上可知，船山已能清楚意識到聞見之知在圓成其義理系統時的重要性，而他要求本末一貫，要求於「立本」後，亦能正視客觀世界之價值的主張，亦透過此一對聞見之知的疏解而更形圓滿。

二、論知行關係

在知行的問題上，船山認爲不能離行以爲知，主張行先知後，突出實踐對「知」的重要性。而船山主張行先知後的理由，首在於他認同《尚書》「知之非艱，行之惟艱」的說法，所以要先難後易，免得力弱情疑而廢行，故云：「先其難，而易者從之易矣。」〔註 128〕其次，船山認爲「知」必於徹於「行」才有價值，而「行」則不必立基於「知」即有價值，他說：「知也者，固以行爲功者也，行也者，不以知爲功者也。」〔註 129〕再者，船山認爲「行」可以得到「知」的效果，而「知」不可以得到「行」的效果。他說「行可以得知之效也，知未可以得行之效也。」〔註 130〕基於以上的理由，船山遂斷言：「行可兼知，而知不可兼行。下學而上達，豈達焉而始學乎？君子之學，未嘗離行以爲知也必矣。」〔註 131〕

基於對「行」之價值的肯定。船山對不能重視「行」的各家學說均加以批評。他認爲陸王「知行合一」之說是「其所謂知者非知，而行者非行也。」

〔註 127〕《禮記章句》卷四十二，頁 3。
〔註 128〕《尚書引義》，〈說命中〉。
〔註 129〕同上。
〔註 130〕同上。
〔註 131〕同上。

「以知為行，則以不行為行，而人之倫、物之理，若或見之，不以身嘗試焉。」〔註 132〕這是批評陸王「知行合一」之說，其實是以「知」取代「行」，終於否定了客觀的實踐。船山又批評程朱派學者「知先行後」之說是「立一劃然之次序，以困學者於知見之中，且將蕩然以失據，則已異於聖人之道矣。」〔註 133〕這是批評他們割裂知行關係，使學者儘在知見中摸索，而找不到眞正的出路，所以船山論朱門後學之弊云：「若朱門後學，尋行數墨，以貽異學之口實，夷考其內行之醇疵，出處之得失，義利之從違，無可表現者，行後之誤人，豈淺鮮哉！」〔註 134〕此外，船山更批評釋氏「銷行以歸知」之非，認為他們「直以惝然之知為息肩之地」，完全取消了「行」，所以我們不應為其所迷惑，跟著高感「知先行後」，以墮入其圈套。〔註 135〕

由上所述，知船山強調「行」——強調實踐——的態度是相當斬截的。當然，船山并非忽略「知」，而是反對「離行以為知」。至於「知」的內容則包括人之倫與物之理，而不管是人之倫或物之理，若非透過「行」的保證，都不能成為眞正的「知」。

第六節　船山的歷史觀與政治思想

船山論史的著作很多，《讀通鑑論》、《宋論》是大家耳熟能詳的作品，此外如《春秋家說》、《黃書》、《噩夢》等，其中亦不乏論史的文字。船山企圖透過這些文字，探討歷史得失之故，作為經世致用的參考。他論史學的目的云：

> 取古人宗社之安危，代為之憂患，而己之去危以即安者在矣。取古昔民情之利病，代為之斟酌，而今之興利以除害者在矣。……於其得也，而必推其所以得；於其失也，而必推其所以失。其得也，必思易其迹而何以亦得；其失也，必思就其偏而何以救失，乃可為治之資，而不僅如鑑之徒縣於室，無與炤之者也。〔註 136〕

由船山此處所表現的急切用世之情，可見他論史之作絕非僅是文人窮居書齋時的抒感之作，而是他殫精竭慮為政治出路所作的嚴肅思考。惟船山史論的

〔註 132〕同上。
〔註 133〕同上。
〔註 134〕同上。
〔註 135〕同上。
〔註 136〕《讀通鑑論》，卷末，〈敘論四〉，頁 5。

思想甚爲龐雜，故本文僅就其中最具代表性的歷史觀與政治思想略作辨析。

一、歷史觀

在奉三代聖王之治爲理想世界的儒者心目中，人類文明上的黃金時代似乎已一去不復返了。然而，船山卻反對此種近乎退化的歷史觀，認爲歷史是不斷超越前代而發展的。他說：

> 魏徵之折封德彝曰：「若謂古人淳樸，漸至澆譌，則至今日，當悉化爲鬼魅矣。」偉哉！其爲通論已。〔註 137〕

這是駁斥歷史退化觀於理不可通。因爲如果歷史不斷退化，到了今日就不應有人類了。於是，船山又批評高擧唐虞三代，菲薄後代之説違背歷史事實。他說：

> 堯舜以前，夏商之際……唯其澆而不淳，淫而不貞，柔而疲，剛而悍，愚而頑，明而詐也，是以堯舜之德，湯武之功，以於變而移易之者，大造於彝倫，輔相乎天地。若其編氓之皆善邪，則帝王之功德亦微矣。唐虞以前，無得而詳考也。然衣裳未正，五品未清，昏姻未別，喪祭未修，狉狉獉獉，人之異於禽獸無幾也。……唐初略定……固非如唐虞以前，茹毛飲血，茫然於人道者比也。以太宗爲君，魏徵爲相，聊修仁義之文，而天下已帖然受治，施及四夷，解辮歸誠，不待堯舜湯武也。垂之十餘世，而雖亂不亡，事半功倍。孰謂後世之天下難與言仁義哉……泥古過高而菲薄方今，以蔑生人之性，其説行而刑名威力之術進矣。〔註 138〕

這是說明唐虞三代時的人類文明并不如想像中完美，唐虞之世甚至還是與禽獸相距不遠的野蠻社會。所以人類文明應是逐漸向前推進，後勝於前。即以唐代而論，整個文明水平已遠非唐虞以前「茹毛飲血，茫然於人道」之世所可比擬，所以太宗聊修仁義之文，即事半功倍，成就不在堯舜湯武之下。基於此一認識，船山遂嚴厲批評持歷史退化觀者「泥古過高而菲薄方今，以蔑生人之性」，因爲如此妄自菲薄，豈非畫地自限，堵塞人類進步的可能性。

船山此一歷史的發展觀，特別表現在他以「勢」解釋歷史的發展上。他認爲歷史的發展過程中，有一超乎人的意志之外的「勢」，不知不覺地推動歷

〔註 137〕同上，卷二十，頁 18。
〔註 138〕同上，頁 18～19。

史。例如船山論秦之廢封建、立郡縣，云：

> 郡縣之制垂二千年而弗能改矣，合古今上下皆安之，勢之所趨，豈非理而能然哉！……古者諸侯世國，而後大夫緣之以世官，勢所必濫也。士之子恆爲士，農之子恆爲農，而天之生才也無擇，則士有頑而農有秀，秀不能終屈於頑，而相乘以興，又勢所必激也。封建毀而選舉行，守令席諸侯之權，刺史牧督司方伯之任，雖有元德顯功而無所庇其不令之子孫，勢相激而理隨以易，意者其天乎！……郡縣者，非天子之利也。而爲天下計利害，不如封建之滋也多矣。嗚呼！秦以私天下之心而罷侯置守，而天假其私以行其大公，存乎神者之不測有如是夫！〔註 139〕

此處所標出的「勢」、「理」、「天」三個觀念最值得注意。「勢」指歷史發展的必然趨勢，而且此一「勢」本身含有合理的成份，并向著合理的目標演進。如在封建制度下，世襲而僵固的階級，必然產生重大的矛盾與弊病，而這種不合理的制度必然會打破，故云世國世官之制「勢所必濫」，新制度的產生「勢所必激」。而且此一發展是朝著進步的方向邁進，例如郡縣制度就整體利害而言，即比封建制度進步，且一旦由封建變爲郡縣，就不會再行倒退，所謂「郡縣之制，垂二千年而弗能改矣。」

基於對此一歷史發展趨勢的體認，船山乃認爲「勢」即「理」之表現，而「理」即寄寓於「勢」中間，故云「勢之所趨，豈非理而能然哉！」而不合「理」的「勢」，將不能持久，必相激以改易，以保持「理」的可靠性、合理性，亦即就某一階段而言，似有不合「理」的「勢」，但就整個歷史發展而言，「勢」仍爲「理」之表現，故「勢」一旦失去了合理性，即導致「勢相激而理隨以易」的結果。瞭解此義，則知船山所云「離事無理，離理無勢，勢之難易，理之順逆爲之也，理順斯勢順矣，理逆斯勢逆矣。」〔註 140〕之義，蓋「勢」爲「理」之表現，故云「離理無勢」；而不合理的「勢」不能持久，故又云「理順斯勢順矣，理逆斯勢逆矣。」

然而，何以「勢」的發展過程中有甚多不合「理」之處，而演變的結果卻終究會合乎「理」？於此，船山將其歸之於「天」，謂「勢相激而理隨以易，意者其天乎！」亦即「天」就是「勢」與「理」之奧妙處，此即船山所云：「勢

〔註 139〕同上，卷一，頁 1。

〔註 140〕《尚書引義》，〈武成〉。

字精微，理字廣大，合而名之曰天。」〔註 141〕之義。且船山還認爲天之行其大公，往往假藉不合理的人、事而達成，如秦之廢封建本出於私天下之心，結果反而對天下有益。漢武帝以私意開邊而害民，結果使西域雲貴成爲冠帶之國。〔註 142〕而宋太祖本庸碌之徒，無功無德，天亦藉之以達成和平統一，使天下胥蒙其安。〔註 143〕於是，船山暢發其義云：

> 天欲開之，聖人成之。聖人不作，則假手於時君及智力之士，以啓其漸。以一時之利害言之，則病天下，通古今而計之，則利大而聖道以宏。天者，合往古來今而成純者也。……時之未至，不能先焉，迨其氣之已動，則以不令之君臣，役難堪之百姓，而即其失也以爲得，即其罪也以爲功，誠有不可測者矣。〔註 144〕

觀此，在不可測的「天」主導下，歷史的演變是呈現辯證的發展。在演變的過程中，雖有非理性的成份，也是「天」行其大公的憑藉，一時的利害、功過，只是「天」曲折表現其自山的歷程而已，并不影響「天」本身的純正，故云：「天者，合往古來今而成純者也。」船山此一以辯證法詮釋歷史演變的觀點，在傳統史觀中是極爲特殊的。

船山此一辯證的歷史觀，近人喜以黑格爾（Hegel 1770～1831）的歷史哲學比擬之。〔註 145〕惟本文不擬涉及此一問題，也不擬評斷此一主張的得失。站在思想史研究的立場，我們更關心的毋寧是船山何以會產生如此特殊的辯證歷史觀。要解開這個謎，回顧船山的身世是有幫助的，因爲船山辯證的歷史觀表現出的最大特色，就是對天道的信賴，以及對歷史變遷之光明面的肯定，而船山所處的時代，正是天崩地解，一切價值理想盡皆失落的時代，在此一看不出任何一絲光明的時代，若非對歷史的發展懷抱某種樂觀的信念，將容易喪失對自己存在與努力之意義的肯認，所以他必須肯定天道的存在，肯定歷史的光明面，將他所處的天崩地解時代，視爲「天」曲折表現其自己的暫時歷程。如此，既未漠視當前所處環境的晦否，又能在天地閉塞之世，維繫自己對歷史前途的希望，鼓舞「獨握天樞，以爭剝復」的信念，否則歷

〔註 141〕《讀四書大全說》，卷九，頁 5。
〔註 142〕《讀通鑑論》，卷三，頁 10。
〔註 143〕《宋論》，卷一，頁 1。
〔註 144〕《讀通鑑論》，卷三，頁 10。
〔註 145〕如賀自昭以黑格爾的「理性的機巧」（The Cunning of Reason）比擬之。（見氏著《王船山的歷史哲學》，收入《中國思想論集清代篇》，頁 145～151。）

史既無出路，那麼他「六經責我開生面」的自我期許又有何意義？因此，船山雖認爲推動歷史的「勢」超乎人的意志之外，似乎否定人的努力的價值，但透過他對「天」的信仰，反而維繫了人們努力的意願。〔註146〕

由於歷史是發展的，不是靜態的，於是船山亦反對所謂「正統」之說，因爲所謂「統」，應是「合而併之之謂也，因而續之之謂也。」「合而不離，續而不絕之謂也。」〔註147〕然觀中國歷史，亂離之世相繼，「天下之不合與不續也多矣。」〔註148〕那有所謂「正統」可言。船山說：

> 離矣而惡乎統之，絕矣而固不相承以爲統。崛起以一中夏者，奚用承彼不連之系乎！天下之生，一治一亂，當其治，無不正者以相干，而何有於正。當其亂，既不正矣，而又孰爲正。有離有絕，固無統也，而又何正不正邪！〔註149〕

這是由「離」「絕」相繼，否定「統」的存在。而且，天下既治，無不正者以相干，自不用再強調「正」。天下既亂，更無「正」可言。於是船山乃由此否定正統之說，謂「有離有絕，固無統也，而又何正不正邪！」船山又舉史實爲例，云：

> 蜀漢正矣，已亡而統在晉。晉自篡魏，豈承漢而興者？唐承隋，而隋抑何承？承之陳，則隋不因滅陳而始爲君；承之宇文氏，則天下之□□已□，何統之足云乎！無所承無所統，正不正，存乎其人而已矣。〔註150〕

這是由史實證明「正統」之說絕不可通。所以「統」之說可廢，而「正」或「不正」，則由統治者的表現決定，能「循天下之公」，承天命之正者即爲正。否則，以天下爲一姓之私，猶詹詹然爲正統與否之爭，適爲纂奪者所假藉，令文飾己醜罷了。〔註151〕

船山此一重視發展的歷史觀，是他論史時的基本心態，而由於中國傳統史學多偏重政治史的研究，所以由船山此一基本心態，過渡到政治問題的具

〔註146〕所以船山雖認爲「勢」超乎人的意志之外，然必不流於宿命論而軟化人的努力。

〔註147〕《讀通鑑論》，卷末，〈敘論一〉，頁1。

〔註148〕同上。

〔註149〕同上。

〔註150〕同上。

〔註151〕同上。

體主張是相當順理成章的。而且，我們也可以將船山對政治問題的具體主張，視為他以史學經世的表現，亦即船山在急切用世的動機下，抱持歷史是發展的基本信念，并試將此一信念落實到具體問題上，為後人指出一條政治上的出路。由是，我們可進而探討船山的政治思想。

二、政治思想

船山的歷史發展觀表現在政治制度上，是反對守舊復古，認為每個特殊環境都有因應此一特殊環境的制度。他說：

> 天下有定理而無定法。……無定法者，一興一廢，一繁一簡之間，因乎時而不可執也。〔註 152〕

又說：

> 法者，非一時非一人非一地者也。……先後異時也，文質相救，而互以相成，一人之身，老少異狀，況天下乎。剛柔異人也。不及者不可強，有餘者不可裁，清任各有其當，而欲執其中，則交困也。南北異地也，以北之役役南人，而南之脆者死；以南之賦賦北土，而北土瘠也盡。以南之文責北士，則學校日勞鞭朴；以北之武任南兵，則邊疆不救其危亡。〔註 153〕

這是說明時有先後，人有剛柔，地有南北，執持一種法制，不知因時、因地、因人制宜，必定流弊百出。而且，每個時代的法制，皆自成體系，互相關聯，若割裂開來，單獨施行，必不能見效，所以浮慕前人一得，夾糅於時政之中，反足以敗事。船山說：

> 封建選舉之法，不可行於郡縣。《易》曰：「變通者時也。」三代之王者，其能逆知六國強秦以後之朝野，而豫建萬年之制哉？……封建也，學校也，鄉舉里選也，三者相扶以行，孤行則躓矣。〔註 154〕

於是，船山在封建郡縣之爭上，肯定郡縣制度之不得擅興軍，不敢專殺人的優越性。〔註 155〕在人才拔取與教育的問題上，認為封建選舉之法，不可行於郡縣，〔註 156〕學校也不如後代的書院。〔註 157〕在土地制度上，認為

〔註 152〕同上，卷六，頁 23。
〔註 153〕同上，卷四，頁 26。
〔註 154〕同上，卷三，頁 7。
〔註 155〕同上，卷十五，頁 39。
〔註 156〕同上，卷三，頁 5。

井田之制實可闕疑，〔註 158〕三代的什一之賦亦爲後代民力所不堪。〔註 159〕在兵制上，認爲寓兵於農之策，使農不成農，兵不成兵，在三代已非善制，明代衛所興屯之法，「銷天下之兵，而中國弱，以坐授洪圖於夷狄」，更是昧於古今之勢。〔註 160〕封建、井田、鄉學里選、寓兵於農諸法，每爲後儒所稱頌、嚮往，船山能權衡古今，不「奉一古人殘缺之書，掠其迹以爲言而亂天下。」〔註 161〕則其重視歷史發展，并試圖將此一信念落實於現實政治的心態，更可得到有力佐證。它如《噩夢》一書，廣論時政得失，涉及田制、稅制、兵制、馬政、塩政、糧政等各種問題，亦可見出船山以史學經世，想通觀古今以解決現實問題的用心，茲不復備論。

民族思想的闡發，亦是船山政治思想的核心問題之一。船山民族本位的立場異常激烈，他說：

> 夫人之于物，陰陽均也，食息均也，而不能絕乎物（按：「能」下疑脫一「不」字），華夏之於夷狄，骸竅均也，聚析均也，而不能絕乎夷狄（按：「能」下疑脫一「不」字）。所以然者何？人不自畛以絕物，則天維裂矣；華夏不自畛以絕夷，則地維裂矣。天地制人以畛，人不能自畛以絕其黨，則人維裂矣。是故三維者，三極之大司也。（按：文中有□記號者，原文因避清諱而闕，依上下文義補，下同。）〔註 162〕

這是以華夏夷狄之分爲「三維」之一，而且華夏必須堅持其與夷狄的區別，否則將陷於「地維裂矣」的後果。

由於嚴華夏夷狄之防，船山乃視民族獨立之意義高於一切。他說：

> 可禪，可繼，可革，而不可使異類間之。〔註 163〕

這是以民族自主的重要性高於政權之傳遞。於是，船山於衡定歷史人物時，乃「不以一時之君臣，廢古今夷夏之通義」，肯定「夷夏之防」高於「君臣之義」，例如他推許劉裕不待朝命自伐南燕合於「春秋之義」，〔註 164〕而對於出賣民族

〔註 157〕同上，卷三，頁 1。

〔註 158〕《讀四書大全說》，卷八，頁 73。

〔註 159〕《讀通鑑論》，卷二十三，頁 28。

〔註 160〕同上，卷十七，頁 40。

〔註 161〕《宋論》，卷十，頁 18。

〔註 162〕《黃書》，〈原極第一〉，頁 1。

〔註 163〕同上，頁 2。

〔註 164〕以上併見《讀通鑑論》，卷十四。

利益，如桑維翰、秦檜輩，則視爲萬古的罪人，表現出切齒的痛恨。當然，船山這些思想表現，含有批判當時投降滿清，爲賊作倀的漢奸的現實意義。

然而船山的民族思想也含有狹隘的種族主義成份，他反對異族學習中國文化，例如石勒起明堂、建辟雍，拓拔弘立明堂、修禮樂，慕容寶定士族舊籍、罷軍營封蔭，船山皆斥其沐猴而冠，爲時大妖，而對教導異族漢化者亦以敗類之儒視之。〔註 165〕甚至，船山更認爲對夷狄可以不講信義，以殄之、滅之。他說：

> 是故知中國之於夷狄，殄之不爲不仁，欺之不爲不信，斥其土，奪其資，不爲不義，苟與戰而必敗之也。殄之以全吾民之謂仁，欺以誠行其所必惡之謂信，斥其土則以文教移其俗，奪其資而寬吾民之力之謂義。〔註 166〕

這簡直是極端的種族優越論了。而船山此一狹隘的種族主義更反映在他對西學及西士的態度上，他以「西夷」、「西洋夷」稱呼耶穌會士，并且鄙視西學，對西洋曆法、地圓之說等西學的攻擊不遺餘力，〔註 167〕他說：

> 西夷之可取者，唯遠近質測法一術，其他則皆剽襲中國之餘緒，而無通理之可守也。〔註 168〕

這是何等妄自尊大的心態。可見船山狹隘的種族主義立場，已經使他喪失容受外來文化的能力，淪於對本土文化的孤芳自賞了。

船山此種偏激的民族思想，除了身遭國變的現實因素刺激外，就其思想的理論結論而言，心導源於他對歷史發展觀的誤用與濫用，因爲船山之判夷夏，經常以文化的差異判定，所謂「亦惟不義無禮，無以愈於禽也，斯之謂夷狄。」「棄禮以爲功，是之謂狄。」〔註 169〕甚至船山有時雖以地理環境的差異解釋種族的差別，但也終究歸結於文化間的差異，如船山說：「夷狄之與華夏，所生異地，其氣異矣。氣異而習異，習異而所知所行蔑不異焉。乃於其中亦自有貴賤焉，特地界分，天氣殊，而不可亂。亂則人極毀，華夏之生民，亦受其吞噬而憔悴，防之於早，所以定人極而保民之生。」〔註 170〕可見

〔註 165〕卷十三。
〔註 166〕《春秋家說》，卷三，頁 16。
〔註 167〕《思問錄》，外篇，頁 13、19、20 等。
〔註 168〕同上，頁 7。
〔註 169〕《春秋家說》，卷一，頁 18。
〔註 170〕《讀通鑑論》，卷十四，頁 2。另船山以地理環境的差異解釋種族差異的觀點，

船山以地理環境的差異，解釋種族的差別，其目的不外解釋由此而來的華夷間習俗與所知所行的貴賤之分，并由此定立「防」的觀念，以免華夏爲夷狄所吞噬，而護持人極。由此可知，文化問題是船山分判夷夏時最關心的問題。船山又認爲文化是累積發展的，而華夏民族代表文化發展的最高水準，遠非外族所能企及，他說：「中國之天下，軒轅以前，其猶夷狄乎；太昊以上，其猶禽獸乎。」〔註 171〕可見在船山心目中，夷狄的文化水準僅及得上中國的野蠻時代，故船山亦以「神明之冑」稱華夏民族，〔註 172〕以華夏夷狄之異，擬之爲人禽之別。〔註 173〕華夏、夷狄的文化發展水準既如此懸殊，船山自然振振有辭的認爲保文化就要保民族了。

然而船山此一以漢族爲中心的文化優越論是禁不起批判的，就如他對西士與西學之鄙夷，此一文化優越論并未立基於堅實的理論基礎，而只是封閉心庇下的獨斷謬見。他如何能證明華夏民族爲天命所獨鍾？又如何證明華夏文化是最優秀的文化？如果華夏民族可以用欺騙、掠奪爲手段殄滅異族，并排拒異族文化進步的可能性，那麼所謂高尚優美的華夏文化果惡乎在？所以船山以華夏文化高於夷狄而來的種族優越論，只是他的歷史發展觀落實在文化問題上的誤用與濫用，獨斷地認爲華夏文化是人類文化累積的最高峯罷了。船山的華夏文化優越論既是獨斷的，那麼他由此推衍出的種族優越論當然也是獨斷的。我們由前所述及船山之鄙夷西學、西士，反對異族學習中國文化，認爲華夏民族可以用欺騙、掠奪爲手段殄滅夷狄，以及由形上觀點解釋華夏文化爲天命所獨鍾等主張，已可以看出船山的文化優越論事實上仍受到他的種族偏見所左右。

此外，船山的政治思想尚表現出其他的封閉心態，他放棄孔孟以降的儒家以德行高低區分君子小人的開明觀念，〔註 174〕侮蔑農人商人爲小人，且比之爲夷狄。船山云：

> 嗚呼！小人之亂君子，無殊於夷狄之亂華夏。或且玩焉，而孰知其害之烈也。小人之巧拙，自以類分，拙者安拙而以自困，巧者銜巧而以賊人。拙者，農圃也，自困而害未及人者也。……商賈者，於

有時更以形上觀點爲基礎，他說：「天以洪鈞一氣，生長萬族，而地限之以其域，天氣亦隨之而變，天命亦隨之而殊。」（《讀通鑑論》，卷十三，頁 12。）

〔註 171〕《思問錄》，外篇，頁 25。

〔註 172〕《黃書》，〈古儀第二〉。

〔註 173〕船山擬夷狄爲禽獸，見注 34 引文。

〔註 174〕孟子亦以「大人之事」「小人之事」作爲職業上的區分，但不涉及德行判斷。

小人之類爲巧，而蔑人之性，賊人之生爲已亟者也。乃其氣恆與夷狄而相取，其質恆與夷狄而相得，故夷狄興而商賈貴。〔註175〕

這種以職業區分君子小人，而且將「小人」視爲罪惡淵藪，比之爲夷狄的觀點，是自大的士大夫意識作崇下之產物，違反社會平等的原則，是儒家「人人可爲堯舜」的平等精神之倒退與沉淪。

在同樣的心態下，船山乃嚴防貴賤之等，全面肯定君主專制的合理性。他說：

人不可一日而無君。天佑下民，作之君，作之師，僞者愈於無，況崛起於厭亂之餘，以義安四海者哉。〔註176〕

既認爲「人不可一日而無君」，且以爲「僞者愈於無」，則統治權威不容挑戰，君主制度遂成爲不可或缺之制度。船山又說：

封建廢而權下移，天子之下，至於庶人，無堂陛之差也。於是庶人可凌躐乎天子而盜賊起。〔註177〕

這是主張君權的絕對性，以及政治權力不可與庶民分享的獨佔性。而且，船山之尊君權，是將士大夫與君視爲一體，他說：「古之天子，雖極尊也，而與公侯卿大夫士受秩於天者均……故貴士大夫以自貴，尊士大夫以自尊，統士大夫而上有同於天子，重天之秩而國紀以昭。」〔註178〕此一排斥庶民參政機會，主張士大夫與天子共治的觀念，與船山由職業上區分君子小人，同樣是自大的士大夫意識作崇下之產物。

尤有進者，船山更曲解古籍中重民本、民意的文字，以支持他視統治權威爲不可侵犯的主張。他論《孟子》「民爲貴、社稷次之，君爲輕。」云：

變置諸侯，必有變置之者，假令邱民得以變置之，天下豈復有綱紀，亂亦何日而息邪。孟子謂貴戚之卿反覆諫其君而不聽則易位，到易位時固必因方伯以告之天子，而非卿之所敢擅。今此言變置者，必方伯廉察其惡，貴戚與聞其議，而實自天子制之。知此則知《孟子》所云「民爲貴，社稷次之，君爲輕」者，以天子之馭諸侯而言也。……天子即無道如桀紂，且亦聽其自亡以滅宗社，而無敢變置者。……

〔註175〕《讀通鑑論》，卷十四，頁2。
〔註176〕同上，卷十九，頁16。
〔註177〕同上，卷八，頁16。
〔註178〕同上，頁7～8。

> 故曰「君爲輕」者，非天子之謂也。〔註 179〕

這是肯定「天子」絕對而不可侵犯的權威，與獨立無對的尊貴，在此一心態下，遂將《孟子》「民爲貴，社稷次之，君爲輕」的民本思想，歪曲爲天子統御諸侯的原則，而不敢正視「君爲輕」之說，此一說法推到極致，則暴虐如桀紂亦惟有順之而已了。

另外，船山對《尚書》「天視自我民視，天聽自我民聽」之語，亦曲爲之解，以抹殺其重視民意的主張。他說：

> 故可推廣而言之曰：「天視聽自民視聽」，以極乎道之所察；固可推本而言之曰：「民視聽自天視聽」，以定乎理之所存。之二說者，其歸一也，而用之者不一。展轉以繹之，導存乎其間矣。〔註 180〕

這是認爲民意不可靠，必須以「天」、「理」約束之，才能合乎「道」。故船山又說：「由乎人之不能審於民也，則援天以觀民，而民之情僞不可不深知而愼用之矣。」〔註 181〕既然信不過民意，而以「天」「理」作爲檢驗民意之準則，則民意已淪爲附庸地位，《尚書》原文尊重民意之義遂蕩然無存。

船山又由歷史事實證明民意之不可靠。他說：

> 司馬溫公入覲，而擁輿緣屋以爭一見矣。李綱陷天子於孤城以就俘，而讙呼者亦數萬人矣。……
>
> 舜之戒禹曰：「無稽之言勿聽。」民之視聽，非能有所稽者也。盤庚之誥曰：「而胥動以浮言。」民之視聽，一動而浮游不已者也。然唐、虞、三代之民固已難言之，而況後世乎？〔註 182〕

民意當然不是絕對可靠，但《尚書》之語乃涉及民意的「形式意義」，〔註 183〕船山對此顯然茫然不解。而他將舜戒禹與盤庚之誥之言詮釋爲對「民之視聽」之浮濫的戒懼，并以虞夏三代之民勝於後代，雖屬無稽，卻道出了船山對民意的眞正心態。於是船山公然發出「民權畸重，則民志不寧。」〔註 184〕之反對民權的呼喊，也就不足爲奇。而他感嘆門閥制度崩潰後，下層的平民階級得以擠入上流社會，「與天子坐論而禮絕百僚」，爲小人之亂君子，爲人道之

〔註 179〕《讀四書大全說》，卷十，頁 47。
〔註 180〕《尚書引義》，〈泰誓中〉。
〔註 181〕同上。
〔註 182〕同上。
〔註 183〕勞思光語，見《中國哲學史》，第三卷，頁 777。
〔註 184〕《尚書引義》，〈泰誓中〉。

滅絕；〔註185〕以及批評北魏「吏民得告守令」爲「亂綱紀，壞人心。」〔註186〕都可視爲輕蔑民權與民意之心態的反映。

此外，「相權」與「諫權」是中國傳統政治中較合理的成份，它對君權的限制作用，有助於政治權力的均衡，雖然這種制衡作用只是第二義的，而且經常受到君權的摧殘，但總不失爲開明的制度。但船山卻絲毫未能覺察到相權與諫權限制君權的作用，反而認爲宰相制度的演變無關政治得失，天子事必躬親且用人以德才是解決一切弊端的途徑。〔註187〕而且認爲諫者須德智皆備，否則適足以啓朋黨而壞國事，因而懷疑諫官制度的價值，〔註188〕并且進而認爲社會輿論不足重視，反對國君廣納言論。〔註189〕順著船山此一構想而趨，君權之無限制膨脹更屬無法避免矣。中國政治傳統中稍具制度意義的相權與諫權制度尚且被勾銷，船山的政治思想中，遂全然不見有客觀領域之存在。

由上所述，船山不但表現出狹隘的種族主義傾向，他以職業區分君子小人，主張君權的絕對性、反對與庶民分享政治權力、輕蔑民權與民意、不了解相權與諫權在制度上的意義等觀點，也顯示他對傳統政治的癥結相當隔閡，并且有強化傳統政治中不合理成份的趨向。船山既因狹隘的種族主義而鄙夷西士、西學，又不解傳統政治的癥結，而否定政治權力之制衡與民權民意之價值，這種面對具體問題時表現的封閉心態，無可避免會阻礙邁向新時代的努力，因爲邁入現代社會最重要的民主精神與科學精神，在船山的封閉心靈裡，已不知不覺失落了。

然而，船山既然重視歷史的發展，且在很多問題上亦能權衡古今，以求現實問題之解決，何以又有此等封閉的理論出現？造成此一矛盾現象的關鍵究竟何在？本文認爲，船山此一理論上的矛盾，其實仍是他的歷史發展觀落實在文化問題上的產物，因爲正如他以華夏民族代表文化發展的最高水平，而有狹隘的種族主義思想。同樣地，船山也以士大夫爲文化的代理人，是文化理想之所寄。這由船山將君子小人之分擬之於華夏夷狄之分，認爲「君子之與小人，所生異種，其質異也；質異而習異，習異而所知所行蔑不異焉。」

〔註185〕《讀通鑑論》，卷十五，頁11。
〔註186〕同上，頁11。
〔註187〕同上，卷七，頁23～24。
〔註188〕同上，卷二十，頁14～15。
〔註189〕《宋論》，卷四，頁5～7。

〔註 190〕可以看出船山是由習、知、行等表現的差異，亦即由文化水準的高低分判君子與小人。換言之，船山的歷史發展觀落在文化層面而言，文化高的民族就是優越的民族，文化高的階層就是優越的階層，所以他一方面認爲華夏民族是保有人類文化結晶的「神明之胄」，另一方面亦認爲士大夫階層的文化的守護者，而「小人」——庶民——既然卑下無知，船山嚴防貴賤之等，輕蔑民權與民意，反對與庶民分享政治權力的主張，也就勢有必至了。

至於船山主張君權的絕對性，不了解相權與諫權制度在制衡君權上的意義，也是因爲船山認爲國君是道德的表率，仍懷抱有由聖君賢相化民成俗的憧憬，所謂「聖人體其化裁，成其聲色，以盡民之性。君子凝其神，審其聲色，以立民之則。而萬有不齊之民未得與焉。」〔註 191〕「聖人之大寶曰位，非但承天以理民之謂也。天下之民，非恃此而無以生。」「天佑下民，作之君，作之師。」〔註 192〕是也。萬有不齊之民既然只是受化的對象，則政治的開展只是由上而下的普施教化，權力制衡的觀念也就根本無法產生，傳統思想中道德與政治兩個領域混而爲一的缺陷，仍嚴重的呈現在船山的思想中。

當然，船山認爲「君」爲文化理想所寄，且較「小人」高貴的觀點仍是獨斷的，例如他以「所生異種，其質異也」這種先天的差異解釋君子小人文化水準之差異，如此豈非預認庶民將永遠被摒諸文化殿堂之外，永不可能有文化之進展。又如他以職業區分君子小人，且以「小人」爲罪惡淵藪，爲德行上之賤者，如此豈非預認平民的德行必然比士大夫卑下。凡此，皆可看出船山以文化水準判定君子小人，并由此推演出種種封閉的政治主張背後，實隱藏有驕傲自大的士大夫意識，他懷抱著強烈的士大夫使命感，堅苦卓絕地「獨握天樞，以爭剝復」，卻在不知不覺中淪於「以理殺人」而不自知。

第七節　結　語

明清之際諸大儒中，船山是對傳統學術文化的反省用力最勤的一位。他的著述所探索的範圍幾徧及傳統學術的每一層面，「六經責我開生面」就是他想經由文化上的反省與疏導，爲民族找尋一條出路的自我期許。

〔註 190〕《讀通鑑論》，卷十四，頁 2。
〔註 191〕《尚書引義》，〈泰誓中〉。
〔註 192〕《讀通鑑論》，卷十九，頁 16。

籍著船山對宋明儒的反省與批評，我們可以掌握他的思想的根本方向。他批評陸王近禪，也批評朱子「一旦豁然貫通」之說類於釋氏，可見他對宋明儒偏於立本，偏於向內反省的傾向相當不滿。對於張橫渠，船山則欽慕備至，謂「希張橫渠之正學，而力不能企。」因爲他認爲橫渠之學集傳統學問之大成，統攝人類活動——包括自天至人，自體至用——的所有領域，且橫渠本末一貫的義理取向，兼顧了道德實踐與客觀事業的價值，既能矯正一般宋明儒者忽視客觀領域的缺陷，也合乎船山本人改造文化傳統以應付變局的悲情宏願。

在道器的問題上，船山首出形器的地位，反對略去形器，向形上作無窮的追索，并站在以形器爲根本的立場上，一面批判老釋虛無寂滅之道，一面將儒學重立本、輕功用的偏向，扭轉到「治器不治道。」「踐其下，非踐其上。」之重實踐、重客觀世界的方向上。

在對宇宙本體的詮釋上，船山認爲宇宙間充滿的盡是實有之氣，常人所謂的「虛空」，也只是氣希微不形，隱而不可見而已，其實「凡虛空皆氣也。」而且，氣是永恒的，只有聚散，而無生滅。船山就站在肯認氣之實有性與永恒性的立場上，一面批判釋老幻滅虛無的宇宙觀，一面反省傳統儒者不能先行肯定實有與永亙的氣以肯認客觀世界的價值，終會導致如陽明視「事物倫理，一從意見橫生。」或朱子「萬一山河大地都陷了，畢竟理卻只在這裡。」那種類似釋氏「滅盡無餘」的結論。此外，船山的「氣」并不只是物質性的存在，它同時也是含有道德意義的價值存在，「氣」未嘗動時，固已經含藏了無限的價值，「是萬物資始，各正性命，保合太和底物事」，當它發用後，更即是價值創造的實現，「氣充滿於天地之間，即仁義充滿於天地之間。」總之，船山的「氣」，既是繁富萬有之宇宙的本體，亦是充滿道德價值之宇宙的本體，由是，「氣」所展現的形色世界，即爲充滿道德價值的世界。

另外，船山又由「陰陽渾合」以言太極，以既對立又互相滲透的陰陽二氣之摩盪、交感，說明作爲宇宙本體的太極（即氣體）是孕育無限生機的神化不息之本體，并由此說明宇宙間只有「動」是絕對的，沒有「廢然之靜」，而宇宙萬物皆是此一「絕對之動」的展現。船山就站在此一健動的發展觀上，暢發宇宙人生富有日新之理念。「乾坤并建」則在於說明渾然氣體的流行中，含有創生不已的德能與順成萬物、普載無遺的德能，不能瞭解爲以乾坤二體作爲宇宙人生之本體的二元論思想。它強調的是在乾坤合德下，可以成就絪緼無間的妙用，顯發宇宙人生種種的盛德大業，因此乾坤并建與陰陽渾合的義旨是相通的。陰陽渾合、乾坤并建所表現的健動宇宙觀落在體用問題上，遂有「體用相函」的主張，認爲「體」必顯現其「用」，且不離「用」而立，亦即應由「化育流行」以見「體」。由此也可看出船山心目中的宇宙，惟是化育流行、動而不息的宇宙。

由船山首出形器的地位，可以看出他肯認形色世界之價值的傾向。由船山特別將「氣」提到本體的地位，視「氣」爲繁富萬有之宇宙的本體，以及充滿道德價值之宇宙的本體，并且認爲道德價值必須展現於繁富萬有的世界才有意義，也可以看出他重視客觀事業的「舍虛就實」傾向。而由船山陰陽渾合、乾坤并建、體用相函之說，更可以看出他心目中的宇宙是化育流行、健動不息的宇宙。透過船山的詮釋，繁然皆備，密藏無盡的世界，皆是眞實不虛，且本身即是充滿價值意義的世界。

在人性論方面，船山一方面認爲人性原於太虛本體之氣化，類於《中庸》、《易傳》從「存有」說德性價值之理論；另一方面又肯定心性的力量，類於《孟子》「盡心知性知天」的思路。所以船山的人性論是站在從「存有」以說德性價值的基礎上，統合以心性爲本位的心性論之說。此外，他亦反過來由人物的形埒、方體之存在來說明命與性的存在，且綰合天命之良與人之聲色臭味等現實的具體存在性以言性，更表現他對形質的重視，而此一心身俱貴的觀點，正是他重視「本末一貫」之立場的反映。此外，船山又有「道大而善小，善大而性小」之說，以顯客觀天道的莊嚴，并強調「善」——道用之流行不已——的可貴。但他又說：「小者專而致精，大者博而不親。」認爲「隱」的道必藉性而彰顯，且只有人性能載道之大以無遺。此一天道之善必見於道用之流行，人性必得繼道以成其大的主張，正可看出船山強調道之化生不息與人之亹亹以繼天之善的觀點。「命日降，性日生」與「習與性成」之說，則是把人性視爲一發展的過程，突出人生實踐的意義，將形上的天命，化爲人生動態的實踐過程。另外，船山天理即在人欲之中的主張，是他重視現實人生的表現，後來戴震大斥宋儒理欲之辨，并嚴厲批判「以理殺人」，已可在船山主張中，嗅出一點訊息。

傳統儒學中，聞見之知只是德性之知的附庸。能對聞見之知的問題作一較廣泛、深入的探討的，首推船山。船山以客觀對象爲獨立於人的主觀之外的存在，人類認識所能達到的只是物的「客形」、「法象」，認爲活動的成立是感官作用、心的思惟作用、以及客觀對象三者間的統合。此等對人類認知問題的闡釋，在儒學傳統裡，可算是「前無古人」。另外，船山認爲聞見之知是德性之知貫徹於外王事業時的必備條件，不只是倫理學的附庸，亦可看出他已意識到聞見之知在圓成其「本末一貫」的義理系統時的重要性。此外，在知行問題上，船山認爲不能離行以爲知，以及行先知後的主張，也可以看出他強調行、強調實踐的態度。

在歷史觀方面，船山反對退化的歷史觀，認爲歷史是不斷超越前代而發展的。而此一歷史的發展觀，特別表現在他以「勢」解釋歷史的發展上，他認爲歷史的發展有一超乎人的意志之外的「勢」，不知不覺地推動歷史，而且此一「勢」本身含有合理的成份，并向著合理的目標演進，封建變爲郡縣即其顯例。基於此一體認，船山乃認爲「勢」即「理」之表現，而「理」即寄寓於「勢」中間。就某一階段而言，似有不合「理」的「勢」，但就整個歷史發展而言，「勢」仍爲「理」之表現。至於「勢」的發展過程中，有甚多不合「理」之處，何以演變的結果終究會合乎「理」？船山將此歸之於「天」，并認爲「天」之行其大公，往往假藉不合「理」的人、事而達成，船山即由此一辨證的歷史發展觀，解消歷史演變中的非理性成份，維持「天」本身的純正性。此外，船山認爲推動歷史的「勢」超乎人的意志之外，似乎否定人的努力的價値，但在天地閉塞之也，透過此一對天道的信賴與對歷史變遷之光明面的肯定，卻弔詭地維繫住他對歷史前途的希望，并鼓舞其「獨握天樞，以爭剝復」的信念。

船山的歷史發展觀表現在政治制度上，是反對守舊復古，認爲每個特殊環境都應有因應此一特殊環境的制度。另外，他對民族思想的闡發，亦有獨到之處，并含有深刻的現實意義。然而，在另一方面，船山的民族思想卻含有狹隘的種族主義成份，淪爲極端的種族優越論。此一狹隘的種族偏見甚至亦反映於他對西學與西士的鄙夷上，可見船山狹隘的種族主義主場，已經使他喪失容受外來文化的能力，淪於對本土文化的孤芳自賞。

在政治思想上，船山也有許多封閉的主張。他以職業區分君子小人，將農人商人視爲小人，此之爲夷狄，視之爲罪惡淵藪；他主張君權的絕對性，反對與庶民分享政治權力；他曲解古籍中重民本、民意的文字，以支持其視統治權威不可侵犯的主張；他不了解相權與諫權在制度上的意義。凡此，均足以顯示船山對傳統政治的癥結相當隔閡，并且有強化傳統政治中不合理成份的趨向。

由上所述，知船山思想的積極面，在很多方面已能觸及中國傳統思想中最貧乏的領域。而不管是他的宇宙觀、天人關係論，或對聞見之知與知行關係的探討，以及對歷史、政治、文化問題的關注，其最終目的都指向客觀領域的建立與人間功業的開創。此一學術方向可一言以蔽之曰：客觀精神的凸顯。傳統儒者雖然都能高喊「內聖外王」的口號，但眞正能重視外王事業，表現客觀精神，并能對內聖通向外王的問題賦予嚴肅思考如船山者，實不多見。當然，在船山思想中，客觀領域仍未取得完全獨立的地位，因爲道德的宇宙與客觀的宇宙，在船山眼中，仍是同一的，天人合一的觀念也依然被肯定，而這正代表船山仍未超出儒學的矩矱。

由上可知，船山透過對宇宙本體、天人關係、知識問題、知行關係等哲學理論的詮釋，疏導傳統文化，標明學術方向，爲民族找尋出路的努力，與當時盛行的經世之學比較起來，雖表現得較爲曲折，但仍然是經世之學的一種表現。船山雖遯居深山，但他的努力仍和時代思潮桴鼓相應。

此外，船山思想中所表現的客觀精神，對宋明儒學偏於向內反省的態度是一明顯的修正，但不能視爲「理學的反動」，因爲他對宋明儒學雖有批評，卻非全盤否定，他歸宗横渠固不待言，即使對程朱、陸王也各有取舍。而且船山表面上雖嚴斥陸王，較能肯認程朱，但在關鍵之處，他與程朱間的差距，可能還要超過他與陸王間的差距，因此船山之力貶陸王當與時代因緣有關，而不只是學術性格的歧異，了解這個事實，對明清之際儒學發展的實際情況，當能有更明確的把握。

然而，我們更關心船山的政治思想中所表現的封閉性，因爲探討產生此一封閉觀念的背景，可以幫助我們了解傳統文化中的病痛，并認清傳統文化的侷限。

船山封閉的政治思想表現於他狹隘的種族主義立場，以及由職業區分君子小人，視「小人」爲罪惡淵藪，比之爲夷狄，并主張君權的絕對性，反對庶民分享政治權力，輕蔑民權與民意，不了解相權與諫權在制度上的意義等觀點。這些觀點顯示船山對傳統政治的癥結相當隔閡，并且有強化傳統政治中不合理成份的趨向。而且，船山既因狹隘的種族主義而鄙夷西學、西士，又否定政治權力之制衡與民權民意之價值，於是他的學問雖表現出強烈的客觀精神，但邁向現代社會最重要的民主精神與科學精神已在不知不覺中失落了。

船山何以會表現出此種封閉的心態？在現實因緣上，我們固可由他的反滿意識解釋其種族主義立場，由他痛心下層人民的暴動，摧毀既有秩序，并導致滿清入主的慘禍，解釋其鄙夷「小人」的心態。但在船山的理論結構上，卻可發現這是他的歷史發展觀落實在文化問題上的產物。由於船山認定歷史是進展的，所以文化高的民族就是優越的民族，文化高的階層就是優越的階層。而在船山心目中，華夏文化是人類文化累積的最高峯，所以華夏民族是保有人類文化結晶的「神明之胄」，惟有尊貴華夏民族，重視夷夏之防，才能保住人類文化；士大夫階層則是華夏文化的守護者，所以理應「千斤重擔一身挑」，嚴防貴賤之等，才不會爲小人所亂，而能維持人倫綱紀。

仔細考察此一理論，我們可以發現其中充滿了以文化意識爲根底的民族使命感與士大夫使命感，船山「獨握天樞，以爭剝復。」與「六經責我開生面」的自我期許，就是此一士大夫使命感所激發。而因爲使命感與優越感往往是糾纏在一起的，懷抱強烈使命感的人，往往淪於「以理殺人」，造成封閉的心態而不自知，所以船山在民族使命感，有排斥外族的主張；在士大夫使命感下，有輕蔑民權與民意，反對與庶民分享政治權力的主張，也就勢有必至了。

此外，經由本章第七節的分析，我們知道船山的民族文化優越論是獨斷的，他以士大夫階層爲文化理想所寄，且較庶民高貴的觀點也是獨斷的。所以我們更能肯定船山以文化意識爲根底的民族使命感與士大夫使命感背後，實隱藏有強烈的種族優越感與士大夫優越感，此種優越感形成了船山的使命感，而使命感又回過頭來強化船山的種族優越感與士大夫優越感，使他輕蔑外族與庶民的主張，更顯得振振有辭。

我們必須特別留意船山的民族使命感與士大夫使命感背後所隱藏的重族優越感與士大夫優越感，因爲此種優越感所造成的封閉心態，已經成爲他的思想邁入現代世界的嚴重障礙。

此外，由船山的士大夫意識，也可以解釋他爲何不了解相權與諫權制度在制衡君權上的意義，因爲士大夫意識即爲秀異分子獨當政治責任的意識，他們在意識上是與國君爲一體的，他們心目中的政治開展是由上而下的恩澤普施，這裡面已含藏濃厚的「人治」色彩，所以權力制衡的觀念根本難以產生，道德與政治兩個領域在他們眼中根本是同一的。

了解士大夫意識容易陷入的困境，就可以了解中國傳統的政治結構不能有效改革的原因了。因爲士大夫階層是中國傳統社會中，除皇室外唯一有力量的團體，他們的思想中既難以出現權力制衡的觀念，那麼，想透過他們改革傳統的政治結構，豈非緣木求魚。縱使一二睿智之士偶然促及此一問題，其本身也是難以爲繼，更談不上要引起共鳴了。

此外，船山自許「六經責我開生面」，語氣極其豪壯。但很多時代問題的解決，并非經學或傳統文化所能爲力，一定在傳統文化，甚至是經典中，找尋解決時代問題的根據，并且一定要套上內聖外王的架構發揮經世的理論，是相當曲折艱難的。船山立論極其堂皇富麗，眩人耳目，但面對現實問題時卻弊病百出，即其明證。尤其在極端尊經尊傳統文化的心態下，很容易產生排斥外來事物的心理，船山鄙夷當時已有相當成就的西學與西士，就是最好的說明。此外，船山雖具有強烈的客觀精神，但客觀領域並未完全從道德領域中獨立出來，也與此大有關係。船山此等缺陷，值得現代想由傳統文化開出「新外王」事功的人深思。

第五章　顏元及其他儒者

第一節　顏　元

一、傳　略

顏元，字易直，又字渾然，因注重實習實行，故自號習齋。河北博野人，生於明崇禎八年（1635），卒於清康熙四十三年（1704）。

父昶，爲蠡縣朱九祚義子，於習齋四歲那年，隨清兵入遼東，音訊斷絕，母親因此改嫁。習齋八歲開始他的啓蒙教育，塾師吳洞雲文武雙全，「能騎射劍戟，慨明季國事日靡，潛心百戰神機，參以己意，條類攻戰守事宜二帙，時不能用，以醫隱，又長術數，多奇中。」〔註1〕習齋的學習環境，自始即與眾不同。

習齋生命力極其旺盛，對事物的追求又非常執著認眞，所以他一生中的波折特多，對各種道理的體會也特別敏銳。十歲那年，清兵入關，習齋年紀雖小，卻已充滿抗清意識，戴上藍𦈢晉巾，服故明的服色。十五歲那年，因學運氣之術，竟至娶妻不近。既知仙不可學，却又染輕薄之習。一直到十九歲才折節爲學，經史、兵法、醫術無所不讀，并開館授徒，名其齋爲「思古」，自號「思古人」，且一度致力於周張程朱陸王之學，又勤習武功，曾與大俠李子青比武，勝之。

三十四歲，義祖母朱媼去世，習齋代父服喪，謹守《朱子家禮》，泣血哀

〔註 1〕李塨編，《顏習齋先生年譜》（以下簡稱《習齋年譜》），卷上，八歲條。

毀，幾乎命喪黃泉，因而發現《朱子家禮》有違性情，且與古禮不合，此一經驗，使他對宋明理學產生反感。此時有一老翁見他哀傷將死，才私下透露他的身世。習齋念朱家養育之恩，直到養祖父去世，才歸宗復姓，并赴遼東尋父，招魂奉主以歸。

五十七歲那年，爲了發揚自己的學說，動身南遊，途中眼見讀書人虛弱無用，遂將一切罪過歸之於當時朝廷極力提倡的程朱之學上。他說：

> 予未南遊時，尚有將就程朱，附之聖門支派之意。自一南遊，見人人禪子，家家虛文，直與孔門敵對，必破一分程朱，始入一分孔孟，乃定以爲孔孟程朱判然兩途，不願作道統中鄉愿矣。〔註2〕

從此以後，習齋反程朱的立場遂告確立，并且有《朱子語類評》一書，對朱子大肆抨擊。

六十二歲那年，應河北肥鄉士紳郝文燦之請，主講漳南書院，爲其建立規模，分文事、武備、經史、藝能等科，推行文武合一的教育。此一書院的水準，李約瑟（Joseph Needham）認爲遠較同時代的歐洲學校進步。〔註3〕可惜數月後即因水患而停講，習齋不禁嘆道：「天不欲行吾道也。」乃辭歸，越八年而卒，享年七十。著作有《四存編》、《四書正誤》、《朱子語類評》、《習齋記餘》等多種。

習齋一生聲光晦闇，弟子中最重要的是李塨（生順治十六年，卒雍正十一年。1659～1733。）塨號恕谷，交遊廣濶，習齋之學賴之而傳，世稱「顏李學派」。然十八世紀開始，學風已變，新興的考證之學勃興，任何型態的經世之學都告退位，顏李那種極端致用的思想更引不起任何人的興趣了。

二、習齋思想的基本方向及其對宋儒的批評

經世致用是明清之際諸大儒的共同方向，習齋也不例外，而且更將此一思想推到極致，完全以「用」作爲衡定事物價值的標準。他說：

> 陳同甫謂：「人才以用而見其能否，安坐而能者不足恃；兵食以用而見其盈虛，安坐而盈者不足恃。」吾謂德性以用而見其醇駁，口筆之醇者不足恃；學問以用而見其得失，口筆之得者不足恃。〔註4〕

〔註 2〕同上，卷下，五十七歲條。

〔註 3〕《中國之科學與文明》，中譯本，第三冊，頁267。

〔註 4〕《習齋年譜》卷上，四十三歲條。

既然一切事物——甚至包括德性——都得以合「用」與否檢驗其價值，則習齋爲學的旨趣已相當明顯。

習齋的極端致用論首先透過他對宋儒的反省而表現出來，他認爲宋儒集兩漢章句、晉代清談、佛老寂滅昇脫之大全，有悖堯舜周孔之道。他說：

> 趙氏運中紛紛躋孔子廟庭者，皆修輯註解之士，猶然章句也；皆高坐講論之人，猶然清談也。至於言孝弟忠如何教？氣稟本月惡。其與老氏以禮義爲忠信之薄，佛氏以耳目口鼻爲六賊者，相去幾何也？故僕妄論宋儒，謂是集漢晉釋老之大成者則可，謂是堯舜周孔之正派則不可。〔註5〕

「集漢晉釋老之大成」即是集訓詁、清談、禪學爲一，此數者「有一皆足以惑世誣民，宋人兼之，烏得不晦聖道誤蒼生至此也！」〔註6〕而宋儒之弊，可一言以蔽之曰「無用」，故習齋挖苦自負爲聖賢的宋儒云：

> 前之居汴也，生三四堯孔六七禹顏，後之南渡也，又生三四堯孔六七禹顏。而乃前有數十聖賢，上不見一扶危濟難之功，下不見一可相可將之材，兩手以二帝畀金，以汴京與豫矣；後有數十聖賢，上不見一扶危濟難之功，下不見一可相可將之材，兩手以少帝付海，以玉璽與元矣。多聖多賢之世，而乃如此乎？噫！〔註7〕

基於對宋儒在事功上無能爲力的體認，習齋遂極力批判宋儒爲害最大的幾個核心作爲與觀念，其內容如下：

（一）反對靜坐的內省工夫

就思想的發展而言，宋明儒在心性學領域的成就，是他們最引以自豪的，但習齋對此卻極端反感，因爲在他的眼中，不管是朱子的「主敬致知」、陸子的「分析義利，先立其大。」或陽明的「致良知」，宗旨雖有不同，但都透過「靜坐」的工夫以求悟道，他們或者「以主敬致知爲宗旨，以靜坐讀書爲工夫。」或者「以致良知爲宗旨，以爲善去惡爲格物，無事則閉目靜坐，遇事則知行合一。」〔註8〕而這種靜坐的內省工夫，是習齋極力反對的。

習齋認爲靜坐的工夫是宋代才有的，爲孔子以前的千聖百王所未聞。他

〔註 5〕《存學編》，〈上太倉陸桴亭先生書〉。
〔註 6〕《習齋記餘》，〈與桐鄉錢曉城書〉。
〔註 7〕《存學編》，〈性理評〉。
〔註 8〕《存學編》，〈明親〉。

說：

> 至於危坐終日以驗未發氣象爲求中之功，尤孔子以前千聖百王所未聞也，今宋家諸先生講讀之餘，繼以靜坐，更無別功。果天下之理無不自是出耶，何孔門師弟之多事耶！〔註9〕

這是駁斥宋儒經由靜坐窮究「天下之理」的荒謬舉動，習齋認爲若此法可行，則孔門師弟何不循此簡易途徑，而必須勞累多事，費大力氣於實學之上呢？事實上，透過靜坐的工夫，縱使悟道有得，也僅如「鏡花水月」般的虛幻不實罷了，所以習齋說：「空靜之理，愈談愈惑；空靜之功，愈妙愈妄。」〔註10〕

尤有進者，靜坐非但無益，勤而行之，且有大害。習齋說：

> 終日兀坐書房中，萎惰人精神，使筋骨皆疲軟，以至天下無不弱之書生，無不病之書生，生民之禍未有甚於此者也。〔註11〕

又說：

> 爲愛靜坐空談之學久，必至厭事，厭事必至廢事，遇事即茫然，賢豪且不免，況常人乎？予嘗言，誤人才敗天下事者，宋人之學，不其信乎！〔註12〕

這兩種缺點是分不開的。病弱的書生自然厭事，而厭事的結果，又使身體更加病弱，更不想從事體力活動，最後人人都喪失處理實務的能力，遇事則茫然不知所措，「愧無半策匡時艱，惟餘一死報君恩。」靜坐如此腐蝕天下生民，敗壞天下之事，習齋當然要激烈反對了。

（二）反對脫離實用的讀書與著書

習齋常將讀書與靜坐相提并論，他說：「半日靜坐是半日達摩也，半日讀書是半日漢儒也，試問十二個時辰，那一刻是堯舜周孔乎！」〔註13〕而習齋之反對讀書，有他親自目睹的體驗。他說：

> 吾嘗目擊而身嘗之，知其爲害之鉅也。吾友張石卿，博極群書，自謂秦漢以降，二千年書史，殆無遺覽。爲諸少年發書義至力竭，偃息牀上喘息久之，復起講，力竭，復偃息，可謂勞之甚矣。不惟有

〔註9〕同上，〈性理評〉。
〔註10〕《存人編》，〈第二喚〉。
〔註11〕《朱子語類評》。
〔註12〕《習齋年譜》，卷下，六十歲條。
〔註13〕《朱子語類評》。

傷於己，卒未見成起一才。……今天下兀坐書齋人，無一不脆弱，

爲武士農夫所笑者，此豈男子態乎？〔註 14〕

此一目睹親近好友嗜書成痴，使活潑的生命日受斵傷而凋萎的經驗，必然在習齋的內心引起極大的震撼，加上習齋本人早年出入陸王程朱所激起的反感，使他對鑽進故紙堆的讀書風氣，大加抨擊。他說：

讀書愈多愈惑，審事機愈無識，辦經濟愈無力，試觀宋明已事，可

爲痛哭。〔註 15〕

又說：

率古今之文字，食天下之神智。〔註 16〕

可見在習齋眼中，讀書非但無益，簡直是健康人生與健康社會的劊子手。所以他視讀書「不啻砒霜鴆羽」，〔註 17〕也就不足爲奇了。

習齋既反對讀書，也就反對著書。他告誡恕谷說：

今即著述盡是，不過宋儒爲誤解之書生，我爲不誤解之書生耳，何

與于儒者本業哉！〔註 18〕

在習齋看來，著書不過是「空言相續，紙上加紙」〔註 19〕的紙墨遊戲罷了。

習齋更將以上的罪狀完全歸到朱子頭上。他說：

千餘年來，率天下入故紙中，耗盡身心氣力，作弱人病人無用之人

者，皆晦庵爲之也。〔註 20〕

其實此等對朱子的批評，同樣適用於其他的宋明儒者，習齋所以著意反朱，可能係因朱學此時已成爲朝廷官學，取得思想上的獨尊地位，八股擧子正沈浸於「此亦一述朱，彼亦一述朱」的朱學狂潮中，基於擒賊先擒王的要求，才將攻擊的火力集中在朱子身上。

然而，習齋并非全然廢書不觀。他說：

某平生無過人處，只好看書。憂愁非書不釋，忿怒非書不解，精神

非書不振。夜讀不能罷，每先息燭，始釋卷就寢。〔註 21〕

〔註 14〕《存學編》，〈性理評〉。
〔註 15〕《朱子語類評》。
〔註 16〕《四書正誤》，卷四。
〔註 17〕《朱子語類評》。
〔註 18〕《習齋年譜》，卷下，六十七歲條。
〔註 19〕《習齋記餘》，〈大學辨業序〉。
〔註 20〕《朱子語類評》。
〔註 21〕《顏習齋先生言行錄》（以下簡稱《言行錄》），〈齊家第三〉。

可見習齋反對讀書著書的言論尚待進一步的疏釋，他所反對的其實是脫離客觀事物、脫離實際人生的死讀書，不是絕對反對讀書。吾人苦欲徹底了解習齋反對讀書的眞正意圖，尙須進一步探討他以實代虛，經由「實文、實行、實體、實用，卒爲天下造實績。」〔註22〕的主張。

（三）反對以氣質之性為惡

宋明儒談成德問題時，脫離不了對心性問題的探討，因爲心性正是他們成德工夫的根據，義理之性與氣質之性的二分，就是他們從事成德工夫時所逼出的說法。習齋也很重視這個問題，并且反對理學家以氣質之性爲被治的對象，那種傾向於以氣質之性爲惡的說法。當然，習齋此一主張，并非企圖與理學家在心性問題上爭玄鬥妙，因爲習齋並不像一般理學家以心性問題作爲修養工夫的根本，他是因爲重視生命才情之顯揚，反對拘束人的氣質才情以淪於靜坐禪思，才逼出此一重視氣質之性之說的。

習齋反對以氣質之性爲惡的說法，立基於理氣融爲一片的觀點上。他說：

> 若謂氣惡，則理亦惡；若謂理善，則氣亦善。蓋氣即理之氣，理即氣之理，烏得謂理純一善而氣質偏有惡哉！〔註23〕

理氣不二，氣自然不能是惡的。根據此一理論，習齋在人性論上，遂反對把義理之性與氣質之性對立起來的說法。他說：

> 非氣質無以爲性，非氣質無以見性。〔註24〕

又說：

> 形，性之形也；性，形之性也。舍形則無性矣，舍性亦無形矣。失性者，據形求之；盡性者，於形盡之。〔註25〕

「形」即是「氣質」，所謂「此形非他，氣質之謂也。」〔註26〕習齋既強調氣質之外無性，那麼將惡歸之於氣質的說法已不可通，所以他又說：「理氣俱是天道，性形俱是天命。人之性命氣質，雖各有差等，而俱是此善。氣質正性命之作用，而不可謂有惡。」〔註27〕

氣質之性既是善的，習齋如何解釋惡的來源的問題呢？他說：

〔註22〕《存學編》，〈上太倉陸桴亭先生書〉。
〔註23〕《存性編》，〈駁氣質性惡〉。
〔註24〕同上，〈性理評〉。
〔註25〕《存人編》，〈第二喚〉。
〔註26〕《存性編》，〈棉桃喻性〉。
〔註27〕《存學編》，〈上太倉陸桴亭先生書〉。

其所謂惡者，乃由引蔽習染爲之祟也。〔註28〕

又說：

引愈頻而蔽愈遠，習漸久而漸深，以至染成貪營鄙吝之性之情，而本來之義不可知矣；染成僞飾諂媚之性之情，與奸雄小巧之性大情，而本來之禮智俱不可知矣。嗚呼！禍始引蔽，成於習染。〔註29〕

這是將「惡」完全歸之於後天的「引蔽習染」，而不歸之於氣質本身的負面作用，亦即將「惡」的根源完全歸之於外。所以習齋又云：「不惟有生之初不可謂氣質有惡，即習染凶極之餘，亦不可謂氣質有惡也。」〔註30〕順著這個觀念發展下去，習齋遂云：

絕天下非禮之色，以養吾目，賊在色不在目也；賊更在非禮之色，不在色也。……絕天下非禮之聲，以養吾耳，賊在聲不在耳也；賊更在非禮之聲，不在聲也。……推之口鼻手足心意咸若是，推之父子君臣夫婦兄弟朋友咸若是。〔註31〕

這是由於完全將惡的根源歸之於外，連帶也將修養工夫的重點推到外在的陶冶，所以才有摒除非禮之色與非禮之聲的主張。這種見解與著重心性工夫，著重變化氣質的宋明理學家比較起來，差別是很明顯的。

習齋主張氣質之外無性，反對以氣質之性爲惡的說法，其用意明顯在尊貴氣質的地位。此一主張，一方面反映出他對變化氣質的心性工夫，導致對個人生命才情的壓抑，深表反感，並且深懼因爲賤惡氣質而作賤自己，習齋云：「變化氣質之說，是必平丘陵以爲川澤，變川澤以爲丘陵也。」〔註32〕「是戕賊人以爲仁義也。」〔註33〕又云：「程朱以後責之氣，使人憎其所本有，是以人多以氣質自諉，竟有山河易改，本性難移之諺矣，其誤世豈淺哉！」〔註34〕另一方面，習齋之尊貴氣質，反映出他重視生命才情的顯揚，重視氣質之性積極創造人生價值的功能。他認爲盡性須於形盡之，要求「就其質性之所近，心志之所願，才力之所能以爲學。」〔註35〕以條暢天賦的氣質，就是最好的說明。

〔註28〕同上。
〔註29〕《存性編》，〈性圖〉。
〔註30〕同上。
〔註31〕《存人編》，〈第二喚〉。
〔註32〕《四書正誤》，卷六。
〔註33〕《言行錄》，〈王次亭第十二〉。
〔註34〕《存性編》，〈性理評〉。
〔註35〕《四書正誤》，卷六。

由「存天理，去人欲」的變化氣質之說，到反對以氣質之性爲惡的尊貴氣質之說，其間的轉變是很明顯的。因爲以氣質爲惡，要求變化氣質，勢必壓抑個人的生命才情，導致人間功業的萎縮。而尊貴氣質，則必然會重視生命才情的顯揚，重視氣質之性積極創造人生價值的功能，習齋駁斥宋儒氣質性惡之說，與他的極端致用論仍然是分不開的。

三、「習」的地位及其義理的展開

透過習齋對宋代理學的批判，他完全從實用觀點衡定事物價值的極端致用論立場已更爲清楚。而在習齋心目中，最具實用價值的學問，當屬《尚書》《周禮》中的六府、三事、六德、六行、六藝。他說：

> 自漢晉汎濫於章句……而堯舜三事六府之道，周公孔子六德六行六藝之學，所以實位天地，實育萬物者，幾不見於乾坤中矣。……某爲此懼，著《存學》一編，申明堯舜周孔三事六府六德六行六藝之道，大旨明道不在詩書章句，學不在穎悟誦讀，而期如孔門博文約禮，身實學之，身實習之，終身不懈者。〔註36〕

三事是正德、利用、厚生。六府是金、木、水、火、土、穀。六德是知、仁、聖、義、忠、和。六行是孝、友、睦、婣、任、恤。六藝是禮、樂、射、御、書、數。習齋對這些學問的實效是相當有把握的，他不但將這些學問譽爲「實位天地，實育萬物」之學，當論及如何昌大儒門時，習齋亦云：

> 然則如之何？曰：彼以其虛，我以其實，程朱當遠宗孔子，近師安定；以六德六行六藝及兵農錢穀水火工虞之類教其門人，成就數十百通儒。朝廷大政，天下所不能辦，吾門人皆辦之。險重繁難，天下所不敢任，吾門人皆任之。吾道自尊顯，釋老自消亡矣。〔註37〕

這些學問所牽涉的問題雖然非常廣泛，不是習齋一人的學力所能完全承擔、闡揚，但其精神卻不外乎對事物的重視，故習齋云：

> 堯舜之正德利用厚生謂之三事，不見之事，非德非用非生也。周公之六德六行六藝謂之三物，不徵諸物，非德非行非藝也。〔註38〕

不管是三事或三物，都要在事物上成就，則習齋重視實事實物的程度可想而知。

〔註36〕《存學編》，〈上太倉陸桴亭先生書〉。
〔註37〕同上，〈由道〉。
〔註38〕《習齋年譜》，卷下。六十六歲條。

戴望云：「先生之學，以事物爲依歸，而生平未嘗以空言立教。」〔註39〕信然。

尤其值得注意的是，習齋認爲要推展這些最具實用價值的學問，非透過「習」的途徑不可。所以他強調「道不在詩書章句，學不在穎悟誦讀。而期如孔門博文約禮，身實學之，身實習之，終身不懈。」此外，他又推崇「習」的作用云：

> 僕氣魄小，志氣卑；自揣在中人以下，不足與於斯道。惟願主盟儒壇者，遠溯孔孟之功如彼，近察諸儒之效如此，而垂意於習之一字，使爲學爲教，用力於講讀者一二，加功於習行者八九，則生民幸甚，吾道幸甚。〔註40〕

由上可知，「習」的觀念在習齋思想中，佔有絕對重要的地位。他在三十五歲那年，將所住的思古齋更名爲習齋，就是體悟了「思不如學，而學必以習」的道理。〔註41〕至於習齋所言的「習」，其意義相當特殊。他說：

> 心中醒，口中說，紙上作，不從身上習過，皆無用也。〔註42〕

又說：

> 謂次亭曰：「吾輩只向習行上做工夫，不可向言語文字上著力。孔子之書名《論語》矣，試觀門人所記，卻句句是行。」〔註43〕

可見「習」有別於純粹言語上、心智上、紙墨上的活動，它是身體力行，是實際生活中的磨鍊。

習齋對「習」的特殊意義的闡發，透過他對「格物致知」的詮釋，非常清楚地表現出來。他解「格物」云：

> 格字乃手格猛獸之格，格物謂犯手實做其事，即孔門六藝之學是也。且如講究禮樂，雖十分透徹，若不身爲周旋，手爲吹擊，終是不知。故曰：致知在格物。〔註44〕

又解「致知」云：

> 致者，推而極之也。〔註45〕

〔註39〕《顏氏學記》，〈序言中〉。
〔註40〕《存學編》，〈總論諸儒講學〉。
〔註41〕《習齋年譜》，卷上，三十五歲條。
〔註42〕《存學編》，〈性理評〉。
〔註43〕《言行錄》，〈王次亭第十二〉。
〔註44〕《言行錄》，〈剛峯第七〉。
〔註45〕《四書正誤》，卷二。

「推而極之」并不是內心的工夫，不是「約之以至於至靜之中。」〔註 46〕故習齋又云：

> 夫推者，用力擴拓去，自此及彼，自內而外，自近及遠之辭也。推而極之，則又無彼不及，無外不周，無遠不到之意也。〔註 47〕

習齋既由「手格猛獸之格」解釋「格」字，由「犯手實做其事」解釋「格物」，則「格物」乃偏重在實際生活中的知識技能與德行之磨鍊，這是身體上動態的力的表現，而不是心知上靜態的冥思，此亦即習齋所說的：「身習而實踐之，易靜坐用口耳之習，爲手足頻拮据之業，非存性空談之比。」〔註 48〕至於「用力推拓去」的「致知」，也是透過動態的身習實踐，窮究事物的每一層面，將知識與實際經驗融而爲一，以徹底掌握事物的實情之謂。習齋所說的習禮、習樂、習射，乃至習兵農水火諸事，其中的「習」都是這一層面上的意義。

「習」既指動態的身習實踐，故習齋有時又將「習」與「動」連言，謂：

> 宋元來儒者皆習靜，今日正可言習動。〔註 49〕

於是，透過「習」的運作所呈現的理想世界，必然是一個動的世界。他說：

> 三皇五帝，三王周孔，皆教天下以動之聖人也，皆以動造成世道之聖人也。五霸之假，正假其動也，漢唐襲其動之一二以造其世也，晉宋之苟安，佛之空，老之無，周程朱邵之靜坐，徒事口筆，總之皆不動也。而人才盡矣，聖道亡矣，乾坤降矣。吾嘗言：「一身動則一身強，一家動則一家強，一國動則一國強，天下動則天下強。」益自信其考前聖而不謬，俟後聖而不惑矣。〔註 50〕

由上可知，「習」的觀念是習齋極端致用論的立場所逼出來的，他認爲透過動態的身習實踐，足以把握最具實用價値的堯舜周孔的三事六府之道與六德六行六藝之學，而且透過「習」的運作所呈現的動的世界，就是身強、家強、國強、天下強的理想世界，所以「習」的觀念在習齋思想中，實佔有絕對重要的地位。也因爲如此，我們在習齋思想的每一層面，都可以看到「習」的影子。本文以下就以「習」爲綱領，探討習齋如何在此一觀念主導下，開展他的思想。

〔註 46〕同上。

〔註 47〕同上。

〔註 48〕《存學編》，〈學辯一〉。

〔註 49〕《言行錄》，〈世情第十七〉。

〔註 50〕同上，〈學須第十三〉。

（一）實踐的認識論

在認識論上，習齋特別強調在具體事物上的實踐對獲取正確知識的重要性，認為純粹由書本而來的知識是靠不住的。他以學醫為例，云：

> 今有妄人者，止務覽醫書千百卷，熟讀詳說，以為予國手矣。視診脈、製藥、針灸，摩砭以為術家之粗，不足學也。書日博，識日精，一人倡之，舉世效之，歧、黃盈天下，而天下之人，病相枕，死相接也，可謂明醫乎？愚以為從事方脈、藥餌、針灸、摩砭、療疾救世者，所以為醫也，讀書取以明此也。若讀盡醫書而鄙視方脈、藥餌、針灸、摩砭，妄人也。不惟非歧、黃，并非醫也，尚不如習一科、驗一方者之為醫也。〔註51〕

孰讀醫書所獲得的知識是純粹理論性的知識，診脈、製藥、針灸、摩砭則是在具體事物上的實踐。熟讀醫書不足以為醫，從事診脈等臨床實驗才足以為醫，則由書本得來的純粹理論性知識，須要透過實踐才能保證其有效性，是很清楚的。所以習齋又說：「但凡從靜坐，讀書中討來識見議論，便如望梅、畫餅，靠之飢食渴飲不得。」〔註52〕

習齋所以特別強調實踐對認識的重要作用，是因為他認為客觀事物才是認識的根據。他說：

> 知無體，以物為體，猶之目無體，以形色為體也。故人目雖明，非視墨視白，明無由用也；人心雖靈，非玩東玩西，靈無由施也。〔註53〕

這是說明認識的作用脫離不了實際的事物，若是脫離實際事物，高談濶論，只不過是捕風捉影罷了。

既然認識的作用脫離不了實際的事物，那麼想獲得眞正有用的知識，體現知識的實際效用，就必須親手學習，到實際的事物上去鍛鍊。習齋說：

> 吾嘗談天道性命，若無甚扞格，一著手算九九數輒差。……以此知心中醒、口中說、紙上作，不從身上習過，皆無用也。〔註54〕

習齋此語顯然完全不解從事心性工夫與追求客觀知識分屬兩個不同的領域，但他由重視知識的實際效用而突出實踐地位的立場已表露無遺。

〔註51〕《存學編》，〈學辯一〉。
〔註52〕同上，〈性理評〉。
〔註53〕《四書正誤》，卷一。
〔註54〕《存學編》，〈性理評〉。

由習齋強調在具體事物上的實踐，對獲取正確知識與體現知識的實際效用的重要性，我們可以看出他重習行與反對宋儒無謂的讀書著書等主張，是具有以實踐為首位的認識論基礎的。

（二）習行勞動的修養論

習齋既反對靜坐的內省工夫，於是他的修養方法亦落在動態的習行上面，而且他認為習行勞動本身就有助於修養。他說：

> 人心，動物也。習於事則有所寄而不妄動，故吾儒時習力行，皆所以治心。釋氏則寂室靜坐，絕事離群，以求治心，不惟理有所不可，勢亦有所不能，故置數珠以寄念。〔註55〕

這是透過對人心本質的分析以探討對治的方法，人心既是運動不止之物，就不可能使其歸於寂靜，只能經由「時習力行」以治心，使心有所寄託而不妄動，否則如釋氏以靜坐的內省方法治心，終究是行不通的。且將運動不止的心強行壓抑，最後卻脫不了「置數珠以寄念」的行徑，豈非病態的表現。

習齋更進一步由人不習行勞動則容易胡思亂想，反襯出時習力行的重要性。他說：

> 人不作事則暇，暇則逆，逆則惰則疲，暇逆惰疲，私欲乘之起矣，習學工夫安可暇？〔註56〕

習齋更以自己的切身體驗為這個道理作證。他說：

> 吾用力農事，不遑食寢，邪妄之念，亦自不起。〔註57〕

這種透過身體勞動與對事情的投注，消弭心中邪念的主張，是相當有見識的。它突出了勞力的價值，使勞力者可以驕傲地面對勞心者；它避開了艱深玄妙的心性工夫，使此一修養途徑更具普遍性；而且在心性學已乏人問津，人人必須全副精力投入事業的現代社會中，這種投入事業即可成就德行的主張，無疑最具有現代意義。

除了經由習行勞動對治邪妄之念外，習齋亦重視身習禮樂射御書數，使人不失其性而免於惡。他說：

> 學人不實用養性之功，皆因不理會夫子兩習字之義，學而時習之習是教人習善也，習相遠也之習是戒人習惡也。先王知人不習於性所

〔註55〕《言行錄》，〈剛峯第七〉。

〔註56〕同上，〈禁令第十〉。

〔註57〕同上，〈理欲第二〉。

> 本有之善，必習於性所本無之惡，故因人性之所必至，天道之所必然，而制爲禮樂射御書數，使人習其性之所本有，而性之所本無者不得引之蔽之，不引蔽則自不習染，而人得免於惡矣。〔註58〕

這是說明因爲「習」的對象不同，會形成不同的習氣、習性，所以習齋特別推崇先王制定禮樂射御書數的必要性，期使人在習行之後，得不失其善性而免於惡。

透過禮樂的薰陶、啓發，引導人向善，本是儒學舊義，此處值得注意的是習齋特別在禮樂外加入射御書數，使「習」偏重於外在的習行，這與宋明儒者內省的心性工夫比較起來是大異其趣的。

此外，習齋又有「習恭」之說，《年譜》有關他習恭的記錄甚多，如：

> 習恭，日日習之，即《論語》居處恭也，自驗身心氣象與靜坐時天淵。〔註59〕

又如：

> 時時習恭，心神清坦，四體精健。〔註60〕

對於「習恭」與「靜坐」的分別，習齋云：

> 靜坐是身心俱不動之謂，空之別名也；習恭是吾儒整修九容工夫。媿不能如堯之允，舜之溫，孔之安，故習之。習恭與靜坐，天淵之分也。〔註61〕

「九容」指頭容直、氣容肅、手容恭、足容重等整肅外表儀態的工夫，可見習恭是偏於外在的工夫，其目的在於藉此整肅內心，亦即「束身以歛心。」〔註62〕下面一段記載最能表現「習恭」的目的：

> 游馬生學，教之習端坐功，正冠整衣，挺身平肱，手交當心，目視鼻準，頭必直，神必悚，如此則扶起本心之天理，天理作主，則諸妄自退聽矣。〔註63〕

然而習齋雖極力辨明習恭與靜坐之別，并且不滿宋儒主敬之說，〔註64〕

〔註58〕同上，〈學人第五〉。
〔註59〕《習齋年譜》，卷上，三十七歲條。
〔註60〕同上，卷下，五十七歲條。
〔註61〕《言行錄》，〈王次亭第十二〉。
〔註62〕《習齋年譜》，卷下，六十五歲條。
〔註63〕《言行錄》，〈學人第五〉。
〔註64〕《存學編》，〈性理評〉。

但他習恭習端坐的行爲，卻難免使人覺得與宋儒的主敬工夫并無二，攷錢賓四先生說：

凡此所謂習恭習端坐者，縱謂與靜坐不同，卻不能不說與宋儒所謂敬者相似，故習齋於宋儒論敬，亦謂是好字面。若眞如習齋所教習恭習端坐工夫，便已是朱子主敬三法，伊川之整齊嚴肅，上蔡之常惺惺，和靖之其心收斂不容一物也。〔註65〕

錢氏之說似乎言之成理，加上朱子論敬必即事而言，所謂「敬不是萬事休置之謂，只是隨事專一，謹畏不放逸耳。」〔註66〕觀此，則習恭與主敬的區別果惡乎在？

我們可以說，習恭與主敬的方式雖有類似之處，但不論從工夫重點或由工夫所呈現的整個生命風貌比較起來，二者的差異仍極爲明顯。因爲宋儒的主教，重點畢竟仍落在心性上的內省工夫，如朱子云：

心無不敬，則四體自然收斂，不待十分著意安排，而四體自然舒適。〔註67〕

觀此，可知習齋所言「敬字字面好看，卻是隱壞於禪學處。」〔註68〕是有眞切感受的。因爲朱子雖然反對主靜，認爲敬必即事而言，但因爲主敬工夫仍落在心上，所以他在觀念上雖知道「事」的重要，卻終難免落入「專向靜坐、收攝、徐行、緩語處言主敬，乃是以吾儒虛字面做釋氏實工夫。」〔註69〕所以朱子等理學家的生命風貌畢竟與「北方之強」的習齋相距甚遠。李恕谷曾謂習齋「束身以歛心功多，養心以範身功少。」〔註70〕「束身以歛心」與「養心以範身」兩句話，正可標示出習齋與宋儒間修養工夫與生命風貌差異的關鍵。

綜上所述，習齋不論是主張習行勞動本身就有助於對治邪妄之念，或主張身習禮樂射御書數以保其性而免於惡，或是他有名的「習恭」之說，都著重外在的動態的修養工夫。這種由外而內，由身及心的「束身以歛心」的修養論，與宋儒「養心以範身」的工夫進路恰是明顯的對比。由此，我們可以看出習齋力矯宋儒靜坐的內省工夫確實是投入全副生命氣力而爲之的，也可

〔註65〕《中國近三百年學術史》，頁195。
〔註66〕《朱子語類》，卷十二。
〔註67〕同上。
〔註68〕《存學編》，〈性理評〉。
〔註69〕同上。
〔註70〕《習齋年譜》，卷下，六十五歲條。

以了解習齋的生命風貌何以與宋儒大相逕庭的關鍵。

（三）見理於事與重視專技

理學家特別重視形上的「理」，不管程朱派的「理在事先」，或陸王派的「心外無理」，都有重理輕事的傾向。他們甚至認為「理」就是一切，明理就可解決現實問題，《存學編》「性理評」引朱子之言：

> 朱子曰：「胡文定曰：『豈有見理已明而不能處事者。』此語好。」

習齋駁之曰：

> 見理已明而不能處事者多矣，有宋諸先生便謂還是見理不明，只教人明理。孔子則只教人習事，迨見理於事，則已徹上徹下矣。

理學家所明的形上之理，與處事所必須掌握的事理根本是不同領域的理，因後者是經驗的、形下的理，是無法離事求得的。宋儒於窮理之後，每每仍不能處事，乃理所當然。此時若將不能處事的責任歸之見理不明，又回過頭去「教人明理」，必然是死胡同一條，所以習齋的駁語是強而有力的，而他主張「習事」，主張「見理於事」，要求到具體事物中認識事理的觀點，無疑是正確的。

習齋見理於事或習事見理的主張，一方面反映出他對具體事物的重視，另一方面又再次顯示他對「習」的強調是無時或忘的。由是，我們可繼續探討與此有關的重視一技一藝之價值的問題。

由於主張見理於事，而繁多的事物不是一人之力所能兼顧，所以習齋相當重視一技一藝的價值，他說：

> 學須一件做成便有用，便是聖賢一流，試觀虞廷五臣，只各專一事，終身不改，便是聖；孔門諸賢，各專一事，不必多長，便是賢，漢室三傑，各專一事，未嘗兼攝，亦便是豪傑。〔註71〕

「各專一事，終身不改，便是聖。」這眞是破天荒的大膽言論。這種重視專業工作的實用態度，在以「不作費力事」為理想境界，〔註72〕一心求悟全體大用以成聖成賢的理學家看來，大概是匪夷所思吧！

（四）重功利的經世思想

習齋對功利非常重視，他特別推崇為理學家所鄙視的陳亮與王安石，並且對儒者一向奉為圭臬的「正其誼不謀其利，明其道不計其功」的教條深表

〔註71〕《言行錄》，〈學須第十三〉。

〔註72〕此為朱子贊李延平語。見《存學編》，〈性理評〉。

不滿。他說：

世有耕種而不謀收穫者乎？世有荷網持鉤而不計得魚者乎？抑將恭而不望其不侮，寬而不計其得眾乎？這不謀不計兩不字，便是老無釋空之根。〔註73〕

習齋認為由義求利，由道求功，就像耕種求收穫，打漁求得魚，是正正當當的要求，若全不謀求功利，反墮入釋老殼中。因此，他提出「正其誼以謀求利，明其道而計其功」〔註74〕的主張，把義與利統一起來，堂堂正正的追求功利。

既然肯定功利的價值，習齋的經世思想乃特別留意富強之策。他說：

如天不廢予，將以七字富天下：懇荒、均田、興水利。以六字強天下：人皆兵、官皆將。以九字安天下：舉人材、正大經、興禮樂。〔註75〕

「懇荒、均田、興水利」是發展農業經濟的綱領，目的在增加生產以求富。「人皆兵、官皆將」是健全軍事的綱領，目的在矯正重文輕武的風氣，使國家強盛。「舉人材、正大經、興禮樂」是政綱領，目的在導致天下太平。三者之中最重要的是均田，習齋云：

使予得君，第一義在均田，田不均，則教養諸政俱無措施處。〔註76〕

這表示習齋已意識到土地兼併問題的嚴重爆炸性，若不能合理解決此一問題，則一切政治措施俱無從談起。然而，習齋提出的均田辦法是妥協折衷的辦法，《年譜》有以下一段記載：

蕭九苞問曰：「復井田，則奪富民產，恐難行。」先生曰：「近得一策，可行也。如趙甲田十頃，分給二十家，甲止得五十畝，豈不怨咨？法使十九家仍為甲佃，給公田之半于甲，以半供上，終甲身。其子賢而仕，仍食之，否則，一夫可也。」〔註77〕

觀此，習齋的均田制是「天地間田，宜天地間人共享之」〔註78〕的井田制理想與現實的地主勢力妥協的產物。

〔註73〕《言行錄》，〈教及門第十四〉。
〔註74〕《四書正誤》，卷一。
〔註75〕《習齋年譜》，五十五歲條。
〔註76〕《言行錄》，〈三代第九〉。
〔註77〕四十三歲條。
〔註78〕《存治編》，〈井田〉。

習齋的富強與安天下之策，著墨不多，我們僅能看出他立論的綱領，所幸這些看法早在他二十四歲那年所作的《存治編》中有系統地陳述出來，而《存治編》的基本精神在恢復三代的「王道」，習齋云：

> 昔張橫渠對神宗曰：「爲治不法三代，終苟道也。」然欲法三代，宜何如哉！井田、封建、學校皆斟酌復之，則無一民一物之不得其所，是之謂王道，不然者不治。〔註79〕

在習齋眼中，三代王道的內容就是井田、封建、學校等制度，能斟酌恢復這些制度，就能達到無一民一物不得其所的太平盛世。習齋於此表現了極爲強烈的復古心態，基於此一尊古、復古的心態，習齋在《存治編》中，每以「思古人」自稱。

在「井田」篇中，習齋肯定井田制的可行性，并且談到墾荒的問題，在「治賦」篇中，習齋談到寓兵於農的治賦之法。在「學校」篇中，習齋認爲教學應「浮文是戒，實行是崇。」以六德六行六藝爲教學內容，訓練出眞正的人才。由此可見習齋後來提出的富天下、強天下、安天下之策，仍不脫《存治編》的規模。

由上所述，習齋的經世主張中，實充滿復古的思想，但他所以充滿復古思想，是因爲他認爲要富天下、強天下、安天下，除了恢復三代王道之治外，別無他法。所以習齋的復古主張是和他的功利思想、富強之策結合在一起的。而我們在此一經世思想中，也仍然可以看到習齋重實用、重習行的立場。

以上我們分由實踐的認識論、習行的修養論、見理於事與重視專技、重功利的經世思想等不同的層面，探討習齋思想的展現，我們在這些不同層面的思想中，都可以發現「習」——動態的身習實踐——的特出地位，發現習齋因重視實用、實事而特別重視習行實踐的表現。習齋既以「用」作爲衡定一切事物價值的標準，并且認爲透過「習」，足以把握最具實用價值的堯舜周孔的三事六府之道與六德六行六藝之學；透過「習」的運作所呈現的動的世界，就是身強、家強、國強、天下強的理想世界，而突出了「習」的地位。再加上習齋思想的開展，仍然不脫「習」的觀念的主導，則以「習」作爲貫串習齋思想的核心觀念無疑是最適宜的。

其次，宋明儒學無用的陰影是習齋極力想擺脫的，所以他對宋儒爲害最烈的幾個核心作爲與觀念，諸如靜坐、讀書、氣質性惡等，批判至爲激烈。

〔註79〕同上，〈王道〉。

而習齋在「習」觀念主導下所開展的思想，諸如實踐的認識論、習行的修養論、見理於事與重視專技、重功利的經世思想等主張，恰好可用以瓦解宋儒的立場。由此可見「習」的主張，不但標示了習齋正面的理想，也正好可用以對治習齋全力想擺脫的宋明儒學的夢魘。因此，我們可以大膽地說，把握了「習」的意義，就把握了習齋思想的精義。

四、習齋思想的評價

（一）習齋思想的缺陷

習齋在明清之際諸大儒中，是草根性最濃的一位，所以他對問題的看法與傳統的士大夫有相當的差距。他完全以合「用」與否作為衡定事物價值的標準，不管是批判宋儒的言行，或尊崇堯舜周孔的三事三物，都立基於實用功效的考慮。而貫串習齋思想的核心觀念——「習」——也是由極端致用的立場所逼出來的。

學術要求致用本是堂皇正大的言論，而習齋以草莽之氣，發為斬截之論，更足以動人視聽。王崑繩說：

> 上之為宋元明，其言心性義理，習齋既一壁推倒；下之為有清一代，其言訓詁考據，習齋亦一壁推倒。開二千年不能開之口，下二千年不敢下之筆。〔註80〕

習齋立論之凌厲，誠然令人痛快，但問題也就出在這裡。要求致用固然不誤，但有用無用的認定本就相當困難，習齋對合用與否的判定更屬狹隘，於是他不但對宋元明的心性義理一壁推倒，對有清一代的訓詁考據一壁推倒，他心目中最具實用價值的學問，更只賸下堯舜周孔的三事六府之道與六德六行六藝之學。本文以下僅就習齋的復古主張與否定知識獨立價值的問題略作評析：

1. 復古主張

習齋的復古傾向相當明顯。他以堯舜周孔的三事六府之道與六德六行六藝之學為「實位天地，實育萬物」之學，并且認為儒者應當「以六德六行六藝及兵農錢穀水火工虞之類教其門人。」以為如此則能訓練出擔當朝廷大政，託付險重繁難的人才。〔註81〕此外，他的經世思想目標在恢復三代的「王道」，

〔註80〕《居業堂集》，卷八，〈與墳梁仙來書〉。
〔註81〕見本章，第一節，三。

渴望實施三代的井田、封建、學校等制度，并在《存治編》中自稱「思古人」。凡此俱見習齋的復古心態相當強烈。

習齋既重視實用價值，又力求復古，如此若非能證明人類文化永遠停滯不前，而他所尊崇的堯舜周孔之道與三代王道之治亦皆實有其事、實有其效，否則其實用與復古的主張間必然存在著不能消解的衝突。因為社會條件若代有不同，則重視實用，理應針對時代的特殊問題，設計出對治的方案，一成不變的想以三代王道解決現實問題是很荒謬的，就如禮樂射御書數而言，行於古代，已不能不變革損益，若一成不變行於今日，而求其實效，豈非笑柄！固然習齋有時亦意識到現實環境的差異而略加修改其三代王道的辦法，但尊古之見既橫於胸中，一切的修正辦法都是很有限的。

尤有進者，習齋所尊崇的堯舜周孔之道與三代王道之治，僅見於古籍之中，其中有很多記載并不可靠，對於此一問題，習齋辯解道：

> 僕謂古來《詩》《書》，不過習行經濟之譜，但得其路徑，眞僞可無問也，即僞亦無妨也。今與之辨書冊之眞僞，著述之當否，即使皆眞而當，是彼為有弊之程朱，而我為無弊之程朱耳。〔註82〕

尊經尊古本是傳統儒者的共同心態，但像習齋對古代文化制度如此偏執入迷的復古者，卻不多見。習齋在明清之際諸大儒中，是草根性最濃的一位，由於脫去傳統士大夫的習氣，立論最為斬截凌厲，但在批判宋儒懦弱無用，想以動態的身習實踐掀動乾坤，極力追求實用的主張中，卻依然墮入傳統尊古的窠臼，而且偏執古代文化制度的程度較他人猶深。與正統儒學最有距離的習齋尚且未能擺脫尊古的思考模式，則要求打破儒家尊古的傳統，以嶄新之貌面對時代問題，似乎無法期待於儒學內部了。

2. 貶低知識的地位

由於重視實用、實行，習齋對宋儒埋首於書齋讀書著書，因而脫離實際人生，成為脆弱文人的行徑相當反感，所以他有很多強烈反讀書著書的言論，并且認為正確知識的獲取，必須通過在具體事物上的實踐。

揆諸習齋本意，當然不是絕對反讀書著書，也不是絕對反知識，但在實用與實行的地位特別突出的理論系統中，知識的重要性已被貶低，純知識的追求更遭徹底否定。

〔註82〕《習齋記餘》，〈寄桐鄉錢生曉城〉。

尊重知識活動，尊重知識的地位，以累積人類文明，創造新觀念，是人類社會得以持續進步的原動力，因此，失去知識創造力的社會，必定是最貧乏的社會。習齋貶低知識的地位，并且徹底否定純知識的追求，就人類進步的過程而言，無疑是一種倒退。他既貶低知識的地位，在開創新時代的努力上，自然喪失了很重要的憑藉，所以他不能期待新世界的來臨，只能將理想落在復古上，也就其來有自了。

（二）習齋批判宋儒的意義

習齋的主張固然相當偏狹、激越，但我們若不把它的主張當作解決問題的全部答案，而僅當作問題的提出，則藉著他挖掘文化病態的銳利眼光，卻可以讓我們反省一些有意義的問題，特別是他對宋儒的激烈批判，已觸及儒學中的某些癥結。

習齋對宋儒的批評，重點有三，一爲靜坐的內省工夫，一爲脫離實用的讀書與著書，另一爲氣質爲惡的傾向。由於這些缺點，束縛了個人的生命才情，使宋儒成爲茫然不知事務的病弱書生，成爲集漢晉章句清談與佛老寂滅昇脫之大全的廢物。

習齋的批評，就文字層面而言，并不足以服宋儒之心，因爲在宋儒心目中，他們的心性工夫正是爲了外王事業作準備，他們是不會覺得心性工夫「無用」的。此外，某些宋儒，諸如被習齋抨擊最烈的朱子，亦未嘗不反對守靜，未嘗不重視事功，朱子曾說：「守靜之說，近於佛老，吾聖人卻無此說。」〔註83〕又說：「自古無不曉事的聖賢，亦無不通變的聖賢，亦無關門獨坐的聖賢。……又如律曆刑法天文地理軍旅官職之類，都要理會。」〔註84〕觀此，似乎習齋對宋儒的批判有無的放矢之嫌，或者是「由其末流之弊，以罪其本原之說。」〔註85〕然我們若仔細推究習齋對宋儒的批評，可以發現其中已觸及儒學內部的一大問題。

由於儒學是一種淑世的學問，所以它雖然強調成德之教，強調修身的重要，但在儒學傳統裡，沒有任何一家一派的學說，公然放棄內聖外王、修己治人的理想，而且內聖與外王或修已與治人并不是平列的觀念，它們之間有先後的關係，內聖是爲了外王，修已是爲了治人，所以外王經世之業的成就

〔註83〕《朱子語類》，卷六十。
〔註84〕同上，卷一一二。
〔註85〕唐君毅，《中國哲學原論原性篇》，頁500。

更可說是儒者的終極理想。

但外王經世之業如果是儒者的終極理想，那麼他們的內聖工夫是否能有效支持這個經世理想？或者細密謹嚴的內聖工夫竟是外王事業的牽累？傳統儒者似乎從未反省到這個問題，甚至認為心性工夫到家，外王經世之功便唾手可得。《習齋年譜》有以下一段令人噴飯的記載。

> （習齋）返鄢陵，訪李乾行等論學。乾行曰：「何須學習，但操存功至，即可將百萬兵，無不如意。」先生悚然，懼後儒虛學誣枉至此，乃舉古人兵間二事叩其策，次日問之，乾行曰：「未之思，亦不必思，小才小智耳。」先生曰：「小才智尚未能思，大才智又何在，豈君操存尚未至耶？」乾行語塞。〔註86〕

「操存功至，即可將百萬大軍。」這是何等荒謬可怕的言論。但這種言論卻是無獨有偶的，程明道即曾說過：「有顏子之德，則孟子之事功自有。孟子者，禹稷之事功也。」〔註87〕可見心性工夫的功效，已有被宋儒過度誇大的傾向，在表面上，他們的經世目標雖然未曾改變，但經世內容已被壓縮，甚至被心性工夫取代了。

即使以上所言僅是特例，或理學家均能像朱子一般，意識到「自古無不曉事的聖賢」，但由於宋明儒傾其全力於心性工夫的修鍊，而心性工夫與經世之業間存在的矛盾，仍足以銷盡他們的全副精力，導致外王事功的萎縮，其結果與李乾行輩終日沈浸於操存之功并無二致。這是因為心性工夫本身是一個無止盡向內追求的歷程，是時時刻刻必須念茲在茲的嚴格修鍊，由此鑽研進去，勢必會逼使人們的全幅精力耗盡於此，使人皓首於心性之間，銷磨開創人間功業的豪情壯志，而習齋所作的尖銳批評，也就在理學家的現實生活中一一被印證了。

由此可知，就理論而言，內聖與外王雖是并行不悖、本末一貫的，但落在現實上，內聖工夫非但不能有效支持經世思想，它反而會造成外王事業的牽累，宋明儒者中，固然有少數豪傑之士仍表現出旺盛的生命力與輝煌的事功，但就整體而言，他們所表現出的生命風格與經世意願皆較為衰頹是不容諱言的。

此外，內聖的目標雖在外王，但若堅持正心誠意的工夫，甚至堅持要「致

〔註86〕《習齋年譜》，五十七歲條。

〔註87〕《二程全書》，〈遺書第十一〉，〈明道先生語一，師訓，劉質夫錄〉。

君堯舜上」，要求國君正心術、遠小人，這種主張在現實政治中是相當迂濶的，於是官場的失意，似乎是這些賢者的必然下場。這時，必性工夫更成爲他們的宗教，他們更會自足於封閉的心性工夫中，以爲道即在此心之中，藉此以超脫無力獻身於外王事業的壓力，然而如此一來，外王事功無處尋覓了。

由於心性工夫的膨脹與經世之業間存在著難以消解的矛盾，所以著重心性工夫的宋儒，儘管並未放棄外王經世的理想，但他們的外王事功難免會受到心性工夫的牽累而有所虧欠。基於以上的體認，習齋尖銳地批評宋儒靜坐的內省工夫與紙墨遊戲腐蝕天下生民，使人喪失處理實務的能力，并且批評宋儒氣質性惡之說壓抑個人的生命才情，企圖以動態的、落實於具體事物中的身習實踐加以取代，確實已能觸及宋儒的眞正病痛。而習齋的批評，對我們進一步重估理學的價値，甚至重建理學系統，也有相當大的助益，此不僅因習齋爲我們徹底挖掘出宋明理學的病痛，更因爲一個學說的偏失之處，往往就是它立論最精彩之處，透過正反兩面的考察，將可使我們對宋明理學有更接近全面性的了解。

第二節　其他儒者

一、方以智

（一）傳　略

方以智，字密之，號曼公，安徽桐城人。生於明神宗萬曆三十九年（1611），卒於清康熙十年（1671），累世公卿，身世顯赫，二十四那年，因桐城民變，流寓金陵、與侯方域、陳貞慧、冒襄相友善，人稱明末四公子。年三十，中進士，然明王朝旋即覆亡，遂走南都，又因阮大鋮搜捕，逃命嶺南。後桂王即位肇慶，召拜詹事府左中允，任經筵講官，因太監王坤排擠，掛冠求去，隱居平樂，後平樂陷敵，爲避清兵搜捕，被迫出家，爲表明不仕異族的決心，於四十四歲那年，拜覺浪道盛禪師爲師，并於五十五歲入主江西青原山道場，青原山除爲佛教盛地外，亦爲江右王學重鎭，密之晚年三教合一的主張，或亦與此有關。年六十，辭去寺務，翌年秋，因謀反罪名，於押解入粵途中，自沈於贛江惶恐灘。〔註88〕

〔註88〕此據余英時〈方以智晚節考新證〉，收入《史學與傳統》。

密之著作甚多，然亡佚頗眾，留傳的有《物理小識》、《通雅》、《東西均》、《藥地炮莊》等。他晚年雖寄迹僧院，但學問表現並非釋氏一家所能拘限，且如《藥地炮莊》中，強調莊子因亂世而將眞儒思想托孤於老子之門，恐亦有藉以自喻之意，故本文不以僧人目之，仍將其思想擺在儒家思想的發展之流中加以考量。

（二）思想特色

密之的思想是一種具有創造的綜合體，他是處於國破家亡，內外交困的情況下，以醫者治病的心情，將古今中外的學問當做藥材，集於一爐烹煮之，「且劈古今薪，冷竈自燒煮。」〔註 89〕藉以救治由思想偏頗所引發的各種病痛。

密之的思想所以能表現出偉大的創造性，是因爲他的心態較爲開放，一切權威在他面前都告瓦解，所以受到傳統的意識形態束縛最少。他說：

> 古今以智相積而我生其後，考古所以決今，然不可泥古也。古人有讓後人者。……生今之世，承諸聖之表章，經群英之辯難，我得以坐集千古之智，折中其間，豈不幸乎！〔註 90〕

這是一種「古爲今用」、「今勝於前」的開明見解，基於同樣的開放態度，密之也成爲中國思想史上第一個立足於本土思想，而以批判的態度學習西方學問，希望藉西學壯大本土學術的偉大思想家。而且由於西學的衝擊，使密之的學術成就有了突破傳統的表現。

這種折衷古今中外之智的觀點，密之在《東西均》一書中，將其純粹理論化，他提出「均的哲學」，強調對立面的統一，作爲他整個思想系統的理論基礎。例如他說：

> 明天地而立一切法，貴使人隨；暗天地而泯一切法，貴使人深；合明暗之天地而統一切法，貴使人貫，……究竟統在泯，隨中，泯在隨中。三即一，一即三，恆三恆一。〔註 91〕

「貫」就是統一對立面，使達於均衡調和。《東西均》以「∴」（讀伊）的符號抽象化類似的理念，上一點指均衡調和的狀態，下二點指宇宙對立的現象，透過對立面的統一，才是最高的理想。

〔註 89〕《青原愚者智禪師語錄》，〈示山足斧〉。
〔註 90〕《通雅》，卷首之一，〈考古通說〉。
〔註 91〕《東西均》，〈三徵〉。

「均的哲學」表現在認識論上，密之提出「質測即藏通機」、「合內外、貫一多」〔註 92〕「至虛者即至實者」〔註 93〕的說法，用以調和重心與重物、重內與重外、重虛與重實間的對立，并以之調和朱陸，這種調和論的有效性如何姑且不論，最值得注意的是密之的認識方式，已有擺脫道德觀點，將認識活動純粹化的傾向。他說：

用虛於實，即事顯理，此治心之薪火也。〔註 94〕

又說：

火彌兩間，體物乃見；惟心亦然，體物而節度見焉。〔註 95〕

這是認爲心要與外物接觸才能表現作用，而理不在心中，是即事而顯的。密之既不在道德性的預定目標下主張「即事顯理」，則理只能是物理，心只能是認知心。由是，密之又強調心不離五官，他說：

人所貴者心，而不離五官。〔註 96〕

既強調五官對心的重要性，則心是認知心更不待言。而密之有擺脫道德觀點，將認知活動純粹化的傾向更可肯定。

《均的哲學》表現在宇宙觀上，密之企圖以易理融合統攝各種物理。他說：

聖人通神明，類萬物，藏之于《易》。呼吸圖策，端幾至精，曆、律、醫、占，皆可引觸，學者幾能研極之乎？〔註 97〕

這是認爲《易》裡頭含有宇宙間的各種物理，透過易理的研究，有助於對各種物理的詮釋。

以《易》理融合、統攝宇宙間各種物理，當然是一種夾雜。但若拋開此點不談，密之卻已經表現出一種相當接近經驗科學觀點的宇宙觀。他說：

盈天地間皆物也，人受其中以生，生寓于身，身寓於世。所見所用，無非事也；事一物也。聖人制器利用以安其生，因表裡以治其心。器固物也，心一物也。深而言性命，性命一物也。通觀天地，天地一物也。推而至於不可知，轉以可知者攝之，以費知隱，重玄一實，

〔註 92〕《物理小識》，〈自序〉。

〔註 93〕同上，〈總論〉。

〔註 94〕《通雅》，卷三。

〔註 95〕《藥地炮莊》，〈大宗師評〉。

〔註 96〕《通雅》，卷首之一，〈考古通說〉。

〔註 97〕《物理小識》，〈自序〉。

是物物神神之深幾也。〔註98〕

這是把人類活動所接觸到的對象，甚至人類活動以及人類本身的特質都當作「物」，既然都是物，則必然都含有可以作爲認知對象的物之理，故又云：「物有其故，實考究之，大而元會，小而草木螽蠕，類其性情，徵其好惡，推其常變，是曰質測。」〔註99〕而且，既然都是物，則其間的物理必然是可觸類旁通的，所以不可知的事物，理論上皆可完全由已知者推論出來，宇宙間并沒有眞正玄虛的東西存在，一切都是具體事物的表現，也完全可以用科學認知的態度加以把握。

密之又進一步以「氣」爲「物」的根源，他說：「一切物皆氣所爲也，空皆氣所實也。」〔註100〕如此，「盈天地間皆物也」又可改爲「盈天地間皆氣也。」而與王夫之「凡虛空皆氣也」的主張相倣。但密之對「氣」有特殊的規定，他說：「氣凝爲形，發爲光聲。」〔註101〕則已更偏重由物理的運動現象而言「氣」了。〔註102〕

由上所述，可以看出密之雖然重視折中古今中外之智，強調對立面的統一，要求虛實兼顧，但他強調以實作爲虛的基礎，以「質測」作爲「通幾」基礎的主張，事實上已表現了「藏虛於實」的重實立場，所以他不但有《通雅》與《物理小識》這種「寓通幾於質測」的著作，而且更認爲「核實難，逃虛易。」〔註103〕并以「實」爲標準，批判漢宋諸儒。密之云：

漢儒解經，類多臆說，宋儒惟守宰理，至於考索物理時制，不達其實，半依前人〔註104〕

這是批評漢宋諸儒對「物理時制」等實學所下的工夫太少，所以漢儒解經，流於臆說，而宋儒只能突談倫理治化。

由是，密之更有「藏理學於經學」的主張。他說：

夫子之教，始於《詩》、《書》，終於《禮》、《樂》。《易》統三才萬法，而此中之秩序變化具焉，太枯不能、太濫不切。使人虛掠高玄，豈

〔註98〕《物理小識》，〈自序〉。

〔註99〕同上。

〔註100〕同上，卷一，〈天類〉，〈氣論〉。

〔註101〕同上，〈光論〉。

〔註102〕此義可參見韋政道，《中國思想史》，頁1325。

〔註103〕《物理小識》，卷一，〈天類〉，〈象數理氣徵幾論〉。

〔註104〕《通雅》，卷首之一，〈考古通說〉。

若大泯於薪水，故曰：藏理學於經學。〔註 105〕

這種態度與顧炎武「經學即理學」的主張是一致的。而密之此語是出自逃禪以後，可見他「藏虛於實」的重實立場是始終不變的。

然而，密之的思想最特殊，最有貢獻之處，尤在於他表現了比較純粹的認知態度，而且透過實際工作將知識的領域擴及書本之外，《物理小識》一書包括天文、曆算、氣象、占候、醫藥、飲食、衣服、器用、草木、鳥獸等各門學問，最能代表密之在「質測之學」上的研究成果，經由密之的努力，傳統的格物致知之學遂得以擺脫道德問題的糾纏，走上自然科學之路，表現出最有意義、最具突破性的發展。密之的努力也證明了「道德的歸道德，知識的歸知識」是處理認知問題的過程中，比較合理的態度。

密之在認知問題上突出的表現，固然與他重實學的家風有關，但最重要的因素可能是他接受了西學的啓發，使他在認知問題上的表現超出了傳統的思考模式。

根據張永堂的考證，密之與耶穌會士方濟、湯若望頗有交往，而他閱讀的西書總計有三十種以上，約二百餘卷。其中包括天文曆算學、生物醫學、地理學、音韻學。〔註 106〕可見密之對西學涉獵的程度確實已超出道聽塗說的階段，足以激發他的反省。

在面對西學的態度上，密之偏重於科學技術的學習，對他們的安身立命之學則不以爲然。而且，他對西方的科學技術也不是全盤接受。他說：

萬曆年間，遠西學入，詳於質測，而拙於言通幾。然智士推之，彼之質測，猶未備也。〔註 107〕

由於西學中的質測也不是完美的，因此密之是以證據爲標準，批判地接受西方的科學技術，例如他曾經由觀察實驗，接受天河是小星構成的說法，否定中國傳說中的「天河通河」、「織女訪君平」的寓言，也曾以「光肥影瘦」之理，批判利瑪竇「日大于地百六十餘倍」之說。〔註 108〕

〔註 105〕《青原山志略》，〈凡例〉，「書院條」。

〔註 106〕見〈方以智與西學〉，收入《中國哲學思想論集清代篇》。

〔註 107〕《物理小識》，〈自序〉。密之對「通幾」的解釋是「寂感之蘊，深究其所自來，是曰通幾。」（《物理小識》，〈自序〉）「專言通幾，則所以爲物之至理也，皆以通而通其質也。」（《通雅》，卷首之二）依此，「通幾」指宇宙、人生、物理世界的根本原理。

〔註 108〕有關此一問題的詳細討論，請參考張永堂，〈方以智與西學〉。

此外，密之接受西學的目的是「借遠西爲郯子，申禹周之矩積。」〔註 109〕可見他認爲中國自有本身的科學傳統，吸收西學的目的，在於發揚中國固有的科學。

密之涉獵西學的程度雖頗深入，但由他面對西學的態度看來，西學在他整個思想體系中，卻仍只居於輔助的地位，且是接受批評的對象，那麼本文何以特別看重西學的啓發對密之在認知問題上有突出表現的貢獻？對於此一疑問，我們可以追問：一、密之儘管認爲中國有自己的科學傳統，但此一科學傳統何以僅能由「借遠西爲郯子」的密之發現，而不爲其他的傳統儒者所發現？二、密之認爲西方的質測之學仍不完備，但他驗證西學眞僞的方法何以不是由傳統中得來，而是由西學所提供？三、何以接受西學薰陶的密之與同時代的傳統思想家比較起來，在認知問題上的表現最爲突出？由此可知，本文以密之在認知問題上的突出表現歸功於西學是合情合理的。

由密之在認知問題上的突破成就，與同時代開明的傳統儒者仍不免陷入尊經尊古的窠臼作一對比，我們更能看清傳統儒學本身的侷限，也更能體會西學對傳統儒學邁向現代化的可能貢獻。此外，密之面對西學的理性態度，也仍然有値得我們學習的地方。

二、唐　甄

唐甄，字鑄萬，別號圃亭，四川達州人，生於明崇禎三年（1630），卒於清康熙四十三年（1704）。著有《潛書》九十七篇，分上下兩編，下編言政治，爲早年作品，上編言學術，爲晚年作品。

唐甄曾任長子縣知縣十個月，因與長官意見不合去職。他說：「吾爲貧而仕，爲知縣十月而革爲民。吾猶是市裏山谷之民也，不敢與士大夫論尊卑也。」〔註 110〕并認爲當今之世，士亦實在不可爲。〔註 111〕唐甄此一自覺，値得特別留意，因爲他著意脫離士大夫立場的自覺，使自己能站在更寬廣的基礎上，思索複雜的社會、政治問題，并達到獨特的成就。以下略述其思想特色：

（一）否定君臣之倫

由於意證到要與政治劃清界限，鑄萬對政治上的倫理——君臣之倫——

〔註 109〕《物理小識》，〈總論〉。
〔註 110〕《潛書》，〈守賤〉。
〔註 111〕同上，〈食難〉。

也不再迷戀。他說：「自古有五倫，我獨闕其一焉……君臣之倫不達於我也。」〔註 112〕君尊臣卑的倫理既不是必然的，天子的專貴已失去合理性，故鑄萬又云：「天子之尊，非天帝大神也，皆人也。」〔註 113〕「接賤士如見公卿，臨匹夫如對上帝，禮之實也。」〔註 114〕擺脫了君尊臣卑的倫理教條，人的地位自然應該是平等的。而且這種平等也志包括實質享受的平等，故鑄萬云：「雖貴爲天子，富有四海，存心如赤子，處身如農夫，殿陛如田舍，衣食如貧士，海內如室家。」〔註 115〕

（二）否定君主專制政體

鑄萬認爲君主專制的政體下，帝王是殺人的凶手、奪民財富的強盜，〔註 116〕也是「虐政亟行，厚歛日加」〔註 117〕的罪惡之源，所以他下結論說：「自秦以來，凡爲帝王者，皆賊也。」〔註 118〕認爲把這些帝王處決，尚不足以抵其血債。他說：「若上帝使我治殺人之獄，我則有以處之矣。有天下者無故而殺人，雖百其身不足以抵其殺一人之罪。」〔註 119〕

鑄萬此一接近全面否定君主專制政體的主張是相當激越的。在無可奈何的情況下，他期待此一亂世能趕快結束，他說：

> 治啓于黃帝，二千餘歲至于秦而大亂，亂啓于秦，至于今亦幾去黃帝之年矣，或將復乎！〔註 120〕

當然，由於歷史環境的限制，鑄萬對結束君主專制的方案，仍無法找到。

（三）尊經與復古情結的消失

尊經與復古是正統儒者很難擺脫的意識形態，因爲經書正是士大夫藉以自別於平民大眾的神聖象徵。鑄萬既游離於士大夫集團之外，對經書的崇拜情結遂亦自然消失。如《潛書》即罕引六經之文，卻多作者別出心裁之論，故潘耒爲之作序，已標出其「獨抒己見，無所蹈襲」的特色。此外，如鑄萬

〔註 112〕同上，〈守賤〉。
〔註 113〕同上，〈抑尊〉。
〔註 114〕同上，〈善施〉。
〔註 115〕同上，〈尚治〉。
〔註 116〕同上，〈室語〉。
〔註 117〕同上，〈原本〉。
〔註 118〕同上，〈室語〉。
〔註 119〕同上。
〔註 120〕同上，〈尚治〉。

主張「于《詩》《書》之旨，如聽家人之言，閭巷之語。」并認爲「夫心之不明，性之不見，是吾憂也；《五經》之未通，非吾憂也。」〔註 121〕俱可見其反對特別崇拜經書的見解。

經書的權威既遭否定，與此有關的復古情結也告消失，鑄萬云：「聖賢之言，因時而變，所以救其失也，不模古而行，所以致其眞也。」〔註 122〕因此，他反對厚古薄今之說，謂「今人猶古之人也」，今之學猶古之學也。〔註 123〕盲目的崇古狂熱，鑄萬是不屑爲之的。

（四）藏富於民的經濟理想

鑄萬反對政治勢力對人民財富的剝削，認爲藏富於民是立國的根本。他說：

> 立國之道無他，惟在於富，自古未有國貧而可以爲國者。夫富在編户，不在府庫。若編户空虛，雖府庫之財積如丘山，實爲貧國，不可以爲國矣。〔註 124〕

這是站在平民大眾立場發言的經濟理想。所謂編戶之民包括農民、手工業者與商人，值得注意的是鑄萬特別注意到歷年來經常被忽視的商賈的地位，而以農賈并列，如言「農安於田，賈安於市，財用足，禮義興。」〔註 125〕此外，他亦反對以易聚之銀爲貨幣，導致財務聚於上，妨害經濟流通，主張「廢銀而用錢。」〔註 126〕凡此，皆反映了當時商業活動的興起，如鑄萬本人即曾行賈於吳市。

不管是否定君臣之倫、否定君主專制政體、尊經與復古情結的消失、或藏富於民的經濟理想，都表現了鑄萬思想的開明性與平民性，而且在這些主張中，開明性與平民性恰好是分不開的。可見鑄萬自覺要脫離士大夫集團的背景，就是他的思想所以能表現出開明性與平民性的最大動力，鑄萬在思想上的此種表現，值得我們特別留意。

三、朱之瑜

朱之瑜，字魯璵，號舜水，浙江餘姚人，生於明萬曆二十八年（1600），

〔註 121〕同上，〈五經〉。
〔註 122〕同上，〈辨儒〉。
〔註 123〕同上，〈居心〉。
〔註 124〕同上，〈存言〉。
〔註 125〕同上，〈善施〉。
〔註 126〕同上，〈更幣〉。

卒於清康熙二十一年（1682），享年八十三，他在滿清入侵的戰爭中，曾力圖恢復，後見事不可爲，乃亡命海外，徐圖恢復，五十八歲時，一度流寓安南，六十一歲後，定居日本，以其道德學問，備受日本朝野禮遇，對日本文化頗有影響。

舜水是一位重視實務的學者，他對現實問題的觀察極其敏銳，例如他詳析明亡的原因，云：

> 崇禎末年，縉紳惡貫滿盈，百姓痛入骨髓，莫不有時日曷喪，及汝偕亡之心。故流賊至而內外響應。逆虜入而迎刃破竹。〔註 127〕

以統治階層的惡貫滿盈解釋明朝的必亡之勢，已經看清了問題的核心，歷史上每個朝代的覆亡，不都是肇因於此？

舜水的學術，要以能否合於世用爲宗旨，所謂「巨儒鴻士者，經邦弘化，康濟艱難者也。」〔註 128〕在此一標準之下，他不但不喜「道學」之辨析毫釐，〔註 129〕拒絕與問學者商討理學的內部的門戶之爭，〔註 130〕而且也反對「視聖人太高，而求聖人太精」，將儒家學問導入捕風捉影的「高遠玄虛之故習」，忘却孔子所教導的「日用之能事，下學之工夫。」〔註 131〕

由是，舜水遂將一切微妙的道理平常化，使其「明明白白，平平常常」，讓大家都能學習。他說：

> 先儒將現前道理，每每說向極微極妙處，固是精細工夫。不佞舉極難重事，一概都說到明明白白，平平常常。……末世已不知聖人之道，而偶有向學之機，又與之辨析精微，以逆析之，使智者詆爲芻狗，而不肖者望若登天。〔註 132〕

將道理一概說到明明白白、平平常常，并不代表理想的沈淪。舜水云：「君臣父子夫婦兄弟朋友之間，平平常常做去，自有一段油然發生手舞足蹈之妙。豈有君臣父子夫婦昆弟朋友之道，而與濂洛關閩之學有異焉者？」在舜水心目中，平實的道理，不但切合實用，而且其中尚孕育著高妙的一面，是不容我們忽視的。基於這個認識，舜水對安東守約說：「不佞之學，木豆瓦登，布

〔註 127〕《舜水遺書》，〈陽九述略〉，〈致虜之繇〉。
〔註 128〕同上，〈文集〉，卷十五，〈答問三〉。
〔註 129〕同上，卷九，〈與安東守約〉。
〔註 130〕同上，卷六，〈答某書〉。
〔註 131〕　　同上，卷十八，〈勿齋記〉。
〔註 132〕同上，卷九，〈答安東守約〉。

帛菽粟而已。」〔註 133〕

舜水爲學既重視實用與平實，因此他絕不輕視技藝的價值。他不旦精通禮樂刑政，對農圃梓匠的事情與衣冠器用的製作也有實際的研究，曾經親手設計學宮圖，并督導梓人施工，水戶侯源光國後樂園的石橋及舊水戶藩弘道館也是他製圖設計，督導完成的。

當然，儒學的修身傳統舜水是不會遺忘的，他也講誠、講敬，并且重視禮教，可見他仍是一位持身謹嚴的學者。而且我們也知道，舜水所講的誠、敬，絕對不會落入理學的窠臼，導入捕風捉影的「高遠玄習之故習」，而必以「有用」爲依歸，就如同他爲理學大師程明道作贊語，并不以其理學成就爲高，而特別標示出明道之學「有用」與「不阿」的貢獻。他說：「學貴有用，先生之學則有用。學貴不阿，先生之學則不阿。」〔註 134〕

綜上所述，舜水爲學以合於世用爲宗旨，要求學問能「經邦弘化，康濟艱難。」可見他雖然寄居異域，但經世的弘願與中土的一流思想家并無二致。此外，他反對「視聖人太高，而求聖人太精」，故爲學力求平實，期能由粗見精，此種精神不但已脫去宋明儒的細緻氣，表現出原始儒家磅礡的朝氣，而且帶有平民化、民間化的實踐色彩，使人覺得相當親切。舜水雖然不是理論家，不喜歡缺乏實用價值的理論體系，但他的學問却能吸引很多日本人，這或許與此種親切有味昀民間化色彩有關。

明清之際的著名儒者，除以上所述及的黃宗義、陳確、顧炎武、王夫之、顏元、方以智、唐甄、朱之瑜諸人外，爲數尚多，但論其思想的創造性，皆遠不及上述諸人，故不復一一述之，而本文上編分論之部，亦至此結束。

〔註 133〕同上，卷六，〈答某書〉。
〔註 134〕同上，卷二十五，〈題程明道像〉。

第六章　綜　論

第一節　明清之際儒家思想的新趨向

經由以上諸章的討論，可知明清之際的儒學運動，是一個在廣度、深度上都呈現出劃時代變化的運動，以下本文將歸納這些思想的變化情形，並進而探討他們的意義。

一、主導的觀念——經世致用

澤及萬民的經世之業雖是儒者的共同理想，但是像明清之際諸大儒將「經世致用」的觀念擺在最高的地位，而且以「經世致用」作為學問的核心，一切思想行為都環繞此一核心觀念而展開的情形却不多見。

梨洲認為儒者之學是經緯天地的經世之學，他特別留意經史，以及修正陽明、蕺山的說法，重建獨特的心學體系，用以收攝經世之學，都是此一經世精神的展現；而《明夷待訪錄》一書，更是他的經世精神落實後，最具代表性的作品。

亭林曾自述君子為學的目的是「明道」、「救世」，是「知天下之勢之何以流極而至於此，則思起而有以救之。」他的《日知錄》、《天下郡國利病書》等著作，都是經世的著作，而他批評心性之學，以及提出博學於文、行己有恥、地方分權等主張，也是明道救世的經世理想的表現。

船山不但強調以史學研究作為經致用的參考，并且有《讀通鑑論》、《宋論》、《黃書》、《噩夢》等寄託經世理想的著作。此外，他深契橫渠「本末一貫」的義理方向，企圖扭轉一般宋明儒偏於立本、偏於向內反省的工夫，并發出「六經責我開生面」的悲情宏願，也都是經世精神的表現。

習齋更將經世致用的精神推到極致，完全以「用」作爲衡定事物價値的標準，他以此標準批判宋明儒，以及由此逼出「習」的觀念作爲整個思想的核心，可以看出經世致用的觀念在習齋身上已趨向極端化了。

此外，如方密之強調「考古決今」，并且想將古今中外的學問當作藥材，集於一爐而烹煮，藉以救治由思想偏頗所引發的各種病痛；唐鑄萬自覺站在平民大眾立場發言，爲下層人民爭取權益；朱舜水認爲儒者的職責是「經邦鴻化，康濟艱難」，都明顯表現出他們經世致用的立場。

由上可知，「經世致用」無疑是明清之際儒家思想中最核心的觀念，諸大儒就在此一觀念主導下，創造出繁茂多姿的思想新潮。

二、批判宋明理學及其意義

就思想史的發展而言，宋明理學最引人注目的成就當是他們在心性領域的表現，而且這種表現有愈辨愈精微，愈逼愈向裡的趨勢，但這種用心於內以成就人格修養的學風，到了明清之際已徹底轉變，宋明理學——尤其是王學——遭到嚴厲的批判，用心於內的工夫幾乎已成爲時代的禁忌。

明清之際諸大儒批評宋明心性之學的重點有二：第一是他們認爲「用心於內」的心性工夫近禪。這種批評雖然主要針對陽明學派而發，例如顧、王、顏諸儒無一不以王學近禪，即使最崇拜陽明的黃宗羲，也不免懷疑「四句教」的「無善無惡是心之體」近於「釋氏之說」；而在另一方面，這種批評有時也波及朱子，例如船山即認爲朱子「一旦豁然貫通」的說法，類於釋氏「以頓滅爲悟」；習齋認爲宋儒「集漢晉釋老之大成」；甚至尊朱的亭林也認爲朱子《中庸章句》的「傳心」之說，「是借用釋氏之言，不無可酌。」

第二，諸大儒認爲心性之學是一種逃避現實、不能成就事功的空虛茫昧之學。這類的批評以亭林、習齋最激烈，亭林並且於激烈批評心性之學空虛茫昧後，逕把明朝之亡，歸罪於心性學者；習齋則於挖苦自負爲聖賢的宋儒「無用」的醜態後，極力批判宋儒爲害最大的幾個核心作爲與觀念。此外，船山對宋儒偏於立本、偏於向內反省的方向相當不滿；梨洲亦反對專以理學成家，「析之者愈精，而逃之者愈巧」，導致「天崩地解，落然無與吾事」的後果；而舜水更不喜「道學」辨析毫釐，將儒家學問導入「高遠玄虛之故習」，於是他將一切微妙的道理平常化，以求「明明白白，平平常常」，讓大家都能學習。

由上可知，批判宋明理學與提倡經世致用之學其實是一體的兩面，因爲不管是批評「用心於內」的心性工夫近禪，或批評它空虛茫昧、不能成就事功，都是在「致用」的觀點對照下而有的說法。諸大儒既嚴厲批評宋明理學用心於內的缺失，學問的傾向自然由「內」轉而向「外」，由「本」趨而向「末」，由「體」進而求「用」，而且縱使他們仍重視道德實踐，但默坐澄心以求證本體的內聖工夫已被平實的「下學上達」工夫取代了。亭林將「性」、「天道」、「良知」落實在人倫日用之間，并提出「博學於文」、「行己有恥」的平實口號，作爲「聖人之道」的內容；船山將宋明儒偏於向內反省的學風扭轉到本末一貫的義理方向上；習齋想透過動態的身習實踐，把握最具實用價值的堯舜周孔之學；梨洲認爲我們不能在純粹的內省活動中把握心體，而是要透過不斷地創造，在社會、歷史、文化的創造中把握心體，使本來最易互相疏離的心學與經世之學結合在一起。凡此，都可看出諸大儒重建思想系統以對治宋明理學缺失的苦心。

此外，尙有一件學術史的眞相須加以澄清，即當時程朱與陸王間的對立並不如一般學者所認爲的那麼嚴重。例如反王學最激烈的顧炎武雖然推尊朱子，但他對言心言性的朱子却無法認同，所以他所推尊的，只是能於經學上繼往開來，且能發揮王道的朱子。又如黃宗羲雖是王學的代表人物，但他乃推尊與他心性學立場完全不同的朱子。〔註 1〕可見他們對於追究宋明儒是否「用心於內」，似乎遠比辨析程朱陸王間的理學立場的歧異還要關心，因此過度強調明清之際的程朱陸王之爭，并將清代考證學的興起歸因於此，是值得商榷的。〔註 2〕

諸大儒對宋明理學的批判，雖不免有過激之言，但我們若不把這些主張當作解決問題的全部答案，而僅當作問題的提出，却可藉此反省一些有意義的問題，例如：

一、宋儒爲挽救「儒門淡薄，收拾不住」的危局，傾全力於心性工夫的開發以對抗佛教，而且這方面的理論與工夫愈來愈細密，成爲理學家學問的

〔註 1〕請參見本論文第三章第三節，以及第二章第二節。

〔註 2〕見余英時，〈從宋明儒學的發展論清代思想史〉，《歷史與思想》，頁 87～119。此一問題，後文尚有詳論。

重心。但以這種方式與釋氏爭短長，雖說入室操戈，收效最易，我們却不禁要問：它能否明確顯示儒家人文化成與外王經世的方向？它是否反而會墮入佛教趨靜趨寂的學風而不自知？明清之際諸大儒批評「用心於內」的心性工夫近禪，正顯示他們在這方面的疑慮。

二、儒學是一種淑世的學問，它雖然強調成德之教，強調內聖的重要，但內聖是爲了外王，修已是爲了治人，從沒有任何一家一派公然放棄內聖外王、修己治人的理想，這點連最講究心性工夫的理學家也不例外，所以儒者的終極理想是外王經世之業應是無可置疑的。然而，外王經世之業雖是儒者的終極理想，但理學家用力最勤的心性工夫是否能有效支持這個經世理想？或者細密謹嚴的心性工夫竟是外王事業的牽累？他們似乎從未反省到這個問題，甚至認爲心性工夫到家，外王經世之功便垂手可得，於是心性工夫的功效遂有被過度誇大的傾向，他們的經世目標雖未曾改變，但經世的內容已被壓縮，甚至被心性工夫取代了。〔註 3〕

尤有進者，由於心性工夫本身是一個無止盡的向內追求的歷程，是時時刻刻必須念茲在茲的嚴格修鍊，由此鑽研進去，勢必使人們的全幅精力耗盡於此，使人皓首於心性之間，銷磨開創人間功業的豪情壯志。而歷史的事實恰可證明存在於心性工夫與經世之業間的矛盾，例如宋代儒學轉入隱微的心性之際，已是儒者的經世之業遭受重重挫折之後，而黃宗羲在《明儒學案》「凡例」所說的「嘗謂有明文章事功皆不及前代，獨於理學，前代之所不及也。」更足以發人深省——理學成就最輝煌的時期竟是文章事功最晦暗的時期。可見表面上內聖的目標雖仍在外王，但心性工夫最後却難免變成理學家自我慰藉的宗教，他們會自足於封閉的心性工夫，以爲「道」就在此心之中，藉以超脫無力獻身於外王事業的壓力，但如此一來，外王事功更無處尋覓了。

由此可知，就儒者的理想而言，內聖外王雖可並行不悖，而且內聖是外王的預備，但落在現實上，內聖工夫過度膨脹後，非但不能有效支持經世理想，反而會壓縮其他領域的活動，最後變成外王事業的牽累。宋明儒者中，固然有少數豪傑之士仍表現出旺盛的生命力與輝煌的事功，但這只能歸功於他們超人一等的稟賦，而與理學成就無關。就整體而言，理學家所表現的生命力與經世熱力皆較爲衰頹是不容諱言的。

基於以上的體認，我們可以看出明清之際諸儒批評理學家空虛茫昧、逃

〔註 3〕請參見本論文第五章，第一節。

避現實，不能成就事功的重大意義。

三、經過徹底的批判後，我們對宋明理學的價值反而有更清楚的認識，這不僅是因爲宋明理學的弊病已被徹底挖掘出來，有助我們的了解，更因爲一個學說的偏失之處，往往就是它立論最精彩之處，透過正反兩面的考察，將可使我們對宋明理學有更接近全面性的了解。

三、尊崇經史之學及其意義

在經世致用的目標主導下，明清之際諸儒更有極度尊崇經學的傾向，他們認爲經術可以經世，且經學可用以取代辨析精微，却「逃之者愈巧」的理學。

由「經世致用」一轉而爲「通經致用」，并企圖以經學取代理學的主張，顧亭林是最典型的代表。他認爲「博學於文」是撥亂反正的「聖人之道」，但落到具體工作上，却認爲通經足以洞察天下之事，解決政治社會問題，而不免以經書爲「博學」的主要對象，於是所謂「博學於文」遂落實在「通經致用」上。另外，亭林「理學之名，自宋人始有之，古之所謂理學，經學也」的主張，經全祖望概括爲「經學即理學」的口號後，更有力刻劃出他想以經學取代理學的意向。

同樣的情形也表現在其他諸儒身上，例如梨洲一方面批判「以語錄爲究竟」的心性之學，另一方面又認爲「經術所以經世。」船山一方面以「六經責我開生面」自許，希望透過對經書的反省，我尋解決時代問題的靈感，另一方面對一般宋明儒偏於向內反省的趨向也相當不滿。甚至極力批判宋儒，并反對讀書著書的習齋，也以《尙書》、《周禮》中的六府、三事、六德、六行、六藝之學爲最具實用價值的學問。茲不復贅。

這種極度尊崇經書，深信能從經書中找到經世法門的思想，在現代人眼中是不可思議的，而且這種過度尊經的行爲，確實已對經世的理想構成了嚴重的傷害。但我們若從另一個角度看這個現象，可以發現這正是一種「人文實用主義」（humanistic pragmatism）的表現，代表一種企圖將實用價值與文化價值加以結合的理想，因爲經典是中國文化的根源，是形塑國人人格的範典，而且它本身就具有濃厚的人文與倫理氣息，所以強調在經學中尋找經世致用的法門，就是堅持在追求「致用」的過程中，不淪爲寡頭的功利主義，而企圖保有經書所代表的傳統價值系統的心態。諸大儒在尋求時代的出路時，相當重視文化問題的反省；在對歷史興衰作責任追究時，往往高估思想文化所扮演的角色，就是此一心態的反映。

除了經學地位特別膨脹外，由於同樣的「致用」要求，史學在明清之際也頗受重視，而且在減輕經學權威對諸大儒的思想束縛上，史學更發揮了積極的作用。因爲比起經學來，史學無疑更能達到求眞、求實的要求，如果以「即事求理」與「立理限事」這一對對比的觀念來形容史學與經學的精神，史學就是「即事求理」，而經學則是「立理限事」，所以若能以客觀的態度從史學吸取經驗、教訓，將有助學者從經學的束縛中解放出來，以開放的心靈面對時代的挑戰。例如在顧、黃、王三大儒中，梨洲的表現最開明，船山的表現最封閉，而造成此一不同心態的原因，可以在他們面對史學的態度上找到部份解釋。梨洲是三人中唯一自覺到要以史學來沖淡經學毒素的人，他認爲光是讀經難免食古不化，流於迂腐，所以要求學者必兼讀史，尤其是讀近代當身之史，才足以應務。這一自覺，對於超脫經學的束縛，培養開放的心胸，無疑是大有助益的。至於船山在史學上投注的心力雖不下於梨洲，但我們若翻開《讀通鑑論》或《宋論》，就可瞭解他何以不能在史學研究中培養像梨洲般的開放心態，因爲船山的史論基本上較接近歷史哲學，這只是船山藉著歷史表達他自己的哲學理念，所以這種史學研究方式，對於培養開放的心靈，效果是要大打折扣的。

四、重氣重器的宇宙觀及其意義

明清之際儒學的宇宙觀，主要透過對理氣、道器諸問題的探討表現出來，基本上，他們不把「理」或「道」視爲超越「氣」或「器」的形上根據，而一致表現出重氣、重器的立場，此一立場表現了明清之際的儒學由「觀念論」（Idealism）趨向「實在論」（Realism）的走向。

黃梨洲認爲理、氣并不是兩樣東西，而是同一事物的兩種不同面相，「蓋一物而兩名，非兩物而一體。」因此他反對氣必馭於理，使氣淪爲死物；也反對理在氣先，淪於離氣求理的空虛立場。他主張「理爲氣之理」、「無氣則無理」，並進而主張天地間只有一氣，理只是氣之自爲主宰，而表現出氣一元論的立場。梨洲此一重氣的觀點，實反映出他的學術立場的某些特色，因爲氣是宇宙間萬殊的表現，強調氣的地位，即強調宇宙萬殊的價值，這與他重實踐、重學術的萬殊表現、重經史實學，反對求索本體、反對學術之出於一途、反對「天崩地解，落然無與吾事」，以流於恍忽空疏之病的主張正相呼應。

顧亭林的形上學興趣雖然不濃，但也有關於理氣、道器問題的主張。他論氣時，認爲「盈天地之間者氣也。」論器時，認爲「非器則道無所寓。」而且亭林又以「非器則道無所寓」的主張，與孔子的「下學而上達」相比附，則「形下之器」乃指「下學」而言，「形上之道」乃指「上達」而言。我們可以說，亭林重氣、重器的理論，是他重視客觀事業，重視「下學」之立場的反應。

王船山的宇宙論規模最爲宏大，在道器的問題上，他首先肯定形器的地位，以肯定現實存在的眞實性。雖然他有時持「器先於道」，有時持「道與器不相離」的立場，但他首出形器的地位，反對「道」獨立於「器」之上的立場從無二致。所以他反對略去形器，向形上作無窮的追索，并站在以形器爲根本的立場上，一面批判老釋虛無寂滅之道，一面將理學家重立本、輕功用的偏向，扭轉到「治器不治道。」「踐其下，非踐其上。」之重實踐、重客觀世界的方向上。

在對宇宙本體的詮釋上，船山認爲宇宙間充滿的盡是實有之氣，常人所謂的「虛空」，也只是「氣」希微不形，隱而不可見而已，其實「凡虛空皆氣也。」而且，氣是永恆的，只有聚散，而無生滅。船山就站在肯認氣的實有性與永恆性的立場上，一面批判釋老幻滅虛無的宇宙觀，一面反省傳統儒者不能先行肯定實有與永恆的氣，以肯認客觀世界的價值，終會導致如陽明視「事物倫理，一從意見橫生。」或朱子「萬一山河大地都陷了，畢竟理卻只在這裡」那種類似釋氏「滅盡無餘」的結論。此外，船山的「氣」并不只是物質性的存在，它同時也是含有道德意義的價值存在，「氣」未嘗動時，固已經含藏了無限的價值，「是萬物資始，各正性命，保合太和底物事。」當它發用後，更即是價值創造的實現，「氣充滿於天地之間，即仁義充滿於天地之間。」總之，船山的「氣」既是繁富萬有之宇宙的本體，亦是充滿道德價值之宇宙的本體，「氣」所展現的形色世界即爲充滿道德價值的世界。我們由此可以看出船山企圖將道德價值賦予繁富萬有的形色世界，以結合形色世界與價值世界的苦心。

另外，船山又由「陰陽渾合」以言太極，以既對立又互相滲透的陰陽二氣之摩盪、交感，說明作爲宇宙本體的太極（即氣體）是孕育無限生機的神化不息之本體，并由此說明宇宙間只有「動」是絕對的，沒有「廢然之靜」，船山就站在此一健動的發展觀上，暢發宇宙人生富有日新的理念，肯認繁茂多姿的天地萬物的價值。「乾坤并建」則在於說明渾然氣體的流行中，含有創生不已的德能與順成萬物、普載無遺的德能，其義旨與陰陽渾合相通。

方密之更有「盈天地間皆物也」的主張，認爲宇宙間沒有眞正玄虛的東西存在，一切都是具體事物的表現，也完全可以用科學認知的態度加以把握，表現出一種相當接近經驗科學觀點的宇宙觀。另外，密之又以「氣」爲「物」的根源，他說：「一切物皆氣所爲也，空皆氣所實也。」并且對「氣」有特殊規定，認爲「氣凝爲形，發爲聲光」，則已更偏重由物理的運動現象而言「氣」了。

以上本文分別檢討了梨洲、亭林、船山、密之等人的宇宙觀，發現他們在突出「器」與「氣」的地位，反對「理」存在於「氣」或「萬物」之外的反觀念論（Idealism）立場上，觀點是一致的。這種宇宙觀反映了明清之際的儒者對宇宙間的具體對象的重視，對現實存在的眞實性的肯定，表現出他們的心思已由玄虛的「理」世界落實到具體的形色世界或事物世界。而且，「氣」本身就代表生機洋溢的力量，因此，重氣的宇宙觀必然也是健動的宇宙觀，這又代表當時諸儒對「動的世界」的嚮往。透過此一對宇宙作的根源性解釋，重實踐、重客觀知識、重客觀事業等觀念都找到了堅固的理論基礎。

五、重工夫重氣質人欲的人性論及其意義

明清之際儒學的人性論有兩個特色，一是主張由人生實踐或工夫見性，一是主張人欲即天理，并強調氣質是善。

在主張由人生實踐或工夫見性方面，黃梨洲認爲沒有一個隔離的心體可作爲想像測度的對象，他說：「無工夫而言本體，只是想像卜度而已，非其本體也。」而他所謂的「心無本體，工夫所至，即其本體。」在有關德性的意義上，也是站在工夫優位的立場，反對懸空求索心體。

陳乾初則認爲人性之善見於「擴充盡才」之後，反對「求此本體於父母未生之前」，這代表他唾棄空口言性，重視在現實生命中的遷過改善工夫，以及提倡實踐以免墮於恍忽空虛之病的篤實作風。

顧亭林強烈批判「矯之以歸於內」的心性學，但他重視「下學」的主張，卻在無意中成就了另一型態的心性之學，他認爲性與天道并不在玄妙之鄉，而是在人倫日用之間，在文行忠信、尊王攘夷、誅亂臣賊子之上，亦即性與

天道就在人生中、在經驗中，在實踐中，除此別無超越的性與天道。他直接標出實踐性很強的口號——「行己有恥」——就是認爲道德實踐應從切實的人倫日用入手，若高談微妙的心性問題，就會脫離立足於人生之上的實踐性，變爲玄虛的觀念遊戲。

王船山「命日降，性日生」與「習與性成」之說，則是反對視人性爲一成不變的觀點，反對空泛地推測人性之善惡，認爲人性是透過實踐所發展而成的，如何實踐，就塑造成如何的人性。而且「習」不外是視、聽、思等日常生活的實踐，於是形上的性與天命遂化爲日常人生動態的實踐過程。

顏習齋更認爲人不做事則易胡思亂想，「治心」最好的辦法是「時習力行」，使心有所寄託而不妄動，這種透過身體勞動與對事情的投注，消弭心中邪念的主張，相當具有見識，它突出了勞力的價值，使勞力者可以驕傲地面對勞心者，而且在心性學已乏人問津，人人必須全副精力投入事業的現代社會中，這種投入事業即可成就德行的主張，無疑最具有現代意義。此外，習齋不論是主張身習禮樂射御書數以保其性而免於惡，或是他有名的「習恭」之說，都著重外在的動態的修養工夫，這種由外而內，由身及心的「束身以歛心」的修養論，與理學家「養心以範身」的工夫進路恰是明顯的對比。

在主張人欲即天理，或強調氣質是善方面，黃梨洲認爲「盈天地之間，止有氣質之性，更無義理之性。」亦即義理之性就在氣質之性中。他并且認爲惡的產生，是由於「氣」在流行的過程中，由於欲動情勝，產生了「過」或「不及」的現象所造成，氣本身是不可稱爲惡的。此外，陳乾初主張「天理正從人欲中見」，雖然梨洲起初因語言的糾葛而不能認同，但乾初要人重視現實生命，重視發用後的工夫，腳踏實地作道德實踐，而不憑空想個「天理」的態度，與梨洲并無兩樣，所以梨洲最後終能加以包容、欣賞。

王船山嚴厲批評不能正視人欲的佛老，也反對宋明理學家天理與人欲對立的觀點，認爲天理即在人欲中，「終不離人而別有天，終不離欲而別有理。」他也由人、物的形埒、方體的存在，來說明命與性的存在，表現出對形質生命的重視。此外，船山更站在社會公益的觀點，謂「吾懼夫薄于欲者之亦薄于理，薄于以身受天下者之薄于以身任天下。」這個由權利義務觀念看理欲問題，認爲不重權利者往往亦不重義務的觀點，已明顯脫出道德性的詮釋，接觸到社會的需求了。而此一重人欲的觀點，也在一定程度上表現出肯定平民生活權利的理想。

顏習齋相當反對理學家以氣質之性爲被治對象，那種傾向於以氣質之性爲惡的說法，所以他反對把義理之性與氣質之性對立起來，認爲「非氣質無以爲性，非氣質無以見性。」「人之性命氣質，雖各有差等，而俱是此善，氣質正性命之作用，而不可謂有惡。」由是，習齋遂將「惡」完全歸之於後天的「引蔽習染」，而不歸之於氣質本身的負面作用，謂「不惟有生之初不可謂氣質有惡，即習染凶極之餘，亦不可謂氣質有惡也。」習齋這種極端尊貴氣質的主張，一方面反映出他對變化氣質之說，導致對個人生命才情的壓抑深表反感；另一方面則反映出他重視生命才情的顯揚，重視氣質之性積極創造人生價值的功能。

由上所述，在人性論上，明清之際的儒者幾乎一致反對用心於內，以求索人性於玄妙之鄉，或空泛地推測人性的善惡；他們把人性視爲一發展的過程，於是人性遂呈現在實踐中、工夫中。另外，在理欲問題上，他們也扭轉了天理人欲對立的觀點，認爲天理即在人欲中；在對氣質之性的了解上，他們則強調氣質是善，反對將「惡」歸之於氣質本身。凡此，都反映了明清之際的儒者對自我境界的超越面已不感興趣，他們關心的對象已轉向平實的道德實踐，以及由血肉的現實生命所表現的整體的人生活動。換言之，明清之際的儒學已徹底擺脫佛教的禁慾、用心於內、追求超越等方面的影響，表現出俗化（secularization），或者由「觀念論」轉變爲「實在論」的傾向。

六、正視知識問題及其意義

相對於傳統儒學而言，明清之際的儒者對知識問題的重要性更能正視，而他們對知識問題的重視主要表現在三方面：一爲初步的知識理論的建立，二爲對客觀知識的重視，三爲強調聞見之知對德性之知的作用。

在知識理論的建立上，最有成就的是王船山與方密之。船山認爲客觀對象是獨立於人主觀之外的存在，人類感官知覺所能達到的只是事物的表象，而不是事物的本體；認識活動的成立是感官作用、心的思惟作用、以及客觀對象三者間的統合。

密之認爲心要與外物接觸才能發揮作用，而理不在心中，是即事而顯的，并且說：「器固物也，心一物也。深而言性命，性命一物也。通觀天地，天地一物也。推而至於不可知，轉以可知者攝之。」他把人類活動所接觸到的對象，甚至人類活動本身的特質都當作「物」，既然都是物，則必然都含有可以作爲認知對象的「物之理」，所以密之講格物就特別強調「物之理」的重要性，謂「此中之秩序條理，本自現成，特因幾物而顯耳，格物之則即天之則，即心之則……若空窮其心，則倏忽如幻。」〔註 4〕這是認爲眞正的「格物」是透過心的認知作用，使物的秩序條理彰顯出來，這才是正確的認識。密之此種知識理論配合他在質測之學上的努力，爲傳統格物致知之學與近代經驗科學的結合開出了一條道路。

對於客觀知識的重視，更是明清之際儒者的普徧特色，如黃梨洲反對明人「襲語錄之糟粕」的講學方式，反對理學家將學問割裂，「析之者愈精，而逃之者愈巧」，失掉博大廣濶的學術基礎，所以他認爲「讀書不多，無以證斯理之變化」，鼓勵人多方面求取知識。

顧亭林「博學於文」的口號，更明確顯示出他對知識的重視，因爲亭林的「博學於文」并不侷限於書本知識，「自身而至於家國天下，制之爲度數，發之爲音容，莫非文也。」而且他將「博學於文」與「行己有恥」對立而言，更在無形中承認了「博學於文」獨立於道德的地位。惟亭林的「博學於文」雖企圖囊括身家天下的各種問題，但落到具體工作上，卻仍不免以經書爲主要對象，於是所謂「博學於文」遂落實在「通經致用」上，這是相當可惜的。

王船山對知識的價值也相當強調，他說：「見聞不足以累其心，且爲護心之助。」又說：「多聞而擇，多見而識，乃以啓發其心思而會歸於一，又非徒恃存神而置格物窮理之學也。」凡此，都表現了他對聞見之知的正面價值的強調。

方密之主張「坐集千古之智，折中其間。」并且強調以「質測」作爲「通幾」的基礎，表現出他對知識的熱切追求。此外，他對西學中的科學技術涉獵極廣，并且有《通雅》與《物理小識》之作，代表他在「質測之學」上的研究成果。經由密之的努力，傳統的格物致知之學遂得以擺脫道德問題或書本知識的糾纏，走上自然科學之路。

在強調聞見之知對德性之知的作用方面，可以王船山爲代表，他一方面認爲聞見之知有輔助成德的作用，另一方面又認爲聞見之知是德性之知貫徹於外王事業的必備條件，在此一觀點下，聞見之知最後雖仍須與德性之知結合，但它本質上與德性之知的關係卻是可合可分，因此已經擁有自己的獨立領域了。此外，如黃梨洲「讀書不多，無以證斯理之變化」的主張，也含有

〔註 4〕《青原愚者智禪師語錄》，〈示中履〉。

聞見之知的追求，有助於成就德性之知的意義。

以上本文分由知識理論的建立、對客觀知識的重視、強調聞見之知對德性之知的作用三方面，探討明清之際的儒者面對知識問題的態度，我們發現知識的重要性在當時已經受到普偏的重視，而且有了初步的知識理論的建立，這種重視知識的表現，在以「成德之教」爲主流的中國儒學傳統裡，是相當難能可貴的。它代表人們超越茫昧的努力，也代表人們企圖宰制客觀世界的雄心。只是他們也往往把經學視爲知識的化身，在這方面，他們的心態仍然是傳統的。

七、反專制的政治理想及其意義

明代的君主獨裁現象，在中國歷史上是空前的，而明亡之後，諸大儒反專制的言論也最爲激烈，并且獲得相當高的成就。他們將先秦以後久已式微的反專制理念，發揮到一個新的高峯。

在這方面，成就最大的當推黃梨洲。《明夷待訪錄》是他的政治理想的結晶，其中的基本精神主要環繞著「以人民爲本位」的反專制理念而展開，文中經常透過古與今的對比，批判專制政體中的不合理現象，提出很多精彩的見解，并表現出以下的特殊意義：（1）公然以人民的自私自利爲政治理想，亦即不容許統治者利用任何道德性的藉口，抹殺人民的欲望要求，使人民的權利不再是「以德化民」的政治神話的祭品。（2）以專制政體的統治者爲屠毒萬民的劊子手，意識到皇帝本人就是現實上阻礙「道」的施行的利益集團頭子，專制政體的毒害就是「道之不行」的死結，解開了傳統儒者一方面持守與現實政治絕不相同的政治理念，一方面又苦心等候得君行道機會的一廂情願悲劇。（3）公天下的立法精神以及重視制度超過重視人才的觀念，拉近了儒學傳統與近代法治的距離。（4）認爲君臣關係是暫時而有條件的，絕對不同於「固不可變」的父子關係，劃清了政治倫理與親情倫理的界線，徹底打破君尊臣卑的理論基礎，鼓舞人民向專制帝王挑戰的勇氣。

由上可知，梨洲的政治理念是傳統中國邁向近代民主法政的一大突破，所以它在國人追尋近代西方民主制度的歷史過程中，也曾扮演過積極的角色。此外，明清之際的其他儒者在政治思想上雖沒有達到梨洲的水準，但反專制、反私天下的公天下理想仍普偏存在著，如顧亭林力反中央集權，要求效法「古之聖人以公心待天下之人」的精神，「以天下之權寄之天下之人。」

而唐鑄萬更自覺要脫離士大夫集團，站在平民立場發言。他否定君臣之倫，將天子下儕於平民，認爲君民地位的平等應包括物質享受的平等，并且將帝王視爲殺人的凶手，奪民財富的強盜，而發出「自秦以來，凡爲帝王皆賊也」的激越呼喊。凡此，皆表現出強烈的反君主專制的精神。

八、重商重功利的思想及其意義

在儒學的價值觀中，經濟活動的價值雖然不被排斥，所謂「富貴如可求，雖執鞭之士，吾亦爲之。」但在成德、成就文化秩序的精神籠罩下，經濟活動本身畢竟不能成爲一種價值。再加上「不患寡而患不均」的理念所形成的「重農抑商」等福利政策的束縛，商業經濟活動在中國一直不能有順適的發展。而同樣的情形也表現在國人對「功利」的態度上，由於以上所述的原因，以及重義輕利的「義利之辨」一直是國人奉行的準則，積極創造功利的觀念，也就一直無法取得正統的地位。但以上這些現象，在明清了際有了相當程度的轉變。

在重商方面，黃梨洲於《待訪錄》「財計」篇中，主張工商皆本，並有改革貨幣，使財用流轉無窮的願望。顧亭木也反對晚明「盡外庫之銀，以解戶部」的作法，希望錢幣成爲上下共通之財，「將以導利而布之上下。」他對能治生計的士大夫相當激賞，曾說：「關中故多豪傑之士，其起家商賈，爲權利者，大抵崇孝義，尙節概，有古君子之風。」〔註5〕

王船山在士大夫意識作祟下，固然極端侮蔑商賈的人格，但亦不得不承認大賈富民的重要性，他說：「卒有旱澇，長吏請蠲賑，卒不得報，稍需時日，道殣相望。而懷百錢、挖空券，要豪右之門，則晨叩戶而夕炊舉矣，故大賈富民者，國之司命也。」〔註6〕

此外，如顏習齋反對「濁富不如清貧」的說法。〔註7〕唐鑄萬曾親在吳市經商，并且特別注意歷來被忽視的商賈的地位，將農賈拜列；又反對以易聚之銀爲貨幣，導致財聚於上，妨害經濟流通。而王崑繩所言：「假今天下有農而無商，尙可以爲國乎？」〔註8〕重商的立場更是斬截。

〔註5〕《亭林文集》，卷五，〈富平李君墓誌銘〉。

〔註6〕《黃書》，〈大正第六〉。

〔註7〕《顏習齋先生言行錄》，卷下，頁5。

〔註8〕《平書訂》，卷十一，〈財用第七下〉。

在重功利方面，當時的儒者既重視商業活動的價值，已表現出肯定功利的傾向。但眞正留意富強之策，以創造財富爲積極目標的，當推顏習齋與顧亭林。習齋持別推崇爲理學家所鄙視的陳亮與王安石，并且認爲由義求利，由道求功，就像耕種求收穫，打漁求得魚，是正正當當的要求，所以他提出「正其誼以謀其利，明其道而計其功」的主張，把義與利統一起來，堂堂正正地追求功利，并且特別留意富強之策。此外，亭林不但擅長理財，對興利生財也極端重視，他說：「欲使民興孝興弟，莫急於生財。」〔註9〕又說：「今天下之患，莫大於貧，用吾之說，則五年而小康，十年而大富。」〔註10〕

由上可知，明清之際的儒者對於傳統儒學──尤其是理學──所輕視的商業活動與功利的價値，已經有了新的體認。這種轉變，在一定程度上反映出明代中葉以降，商業經濟日趨活躍的社會經濟背景，而且與當時儒者正視人欲等重視現實人生的態度相一致。此外，這一轉變也是具有現代意義的，因爲傳統儒學「不患寡而患不均」的輕商輕功利觀念，基本上是想站在「均」的基礎上，使人人能滿足最低限度的生存條件，進而發展文化價值。它不像西方各種形式的社會主義，是爲挽救社會財富過度集中的資本主義弊病而產生，所以它并沒有經過財富創造與財富累積的過程。這種安貧的均平觀念，在閉關自守的時代，尙有其卓越之處，但在海禁大通以後，若繼續持守此一觀念，將使經濟的現代化難以實現，無法抵擋資本主義國家排山倒海的經濟宰割，所以明清之際能出現重商重功利的新價値觀，是有積極意義的，雖然這種轉變的程度仍嫌不足。

九、重行的知行觀及其意義

在知行問題上，明清之際的儒者表現了「知不如行」，亦即實踐高於認識的立場。

陳乾初的《大學辨》曾批評《大學》「言知不言行，必爲禪學無疑。」「其精思所注，只在致知、知止等字，竟是空寂之學。」這些主張，表現出乾初行重於知的觀點。

黃梨洲也反對專在知上討分曉，他對陽明「致良知」的解釋是：「致之於事物，致字即行字，以救空空窮理，只在知上討個分曉是非。」

〔註9〕《日知錄》，卷六，〈未有上好仁而下不好義者也〉條。
〔註10〕《亭林文集》，卷一，〈郡縣論六〉。

王船山認爲不能離行以爲知，主張行先知後，而其理由在於：(1) 因爲知易行難，所以要先難後易，免得力弱情疑而廢行。(2)「知」必貫徹於「行」才有價值，而「行」不必立基於「知」即有價值。(3)「行」可以得到「知」的效果，而「知」不可以得到「行」的效果。基於對「行」之價値的肯定，船山對不能重「行」的各家學說均加以批評，他認爲不管是陽明的「知行合一」，或程朱的「知先行後」，或釋氏的「銷行以歸知」，其實都是以「知」取代「行」，而「知」若非透過「行」的保證，絕不能成爲眞正的「知」。

「習」是顏習齋思想的重心，他以「手格野獸之格」解釋「格」字，以「犯手實做其事」解釋「格物」，亦即「格物」是身體上動態的力的表現，而不是心知上靜態的冥思，他并且認爲透過此種「格物」方式，才能達到「致知」的結果，所以習齋特別強調在具體事物上的實踐對獲取正確知識的重要性，認爲純粹由書本而來的知識是靠不住的，就如熟讀醫書不足爲醫，從事診脈等臨床實驗才足以爲醫。而習齋所以特別強調實踐對認識的重要作用，是因爲他認爲客觀事物才是認識的根據，若是脫離實際事物而求知，只不過是捕風捉影罷了。

「知不如行」的觀點，反映出明清之際的儒者反對脫離客觀事物，反對脫離實際；要求在現實人生，在經驗世界中成就學問的心態。而由重「知」一變而爲重「行」，亦反映出明清之際的儒者企圖由靜的世界邁入動的世界，由內心世界邁向外在世界的願望。

十、結　語

以上本文分由各種角度探討明清之際儒家思想的新趨向，發現這個時代的儒家思想確實已產生劃時代的變化。它不但表現出獨特的經世學風，而且在很多方面也觸及了傳統儒學最貧乏的領域，表現出突破傳統思惟模式的原創性思考。

明清之際經世學風的外觀，主要表現在對宋明理學的反省、批判，以及對經史之學的尊崇上。批判宋明理學的重點，在於諸大儒認爲「用心於內」的心性工夫近禪，是一種逃避現實，不能成就事功的空虛茫昧之學。諸大儒既嚴厲批判宋明理學「用心於內」的缺失，他們的學問傾向自然由「內」轉而向「外」，由「本」趨而向「末」，由「體」進而求「用」，而且他們縱使仍重視道德實踐，但默坐澄心以求證本體的內聖工夫已被平實的「下學上達」

工夫取代了。至於諸大儒極度尊崇經史之學，是因爲他們認爲經術可以經世，經學可用以取代理學，而史學則有輔助經學之用。

諸大儒對宋明理學的批判，雖不免有過激之言，但我們若不把這些主張當作解決問答的全部答案，而僅當作問題的提出，則顯然已觸及一些有意義的問題，足以發人深省。至於諸大儒極度尊崇經書，深信能從經書中找到經世法門的思想，雖然對經世的理想構成了嚴重的傷害，但我們若從另一個角度來看這個現象，可以發現這正是一種「人文實用主義」的表現，代表一種企圖將實用價值與文化價值加以結合的理想，是諸大儒在追求「致用」的過程中，企圖保有經書所代表的傳統價值系統的心態的反映。另外，諸大儒極度尊崇經書，這種尊經復古的心態本來不利於發展出具有原創性的思想，但由於他門皆著重史學研究，「即事窮理」的史學工作對於他們衝破「立理限事」的經學意識型態，多少發揮了積極性的作用。在諸大儒中，唯一能自覺到以史學來冲淡經學的負面影響的黃梨洲，表現的心態也最爲開放。

然而更重要的，是在反省、批判宋明理學與尊崇經史之學的外觀下，這一階段的儒學發展孕育了許多突破傳統，並具有現代意義的成就。

在宇宙觀方面，明清之際的儒者在突出「器」與「氣」的地位，反對「理」或「道」存在於「氣」或「萬物」之外的反觀念論立場上是一致的。這種主張反映出他門對宇宙間具體對象的重視，對現實存在的眞實性的肯定，也表現出他們的心思已由玄虛的「理」世界落實到具體的形色世界或事物世界。而且，「氣」本身就代表生機洋溢的力量，因此重氣的宇宙觀必然也是健動的宇宙觀，這又代表當時儒者對「動的世界」的嚮往。

在人性論方面，明清之際的儒者一方面反對用心於內，以求索人性於玄妙之鄉，并且把人性視爲一發展的過程，強調在人倫日用的工夫中呈現人性的可貴；另一方面，他們又認爲天理即在人欲中，并強調氣質是善，反對將「惡」歸之於氣質本身。凡此，都反映出他們對自我境界的超越面已不感興趣，他們關心的對象已轉向平實的道德生活，以及由血肉的現實生命所表現的整體的人生活動。換言之，明清之際的儒學已徹底擺脫佛教的禁欲、用心於內、追求超越等方面的影響，表現出「俗化」，或者由「觀念論」轉變爲「實在論」的傾向。人的現實生命從此可以擺脫重德不重才等觀念的束縛，而有繁茂多姿的表現。

在知識問題方面，明清之際的儒者已普徧意識到知識的重要性，並有初步的知識理論的建立，尤其是方密之更熱衷於科學技術方面的知識追求。這種重視知識的表現，在以「成德之教」爲主流的儒學傳統裡，是相當難能可貴的，它代表當時儒者超越茫昧的努力，也代表他們企圖宰制客觀世界的雄心，而這種重知識的態度，也正是近代人重智性、重理性的前驅。

在反專制的政治理想方面，明清之際的儒者將先秦以後久已式微的反專制理念推到一個新的高峰，其中黃梨洲的表現更是卓越。他公然以人民的自私自利爲政治理想，以專制政體的統治者爲屠毒萬民的劊子手，并且劃清政治倫理與親情倫理的界綫，強調公天下的立法精神，這些政治理念對於傳統中國邁向近代民主法治是有幫助的。

在重商重功利的思想方面，明清之際的儒者對於傳統儒者——尤其是理學——所輕視的商業活動與功利的價值，已經有了新的體認。這種轉變，在一定程度上反映出明代中葉以降，商業經濟日趨活躍的社會經濟背景，而且與當時儒者正視人欲等重視現實人生的態度相一致。此外，這一轉變尚具有另一意義，因爲傳統儒學「不患寡而患不均」的輕商輕功利的觀念，基本上是想站在「均」的基礎上，使人人能滿足最低限度的生存條件，進而發展文化價值。它不像西方各種形式的社會主義，是爲挽救社會財富過度集中的資本主義弊病而產生，所以它並沒有經過財富創造與財富累積的過程。這種安貧的均平觀念，在閉關自守的時代，尚有其卓越之處，但在海禁大通以後，若繼續持守此一觀念，將使經濟現代化難以實現，更無法抵擋資本主義國家排山倒海的經濟宰割，所以這種重商重功利的思想，是具有現代意義的。

在知行問題方面，明清之際的儒者大抵表現出「知不如行」的重行觀點，這代表他們反對脫離客觀事物，反對脫離實際；要求在現實人生，在經驗世界中成就學問的心態。而由重「知」一變而爲重「行」，亦反映出他們企圖由靜的世界邁入動的世界，由內心世界邁向外在世界的願望。

此外，如顧亭林能正視人的私利心，不一味地加以排斥。在政治上，他認爲可以利用人性自私自爲的心理傾向，「使縣令得私其百里之地」，然後嚴加考核，使該縣的利害與縣令的利害相一致，那麼必能達到「用天下之私，以成一人之公，而天下治」的效果。〔註 11〕這種正視私利，并引導它趨向公利的主張，是眞正能以現實觀點面對政治問題的主張，但在中國的思想傳統裡，除了法家曾經有過類似的主張外，〔註 12〕亭林以前的正統儒者根本不能

〔註 11〕 同上。

〔註 12〕 法家認爲人性的自私自利恰是統治者可資利用的憑藉，例如《韓非子》〈五蠹〉

想像此一主張的正面意義。另外，如顏習齋相當重視專精一技一藝的價值，認為「只各專一事，終身不改，便是聖。」這種重視專業工作的實用態度，與「君子不器」的儒學傳統價值比較起來，也具有近代意義，而這種態度在以「不作費力事」為理想境界，一心求悟全體大用以成聖成賢的理學家看來，大概更是匪夷所思吧！

以上是明清之際的儒者在各層面所表現的突破傳統儒學的成就，而且這些突破性的成就並不是各自獨立的，他們之間具有很緊密的關聯性，例如對現實世界——包括現實生命——的肯定，可以分別在重氣重器的宇宙觀、重工夫重氣質人欲的人性論、重商重功利的思想、重行的知行觀上找到；又如當時儒者對「動的世界」的嚮往，也分別表現於重氣——尤其是船山的陰陽渾合、乾坤并建——的宇宙觀、動態發展的人性論、重行的知行觀上；再如人性論上重視氣質人欲的主張，表現在政治論上，就是肯定個人自私自利的權利以及對「利」的正視，而且對商業活動與功利的價值也必然較能肯定。凡此可見在這些不同的理論背後，一定有主導這些理論的共同精神，而這些共同的精神不外乎：重視實效性、重視現實性（客觀世界、現實世界、現實生命）、重視智性、重視當代性、以及重視社會功利與對社會的關懷，此亦即重視俗世的精神。在此，成聖成賢的熱度降低了，中國思想的俗世化（secularization）進入一個新的階段，他們的關心對象已由內轉向外，由理轉向事，由形上轉向形下，表現出一種追求自我以及知識文化的解放的運動，並將這些精神凝聚在經世致用的目標上。

由上所述，可知明清之際的儒家思想確實已表現出嶄新的發展，也表現出若干「近代地」性格，值得我們給予積極的評價。而本文雖無意預設任何西方的模式或標準來詮釋這一階段的儒學發展，但是狄百瑞教授（W. T. de Bary）對十七世紀的新儒學啓蒙運動所下的定義却值得參考。他說：

> 熱切希望從黑暗、無知、迷妄中解放出來的「啓蒙」（enlightenment）理念，是人類最普徧的理想之一。在東亞，它發為兩種主要的形態：其一，通常是透過某些宗教上的鍛鍊，個人得以從心靈的束縛與世界的苦難中解放出來；其二，是屬於較一般性的文化運動，透過此一文化運動，新知識能夠使人從愚昧無知的過去的束縛中解放出

篇說：「夫耕之用力也勞，而民為之者，曰：可以得富也。戰之為事也危，而民為之者，曰：可以得貴也。」

> 來。……在東亞，幾世紀以來，個人的啓蒙一直是精神修養與宗教實踐的自覺目標，并有特指此事的固有術語（中文與日文的「悟」）；但一直到晚近，著重知識與文化提昇的那一個較爲寬廣的運動，才被承認是一種價值或歷史的眞實。〔註 13〕

將明清之際的儒學發展視爲「著重知識與文化提昇的運動」，或「一般性的文化運動，透過此一文化運動，新知識能夠使人從愚昧無知的過去的束縛中解放出來」，是狄百瑞教授將這一階段的儒學發展稱爲「啓蒙運動」的主要原因，而我們若採用此一詮釋，則明清之際的儒學發展確實足以承受「啓蒙運動」的榮名而無愧色，因爲當時的儒家思想表現，正是由理學家所著重的「個人的啓蒙」——用心於內的成聖成賢修鍊——一躍而爲具有社會意義，著重知識與文化提昇的啓蒙。

經由以上的討論，我們也可以瞭解，雖然明清之際儒家思想的改革運動，比起十七、八世紀時塑造西方近代文明的「啓蒙運動」，在內容與成效上差異極大，而且它迅速銷聲匿跡，在實際效果上只能算是「運而不動」，但它至少證明了具有社會、文化意義的啓蒙運動並非全然是西方的產物。而我們由這一階段儒家思想的突破性發展，也可瞭解諸如韋伯（Max Weber）、費正清（John K. Fairbank）等人所認爲中國文化完全是一種靜態的（static）、僵化的、缺少發展生機的文化的說法，是需要重新檢討的。

第二節　明清之際儒家新思潮興起背景的檢討

一、略論本文對思想背景的處理方式

在對思想背景的處理上，本文採用一個比較特殊的方式，就是先敘述明清之際儒家思想的新趨向後，再以「反溯」的方式尋找此一階段的思想因緣。這是因爲歷來的學者對明清之際儒家思想的特色還沒有一致的看法，若不先行解決此一問題，確定它的特色，則一切對思想因緣的論述將只是空中樓閣。

其次，由於明清之際儒家新思潮的興起背景特別錯綜複雜，採用任何一種方法探索它的眞相，都難以有效窺其全豹。再加上對於這個問題的研究，已累

〔註 13〕"Neo-Confucian Cultivation and Seventeenth-Century Enlightenment" 刊 The Unfolding of Neo-Confucianism, P.141.

積了很多寶貴的資產，值得本文參考，所以本文將先行歸納歷來學者的意見，再加以檢討、補充，希望透過這個方法，能找出最接近事實眞相的答案。

探索明清之際儒學變遷的原因，是思想界相當熱門的話題，而歸納起來，學者的意見可略分爲三大類：一是理學反動說。這一派的說法，以梁啓超爲代表，他說：「清代思潮果何物邪？簡單言之，則對於宋明理學之一大反動。」又說：「吾於清初大師，最尊顧黃王顏，皆明學反動所產生也。」〔註14〕這個說法影響極爲廣泛，很多人在論述清代思想時，有意無意間皆流露出「理學反動」的翻版觀念。二是社會經濟變遷說。強調社會經濟結構的改變對思想所造成的衝擊。日本與大陸學者最喜由這個角度看問題。三是內在理路說。這一派的說法，由余英時先生首創，強調因義理派別之爭，要求「取證經書」，對學風轉變的影響。

以上三類觀點，前二者屬於外緣的解釋，最後一種則偏重思想史的內在發展。他們的詮釋各有獨到之處，貢獻極大，但由於詮釋方法本身的侷限性以及他們在詮釋過程中不可避免的偏差，所以其理論皆有待補充、修正。以下本文即立基於這三種說法的基礎上，重新檢討明清之際儒家新思潮與興起的背景。

二、「理學反動說」的檢討

明清之際的儒者對宋明理學的批判，主要在於批評他們「用心於內」的心性工夫，在這個標準下，朱子與其他理學家有時雖也難逃被批判的命運，但遭到最嚴厲批判的仍是王陽明，這是因爲王學正是「用心於內」的心性學的最高峯，而且王學的流弊對於明清之際諸大儒最具切膚之痛。所以就明清之際這一階段而言，儒者反理學的方向，主要表現爲對王學的反省與批判，「理學反動」的核心就在「王學反動」。

然而，王學雖然遭到空前的挫折，但它并沒有消失，透過種種不同的面貌，它的精神依然留存下來，并且對明清之際新思潮的興起，發揮了積極促進的作用。但王學在這方面的貢獻，由於表現得相當曲折，所以往往爲學者所忽略，故以下本文於檢討王學反動的說法時，也將把王學如何以曲折的方式參與這一階段的新思潮創造揭露出來。

〔註14〕《清代學術概論》，頁6、頁29。

（一）對王學的批判與反省

由「王學的反動」尋找明清之際儒家思想變遷因素的人，認爲當時的儒者面臨天崩地解的大變局時，目睹知識份子空疏、腐化，對變局絲毫無能爲力，認爲這是學風不良所致，而將國家衰亡的責任歸咎於王學，并且有意將學術方向扭轉到「修己治人之實學」上，於是學風終於走上經史實學的路子，「厭倦主觀的冥想面，傾向於客觀的考察。」〔註15〕

這種解釋有文獻上的根據，因爲王學的夢魘確實是明清之際儒者的一個心結，例如顧亭林就把陽明學派言心言性之學比之爲清談，認爲他們是清談孔孟，他們爲學的態度是「不習六藝之文，不考百王之典，不綜當代之務，舉夫子論學論政之大端，一切不問，而曰一貫，曰無言，以明心見性之空言，代修己治人之實學。」可見亭林是有意以「修己治人之實學」矯正「明心見性之空言」。類似的批判與反省，亦表現於王船山、顏習齋、朱舜水等人的言論中，甚至以陽明嫡傳自居的黃梨洲，也像是一隻飽受風霜的驚弓之鳥，對於陽明學說中的簡易、疏放處，諸如「四句教」與「致良知」等觀念，已不敢正視，使他既欲維護陽明，卻又不得不求改弦更張的矛盾心理表露無餘。

歸納顧、王、顏、朱等人對王學的批判，大抵集中在陽儒陰釋、空虛、茫昧、無力面對現實等問題上。而在另一方面，他們的學術要求，恰好也具有對治王學的意味，諸如他們不再高談形上的性命天道，而將道德實踐扭轉到人倫日用之上，將學風扭轉到「多學而識」以及關心「四海困窮」的經世之學上等。

由以上的現象看來，由「王學的反動」解釋明清之際儒家思想的變遷是有相當道理的。但我們若作進一步的思考，可以發現王學與經世之學在明清之際儒者的心目中雖然具有對反的關係，卻仍無法證明王學的反動對經世之學的成立，影響究竟有多大。因爲這二者之間並無本質上的關聯，他們也可能只是同一學術心態在兩個層面的表現，也可能是當時的儒者由於其他原因先發展出經世、務實的學術觀點，批判王學只是他們的學術觀點落實到對歷史興衰的責任追究時的表現。何況，僅由「反動」解釋一個新思潮的誕生，也很容易簡化此一新思潮的豐富性。由上可知，單獨以「王學的反動」解釋

〔註15〕梁啓超，《中國近三百年學術史》，頁2。另 Joseph Levenson（李文孫）亦認爲清初思想是對王學的反動，而且把黃梨洲列入反王學的名單中。《見氏著"The Abortiveness of Empiricism in Early Ch'ing"（「清初思想中經驗主義的流產」），Confucian China and its Modern Fate（《儒家的中國及其現代命運》），卷一，頁4～5。

明清之際儒家新思潮的誕生，是很粗疏的觀點。然而在另一方面，此一觀點顯然已意識到心性學愈逼愈向內，而且表現得愈精微高妙，遺漏的問題愈多；也意識到明亡對學術的衝擊，這些是此一觀點比較有意義之處。

（二）王學的辨證發展

表面上看來，由於王學被當作明亡的代罪羔羊，所以它在明清之際遭受到的挫折是空前的，但事實上它并沒有消失，透過種種不同的面貌，它的精神依然留存下來，并且對明清之際新思潮的興起，發揮了積極促進的作用，而形成思想史上相當奧妙的辯證發展。

如前文所述，對現實人性與現實生命的重視，是明清之際儒學的一個主要精神，這種精神表現在人性論上，是對人欲的重視；表現在政治論上，則是肯定個人自私自利的權利與對「利」的正視，而此一精神恰可在王學中找到根源。因爲在陽明「心即理」的主張下，「心」就是現實萬物的尺度，而「心」雖代表一種意志能力，它的活動卻不能與感性生命完全脫離，因而由此鬆動一步，感性生命的地位就再也被壓制不住了。陽明之後，如王龍溪說：「樂是心之本體」，〔註 16〕王心齋重視「安身」、「保身」、「愛身」，并作「樂學歌」，重視具體生命的感受。凡此，皆表現王學趨向感性方向發展，已是不可遏抑的趨勢。到了李卓吾，更說：「夫私者，人之心也，人必有私而後其心乃見，若無私則無心矣。」「穿衣吃飯，即是人倫物理。」〔註 17〕而呂坤也有「世間萬物皆有所欲，其欲亦是天理人情。」〔註 18〕的說法，這已經是明清之際的儒者所主張的人欲即天理、氣質之性是善，以及肯定個人自私自利的權利等觀點的先聲了。

此外，陽明指點出良知人人現在，以及滿街都是聖人的觀點，具有相當的平等精神與平民主義色彩，而此一平等精神與平民主義色彩經左派王學的推闡，到了晚明更是風行天下，這對明清之際反專制的公天下理想的推動，具有積極的意義，因爲平等與平民主義的精神若推展到政治領域，必然要反對專制帝王私天下爲己有，反對上下等級的截然劃分，此義早在民初，已爲劉師培所見及，他說：

> 陽明言良知而盧氏亦言性善，《民約論》不云乎：「人之好善出於天性，雖未結民約之前已然矣。」（卷二第六章）斯言也，甚得孟子性

〔註 16〕《王龍溪語錄》，〈答汪南明〉。
〔註 17〕《焚書》，卷一，〈答鄧石陽〉。
〔註 18〕《呻吟語》，〈治道〉。

> 善之旨，而良知之說由此而生。良知者無所由，而得于天者也，人之良知同，則人之得于天者亦同，人之得于天者既同……豈可制以等級之分乎？〔註19〕

這是以良知等同於盧騷好善的天性，并且同樣把他們視為爭取人民權利，反對等級劃分的先天根據了。

三、「社會經濟變遷說」的檢討

透過社會經濟變遷的觀點詮釋明清之際儒家思想的變化，有兩個主要的方向，一是由侯氏所代表的市民階級說，認為明嘉靖、萬曆以後是資本主義萌芽最顯著的時代，而明清之際啓蒙學者的思想，代表市民階級的世界觀，他們在哲學、歷史、政治、經濟諸方面的「別開生面」，是按他們自己的方式表現出對資本主義世界的絕對要求。〔註20〕另一說法以譚丕謨以及一些日本學者作代表，他們認為明清之際儒者的某些開明觀點與改革措施，代表佔有特權的封建統治階級對被統治階級的懷柔和自救。〔註21〕

這兩種說法乍看之下差異極大，前者重視社會經濟變遷下，「市民階級」的積極要求與嚮往；後者則把明清之際諸大儒視為舊社會秩序的最後擁護者，他們的改革只是為了延續舊的社會秩序。但是這兩種說法差異雖大，卻不是沒有共通之處，因為不管他們是積極主動地追求理想世界，或消極被動地接受改革要求，二者都強調社會經濟結構的改變對思想所造成的衝擊。

然而這兩種說法都有明顯的缺陷，因為「市民」在明清之際是否已足夠構成一個強大的階級，是值得懷疑的，而將顧、黃、王、顏等諸大儒視為「市民階級」的代理人，更缺少有力的證據。另外，將明清之際諸大儒的開明觀點與改革措施，視為佔有特權的封建統治階層對被統治階層的懷柔和自救，更會遮蔽我們對明清之際許多具有普徧、積極意義的思想成就的了解。

以上兩種以社會經濟變遷的觀點詮釋明清之際儒家思想變化的說法，雖然都有明顯的缺陷，但他們強調社會經濟結構的變遷對明清之際思想變化的影響卻有可取之處，因為明清之際儒家思想的基調就是經世致用精神的突

〔註19〕《中國民約精義》，卷三。

〔註20〕《中國早期啓蒙思想史》，第一章。

〔註21〕見譚丕謨，《清代思想史綱》，頁8～20。另日人岩間一雄、奧崎裕司亦有類似觀點（引自溝口雄三，「論明末清初時期在思想史上的變化的歷史意義」，手稿本，頁3～6。）

出，而既然講求經世致用，就不能不用心於現實問題的思考，明清之際諸大儒的思想所以達到俗世化的高峯，并在各個層面都表現出對「當代性」（contemporaneity）、「實用性」（practicality），與「效用性」（utility）的特別關注，原因就在此。而且，我們在諸儒的思想中，確實也能找到與當時的特殊社會經濟背景互相交涉的影子。

社會、經濟結構的變遷中，最值得注意的是明代中葉以後，商業經濟日趨活躍，例如《天下郡國利病書》記載：

> 迨至嘉靖末，隆慶間，則尤異矣。末富居多，本富益少。富者益富，貧者愈貧。……貿易紛紛，誅求刻覈。奸豪變亂，巨猾侵牟。……迄今三十餘年則敻異矣，富者百人而一，貧者十人而九。貧者既不能敵富者，少反可以制多，金令司天，錢神卓地。〔註22〕

「末富居多，本富益少」，且社會漸趨兩極化，金錢主宰一切，這儼然是一幅商業社會的景象了。而這種商業經濟的發展大抵集中在長江下游與東南沿海一帶，特別是蘇、杭、湖、松諸府，以下一段記載可看出蘇州手工業的規模：

> 染房罷而染工散者數千人，機房罷而織工散者又數千人，此皆自食其力之良民也。〔註23〕

此外，如中國歷史上從未發生過的「商人罷市」行動也在清初發生，其中三次的地點就在上述的工商業集中區內，只有生產御用絲織品的山西潞安「機戶」的罷市是個例外，〔註24〕凡此，也可看出商業力量在這些地區的發展情形。

由上所述，明末以後東南一帶商業經濟的發達已是不爭的事實，在這種新的社會、經濟基礎上，重義輕利、重農輕商、以及輕視人欲的舊社會價值喪失適應現實的能力是必然的，而明清之際的儒者對人欲、工商、功利、自私自利等價值能表現出與正統儒學不同的看法，在一定程度上，也應該從此一追求利潤的工商業興起的背景去了解。生長在經濟繁榮的江浙一帶的黃梨洲與顧亭林，以及曾躬自行賈於吳市的唐鑄萬，在改革貨幣、工商皆本、重視私利方面，表現得遠較其他儒者有興致，此一現象為我們提供了一個很好的例證。

〔註22〕卷三十二，引〈歙縣風土論〉。

〔註23〕《明實錄》，〈神宗〉，卷三六一。

〔註24〕見楊聯陞，「傳統中國政府對城市商人的統制」，《中國思想與制度論集》，頁396～402。

其次是土地問題的反映。明中葉以後，一方面由於統治者拼命掠奪土地，皇族的「庄田」不斷膨脹，「中葉以後，庄田侵奪民業，與國相始行。」〔註25〕而另一方面，土地又趨向商業化，私有土地制迅速發展。〔註26〕再加上土地分配不均的嚴重爆炸性經過幾次大規模的農民暴動後，再也掩藏不住，這幾種錯綜繁雜的關係，遂激發土地所有權的爭執，而有兼顧「不困苦富民」的原則的土地平均分配論出現，算是儒家均田理想與現實地主勢力的一種妥協折衷辦法，而這種由要求經濟利益所引發的土地私有意識，對激發以人民之私與皇帝的大私相對抗的政治觀點，可能亦有所助益。〔註27〕

再其次是以富民與士大夫集團爲代表的地方勢力興起，要求地方利益，這種要求配合以重視功利、私利的新價值觀，使明清之際的儒者意識到調和公利與私利的必要性，而發展出兼顧公私利益的地方分權主張。

另外，由於農民暴動，滿清入關，社會內部的危機完全暴露，使舊王朝與舊秩序全面崩潰，也使統治者的權威掃地，加上新來的統治者又屬異族，皇權的神聖性一時不易建立，在這個過渡時期，思想統制出現了空隙，也有利於儒者對君權與舊制度、舊文化的批判與反省。

四、「內在理路說」的檢討

透過思想史的內在理路詮釋清代思想的興起，最引人矚目的，當推余英時先生。而所謂思想史的「內在理路」，據余先生自己的解釋是：

> 在外緣之外，我們還特別要講到思想史的內在發展，我稱之爲內在的理路（inner logic），也就是每一個特定的思想傳統本身都有一套問題，需要不斷地解決，這些問題，有的暫時解決了，有的沒有解決，有的當時重要，後來不重要，而舊問題又衍生新問題，如此流轉不已。這中間是有線索條理可尋的。……如果我們專從思想史的

〔註25〕《明史》，〈食貨志〉。

〔註26〕《天下郡國利病書》，卷三十三，引天啓詔云：「各省開墾水田，往往既墾成熟，被勢豪或經管地主混占告奪。」另葉夢珠輯《閱世編》，卷一，「田產」，亦提到明末私有土地集中的狀況，「有心計之家，乘機廣收，遂有一戶而連數萬畝，次則三、四、五萬至一、二萬者，亦田產之一變也。」

〔註27〕溝口雄三更直接斷定：「人民的自私自利與皇帝的大私的對立，根本是在土地所有權的對立。」（「論明末清初時期在思想史上的變化的歷史意義」，手稿本，頁10。）

> 內在發展著眼，撇開政治、經濟及外面因素不問，也可以講出一套思想史。從宋明理學到清代經學這一階段的儒學發展也正可以這樣來處理。〔註28〕

由此看來，余先生所謂「內在的理路」的研究進路，大抵與著重觀念演化本身的自主性，著重思想發展過程中內在的辯展發展的「觀念史」（History of ideas）研究進路相當。

透過「內在的理路」的研究進路，余先生對清代思想史作出與一般學者截然不同的新解釋。他認爲從明末到清初，儒家是朝著智識主義的方向發展，而儒家由「尊德性」轉入「道問學」的階段，最重要的內在線索便是羅整菴所說的義理必須取證於經典，〔註 29〕亦即由於儒學內部的義理派別之爭，每一個自覺得到了儒學眞傳的人，總不免要向古經典上去求根據，而一個人究竟選擇某一部經典作爲考證的對象，往往有意無意間受到他的理學背景支配。〔註 30〕簡言之，清初經學考證的興起有其思想背景，這是明代理學內部的義理派別之爭，最後要求「取證於經書」以取勝對方的發展。

余先生認爲，「義理必須取證於經典」的趨勢，到了清代更是顯露無遺，例如顧亭林有「經學即理學」的說法，是因爲他不滿意晚明心學流入純任主觀一路，所以才提倡經學研究，而理學爭論必須「取證於經書」，便是「經學即理學」的眞源所在。陳乾初著《大學辨》，證明《大學》不是聖賢的經傳，則是爲了要解決義理系統上的困難，因爲從王陽明到劉宗周，爲了《大學》的問題傷透了腦筋，而乾初正是劉的弟子。此外，黃梨洲、黃宗炎、毛西河三人考證《易經》，是爲了攻擊朱子；而有關《古文尚書》的爭論，「更可以讓我們看清清初考證學和宋明理學之間的內在關聯。」基於這些例證，余先生斷定清代的經學考證是理學內部的爭論必然要逼出的。〔註 31〕

余先生此一新穎的說法，頗得學界的讚譽，且幾已成爲研究清初思想史的學者奉爲金科玉律的「典範」之作，但若細加推究，此說卻頗値得商榷。

透過思想史內在理路的研究進路，余先生認爲清初儒學的新動向是「道問學」的興起，是對經學考證的重視。然而，經學的地位在清初高度膨脹固

〔註28〕〈清代思想史的一個新解釋〉，《歷史與思想》，頁 124～50。

〔註29〕同上，頁 143。

〔註30〕同上，頁 144～5。

〔註31〕同上，頁 143～9。

然是事實，但如果過分強調此一事實，將會忽略當時儒者透過經史之學所表達的新理念，亦即不能觸及他們在經史之學背後所隱藏的原創性智慧。〔註 32〕當然，這是方法論本身的侷限，因爲採用「觀念史」的研究進路，本來就只能偏重對思想史上觀念的相承面的闡發，對具有原創性的思想觀念則難以把握，所以此一缺陷不能歸咎於余先生。

但是余先生的說法卻另有更嚴重的缺陷，此一缺陷在於他以清代的經學考證是理學內部的爭論所逼出的論斷，並不能得到有力的佐證，玆略作說明如下：

顧亭林「經學即理學」的主張，固然含有對治晚明心學純任主觀一路的用心，但若認爲亭林此一主張導源於理學內部的爭論，因而要求「取證於經書」，則待商榷。因爲亭林之尊經，其目的一面在於「通經致用」，以解決政治、社會問題，一面是認爲透過下學上達的經學研究，可以醫治「今之理學」所帶來的一切弊病，亦即尊經是立基於實用目的，而不是爲了理學內部的爭辯。站在亭林反「用心於內」的心性學的立場上，他不但反陸王，也反程朱在這方面的表現，所以他尊敬的朱子，并不是理學家朱子，而是能於經學上繼往開來，能下學上達的朱子，這是無關於理學立場的，所以將亭林以經學取代理學的主張，歸因於理學內部爭論，而要求「取證於經書」的發展，并不妥當。〔註 33〕

其次，余先生認爲宗羲、宗炎兄弟與毛西河三人的《易經》考證，有其義理動機，代表浙東一派對朱子的攻擊，亦值得商榷。因爲梨洲〈易象數論序〉雖駁斥朱子《周易本義》混入康節河圖先天之說，卻明白要求返求於程傳，而朱子與伊川的思想路數是相當接近的，所以由此推斷梨洲兄弟係立基於義理派別之爭的動機而作易圖考證，似乎不妥。何況梨洲並不抹殺考亭，他對朱子的地位仍然是相當肯定的。〔註 34〕

另外，余先生認爲閻百詩的《古文尚書疏證》也有尊程朱而黜陸王的哲學動機。因爲僞古文〈大禹謨〉中的十六字心傳是陸王心學的一個重要據點，而對程朱的理學最多袛有邊緣價值，藉著辨僞可推翻陸王心學經典根據。此一說法亦大有問題，因爲此說嚴重忽略了朱子於〈中庸章句序〉中，據十六

〔註 32〕參見本章，第一節。
〔註 33〕另參見本論文，第三章，第三節。
〔註 34〕另參見本論文，第二章，第三節。

字心傳建立道統理論的事實，并漠視十六字心傳將心與理二分，人心與道心二分的說法，是接近伊川、朱子，而遠離陸王的說法。〔註35〕

由上所述，余先生所舉的例證中，比較有意義的只賸下陳乾初這一條例證了。但基於對《大學》的詮釋不同，而引起對《大學》版本文字的取舍、修正，由來已久，若依照余先生的說法，則「取證於經典」之風，豈非已有源遠流長的歷史，又何必單獨厚愛乾初的《大學辨》！何況與乾初誼屬同門的黃梨洲，還有一段很長的時間不能認同《大學辨》的說法，這又如何由「義理之爭」的觀點加以解釋？

基於以上的考察，余先生認爲儒家由「尊德性」轉入「道問學」的階段，最重要的內在線索便是羅整菴所說的義理必須取證於經典，而這個趨勢入清以後，更是顯露無遺的說法，是不能成立了。因爲清初的經學考證之風并非由「義理之爭」而「顯露無遺」，它是另有原因的。

其實，我們縱使能在清初找到由義理之爭進入經學考證的現象，也不必過分誇張它的重要性，這就像朱陸因義理之爭而來的有關〈太極圖說〉的辯論，并不必導向「經學考證」學風的建立；此外，在「述而不作，信而好古」的傳統下，稱引經典文獻爲自己的思想作證，本是中國學術史上一個普徧的理象，且這種風尚一旦養成，經典難免成爲每個人擺脫不了的負擔，所以縱使不涉及義理派別之爭，立言者尋求經典作證，以取得發言權，也是司空見慣的事，而且他們在返求經典的過程中，或者因爲純知性的興趣，或者因爲其他原因，有時也會伴隨著某種程度的考證活動，但這些情況卻也不必導向「經學考證」學風的建立，例如朱子就曾懷疑《尚書》裡「古文」二十五篇的眞僞，〔註36〕又大膽地把《易經》當作一部卜筮的書，〔註37〕更在《詩集傳》中推翻《詩序》的權威，并有「叶韵」之說，凡此，是無法由「義理之爭」加以解釋的。

然而，經學的地位在明清之際特別膨脹，而經學考證的學風也是清初以後才開始建立，卻是不爭的事實，我們又如何解釋此一現象的起源呢？本文認爲此一時期經學地位的膨脹，與當時經世致用的學風有密切的關係，因爲明清之際諸大儒一方面表現出強烈的經世精神，另一方面又認爲經學可以滿

〔註35〕同上。

〔註36〕《朱子語錄》，卷七十八。

〔註37〕同上，卷六十六、六十七。

足經世的要求，例如黃梨洲以《六經》爲「實治」、「實行」之學，認爲「經術所以經世。」顧亭林亦以經書爲「博學」的主要對象，認爲通經足以洞察天下之事，解決政治社會問題，達到「明道」、「救世」的目的，所以亭林的「博學於文」或「明道」、「救世」，不免落實在「通經致用」上；而王船山「六經責我們生面」的自我期許，更已經明白標示經典在他的經世之業中的份量。凡此皆足以說明明清之際經學地位的特別膨脹，應當從當時學者認爲經學可以滿足經世致用的要求這一角度去了解。而史學地位的突出也可由此找到線索，因爲在當時學者心目中，史學是用來輔助經學的。

在經史之學的地位特別膨脹的情況下，已爲經典考證的工作安排了一個容易滋生發展的環境，因爲當時的學者雖以經史之學作爲達到經世致用目標的憑藉，但學問本身自有其規律，爲達到確實的成果，就必須遵守學術研究的規律，於是學術研究遂形成一自主的發展過程，所以一旦投入經史之學的研究，就不復是原來經世的動機所能拘束。再加上經學的內部本就存在有種種困難的問題待解決，所以當時學者在不自覺中逸出經世致用的範圍，一步步轉入客觀的經史考證，由「通經」而通向「考文」、「知音」，可說是必然的趨勢，這就像國外的漢學研究本有其實用的動機，但一旦投入其間，其研究成果往往會超出原先的實用目的，而獲得客觀的成就。

除了這種由「通經」以求經世，一步步轉入客觀的經史考證的趨勢外，顧亭林承續明代中葉以後的考證學成就，首度自覺地提出「讀大經自考文始，考文自知音始」的主張，因勢利導，爲經學研究指出明確的方向，并且又有具體的治學方法，有示範性的著作，對當時學風的轉向更有重大的影響，於是完全著重客觀經史的考證的「乾嘉之學」遂繼踵而興。

此一由「經世致用」一轉而爲「通經致用」，再轉而爲客觀的經史考證，最後反過來埋葬原先經世致用的經學理想的發展過程，或許才是清初學術演變的眞正「內在理路」。

五、結　語

以上本文分別檢討了歷來學者對明清之際儒学變遷原因的不同看法，并且分別予以補充、修正，透過此一檢討與補充、修正，我們對明清之際儒家新思潮興起的背景已可大致獲得一個輪廓。

在對「理學反動說」——特別是指王學的反動——的檢討上，本文獲致兩點結論：（1）明清之際的學風，表現爲對王學的反動，固是事實，但此一說法卻未能清楚認識反動與新思潮的產生，并無本質上的關聯，而王學的反動對經世之學的成立，影響究竟有多大，也很難斷言，所以這一說法不能單獨成立。（2）王學在明清之際遭到挫折雖是空前的，但事實上它并沒有消失，透過種種不同的面貌，它的精神依然留存下來，并且對明清之際新思潮的興趣，發揮了積極促進的作用。

在對「社會經濟變遷說」的檢討上，本文亦獲致兩點結論：（1）以明清之際諸大儒的思想代表市民階級的世界觀，或代表佔有特權的封建統治階級的懷柔和自救，都有明顯的缺陷，但他們強調社會經濟結構的變遷對明清之際思想變化的影響卻是可取的。（2）明清之際的儒者對人欲、工商、功利、自私自利等價值能有與正統儒學不同的看法，在一定程度上，應從當時追求利潤的工商業興起的背景去了解。此外，兼顧「不困苦富民」的原則的土地分配論、以人民之私與皇帝的大私相對抗的政治觀點、公私利益調知的地方分權主張、對君權與舊制度舊文化的批判與反省等表現，也可以從社會經濟結構的變遷去了解。

在對「內在理路說」的檢討上，本文獲致三點結論：（1）余英時先生認爲儒家思想由「尊德性」轉入「道問學」的階段，最重要的內在線索便是羅整菴所說的義理必須取證於經典，而這個趨勢入清以後更是顯露無遺的說法並不能成立。（2）明清之際經史之學的地位所以特別膨脹，應當從當時學者認爲經學可以滿足經世致用的要求，而史學是用來輔助經學的這一角度去了解。（3）因爲學術研究自主的發展過程，以及經學內部本就存在有種種困難的問題待解決，所以在經史之學的地位特別膨脹的情況下，學者在不自覺中逸出經世致用的範圍，由「通經」而通向「考文」、「知音」是必然的趨勢。再加上顧亭林承續明代中葉以後的考證學成就，以及自覺的努力，完全著重客觀的經史考證的乾嘉漢學遂繼踵而興。

當然，仍然有些影響明清之際儒家思想變遷的因素是本文所檢討的三類說法未曾明顯觸及的，例如明朝的覆亡，對當時的儒者一定產生很大的衝擊，刺激他們重新反省文化、政治、社會上的各種問題；而明末從東林學派以來，經世的學風已逐漸抬頭，此一學風再配合以明末的大變局所產生的危機感，也必然會使經世的思潮愈發不可遏抑。又如重氣、重器、重人欲、重氣質等觀點，亦已零星見於明代中葉以後薛瑄、羅欽順、王廷相等人的理論中，明清之際的儒者的貢獻，在於統合這些零星的觀點，表現得更具系統性，并且把這些觀點所隱涵的精神，諸如重視現實性、重視客觀世界等，具體落實到經世致用的種種表現上。此外，明代中葉的學者，諸如陳弟、焦竑、楊愼等人在考證學方面的成就，也爲明清之際的經學考證工作留下不少的遺產。

以上所述，雖然無法歸納出一條簡單的線索，用以解釋明清之際儒家新思潮的興起，但希望透過不同角度的探索，更有助於事實眞相的揭露。

第三節　明清之際儒家思想的內在限制與傳統儒學的展望

一、以尊經爲核心的意識型態所造成的內在限制

由本章第一節所述，明清之際的儒家思想確實已在很多層面表現出別開生面的成就，爲儒學傳統注入新生命與新活力。但是，當康熙末年諸大儒一一謝世後，此一以經世致用精神爲主導的儒學運動，却如曇花一現般迅速消逝，於是頗有些人爲此而惋惜，他們並用心檢討以下兩個問題：（一）十七世紀正是歐洲新科學的奠基時期，但明清之際的新學術何以不能爲中國開創一個自然科學的時代？（二）明清之際的經世運動何以不能有順暢的發展，而迅速消逝？

對於第一個問題，如果我們採取多元文化的觀點，不以西方的特定模式或標準來衡量明清之際儒家思想的價值，尙可置之不論。因爲前人並不是爲後人而活，他們沒有義務爲後人創造一個自然科學的時代，誠如李文孫（Joseph Levenson）所說，「啓蒙運動」的人物，「目標并不在於科學，也達不到科學，而是依循他們自己的文化價值生活。」〔註38〕因此對於一現象我們不必惋惜。

但是，第二個問題却值得我們重視，因爲明清之際儒家思想的發展遭受挫折，固然可以由外緣因素，諸如異族統治者的壓迫、經世環境的消失等理由加以解釋，但更重要的則是因爲它的內部已包含了巨大的矛盾，此一內在矛盾就足以摧毀自己的理想，而此一矛盾的根源就在於諸大儒一方面懷抱經世致用的理想，另方面却又極端崇拜經書。另外，本文所以特別重視這個內在矛盾，是因爲藉此尙可以看出傳統儒學的某些缺陷。

〔註38〕見氏著，Confucian China and its Modern Fate，頁13。

極端崇拜經書對於經世目標的傷害，主要表現在兩方面，一是會誤導學術方向，使學者鑽進故紙堆，埋葬原先經世致用的理想。二是以尊經爲核心的意識型態會抵消當時儒者在經世之學上的努力成果。前者由於明清之際諸大儒的經世意願與現實感都極強烈，並且都能意識到讀經絕不能食古不化，必須活用於當世，而他們對史學的研究，也有助於消解經學的封閉性，所以這一方面的傷害在諸大儒身上尚未明顯暴露。但到了下一代，這些矛盾再也掩藏不住，「經世致用」一轉而爲「通經致用」，再轉而爲客觀的經史考證，最後終於回過頭來埋葬原先經世致用的理想，就是最好的說明，乾嘉經史考證學風繼踵而興，正是此一內在矛盾的必然走向。〔註 39〕尊經的觀念，此時已與經世致用毫無關連，它所伴隨的崇古觀念反而成爲經史考證學風的價值根源，這種演變當是諸大儒所不樂意看到的。

至於以尊經爲核心的意識型態所以會抵消當時儒者在經世之學上的努力，是因爲當時以經世致用爲目標的儒學新思潮，是一個重視當代性、重視實效性、重視與時俱變的思想，而極端崇拜經書則必然伴隨著「崇古」的情結，懷有這種情結的人，往往寄望在經書中尋到解決時代問題的靈感，這種以經書爲萬驗靈丹的心態是懷古的、僵固的、不能正視現實的思想，所以在尊經信古的情結下，終究會抵消當時儒者邁向客觀世界的努力，退回書本世界；抵消邁向行動世界的努力，退回靜寂世界；抵消正視客觀知識的努力，退回以經典爲知識化身的世界；抵消正視時代問題的努力，退回想像中的虛幻世界；并且會瓦解批判的精神，形成思想上的獨斷。

除了尊經以外，傳統儒學遺留的某些價值觀也阻礙了明清之際諸儒的努力，使他們的新思想不能有順暢的發展。例如：

（一）政治上的汎道德主義傾向

明清之際諸儒喜歡對歷史興衰作道德性的解釋，所以他們對政治問題的解決，也不免流露出汎道德主義的傾向，削弱他門在政治上尋求建立客觀制度的努力。例如黃梨洲雖已注意及公天下的立法精神，與「有治法而後有治人」那種將制度的重要性置於人才之上的觀念，并了解親情倫理與政治倫理有本質的不同，有助於打破「君尊臣卑」的理論根據，但他却又要求國君應「以千萬倍之勤勞，而己又不享其利。」這種想法不但違反現實的人性，且又回到傳統儒

〔註 39〕詳見本章，第二節，四、「內在理路說」的檢討。

者將希望寄託於「聖君」的「人治」理想。又如顧亭林雖然知道「法制」的重要性，謂「法制禁令，王者之所不廢。」〔註 40〕但又認爲治亂的關鍵在於人心風俗，認爲爲政之道「其本在正人心，厚風俗而已。」〔註 41〕這種解決方式，也表現出亭林把複雜的政治社會問題化約爲道德問題的汎道德主義心態，是傳統「德化政治」的翻版，他強調以「地方分權」的制度補救集權專制政體的缺失，但在社會組織上，又主張透過宗法，以風俗教化取代部分法律的任務，也是同樣心態的反映。此外，如船山主張君權的絕對性，不了解相權與諫權制度在制衡君權上的意義，也是因爲船山認爲國君是道德的表率，仍懷抱有聖君賢相化民成俗的憧憬。〔註 42〕人民既然只是受化的對象，則政治的開展只能是由上而下的普施教化，權力制衡的觀念根本就無法產生。諸大儒所表現的這種政治上的汎道德主義心態，反映出他們的內心深處仍擺脫不了傳統儒者將政治秩序視爲道德秩序的窠臼，如此將使政治領域與道德領域永遠糾纏不清，阻礙他們進一步在政治層面尋求客觀制衡的制度，使他們重視客觀制度的理想，難以有更進一步的發展。

（二）狹隘的士大夫意識

明清之際諸儒的使命感都很強烈，而且他們的使命感是和「正統教義」的儒學結合在一起的文化使命感。使命感本來未必具有劣義，因爲它足以鼓舞人奮發向上，但諸儒的文化使命感最後却產生負面的影響，而且在文化使命感護衛下，當他們提出一些封閉性的主張時，仍顯得振振有辭。例如諸儒在意識上雖自命爲正統文化的代理人，并以文化的守護神自居，但這種文化使命感却一轉而爲士大夫的優越感，甚至形成狹隘、封閉的士大夫意識，而當他們全力維護「正統秩序」時，往往只是在尋找自身存在的意義，甚至自身的現實利益。這種現象在王船山身上表現得特別明顯，他強烈的種族優越感與文化優越感就是透過文化的使命感表現出來，而有排斥外族、鄙夷西學西士、輕蔑庶人人格、反對與庶民分享政治權力等封閉的主張，所以當船山豪壯地喊出「六經責我開生面」時，却已一步步淪於「以理殺人」而不自知。〔註 43〕此外，如顧亭林在

〔註 40〕《日知錄》，卷十一，〈法制〉條。
〔註 41〕同上。
〔註 42〕詳見第四章，第六節，二、政治思想。
〔註 43〕同上。

地方分權的政治理想中，特別重視強宗大族的保存〔註44〕；黃梨洲的土地政策有兼顧「不困苦富民」的土地平均分配論。〔註45〕可見他們有時仍會不自覺地站在士大夫立場而發言，於是他們所關愛的「萬民百姓」，其實只是抽象的「萬民百姓」。這種狹隘的士大夫意識，無疑會障蔽他們思考問題的視野，阻礙更徹底的創新。

二、由價值系統的內在轉化能力展望儒家思想的前途

由於明清之際儒家思想的變遷與發展是當時儒者面對天崩地解的大變局所作的徹底反省與調整，所以儒家思想的再生能力以及侷限性，在此一嚴格的考驗下，都清楚地表現出來。而由上文對明清之際儒家新思潮的探討，我們有充份的理由否定韋伯學派所認爲，中國文化是停滯、缺少變遷的觀點，或者是只在傳統範疇內變遷（Change within tradition）的觀點。當然，儒學的內在缺陷也很明顯，特別是以尊經復古爲核心的價值觀，更嚴重阻礙了當時學者邁向新世界的思考。由此可知，儒家思想的確是非常豐富複雜的，不容許我們以簡單的論斷概括它的價值。

韋伯對儒家活力的判定雖不爲本文所接受，但他努力追尋社會變遷與發展背後的思想與精神動力——價值系統——的研究途徑，却仍值得我們重視，〔註46〕因爲一直到現在爲止，即使反對價值系統與社會變遷有密切關聯性的人，也無法有力的動搖此一說法的地位；而本文的最後一個目的，也是想透過明清之際儒家思想的表現，探討儒家價值系統應付西方文化挑戰的潛在能力。本文所以特別重視價值系統對社會變遷的影響，是因爲筆者認爲影響中國現代化成敗的關鍵，并不在技術物質層次，而是在社會制度結構的改革與價值系統的更新是否成功，而徹底改革制度結構的社會條件雖已漸趨成熟，但若不配合價值系統的更新，前途將仍相當坎坷。當然，我們要探討儒家價值系統應付西方文化的挑戰能力，必須先認定儒家價值系統在現代社會仍然具有影響力，否則豈非無的放矢。對於這個問題，本文的答案是肯定的，甚至認爲一些自覺地排斥中國文化的人，也難完全擺脫儒家思想的影響，這就像有形的帝王專制雖然垮了，但傳統儒學「作之君，作之師」的心態却依然存在，即使徹底反傳統的共產黨

〔註44〕詳見第三章，第三節，三、地方分權的政治理想。

〔註45〕《明夷待訪錄》，「田制二」。

〔註46〕這是氏著，《基督新教的倫理與資本主義的精神》一書的基調。

也不例外；又如孟子性善說深中人心後，也使國人對統治權力可能的腐化喪失警惕，而影響制衡心態的建立，〔註47〕諸如此類的影響，平時雖不易察覺，但却眞實存在。

然而，本文探討儒家價值系統有無應付西方文化挑戰的能力，並非探討它有無能力自行開創出一個足以與現代西方文化相抗衡的新文化，而是探討它面對日新月異的現代文化時，有無加以涵攝、消化的能力。這就如社會學者艾深思坦（S. N. Eisenstadt）所認爲，今日研究韋伯有關基督教倫理的學說，在重點上應當有一新的轉換，即從分析基督教教義與資本主義之直接的因果關係，轉換到分析基督教教義之內在的轉化能力（Transformative Capacity）——一種對發展出來的新動機、新行動、和新制度給予合法化的能力。〔註48〕此一「內在的轉化能力」正是本文想用以檢驗儒家價值系統的標準，筆者深信，儒家的價值系統在面對「現代化」的挑戰時，是否保有轉化與更新的能力，將是儒家思想能否留傳久遠，甚至能否在未來的世界文化中佔有一席之地的最大考驗。

全盤檢討儒家的價值系統面對現代化挑戰的「內在的轉換能力」，不是本文論述的範圍，但透過對明清之際儒家思想的變遷與發展的研究，我們至少能肯定儒家思想并不是僵化的，也不是只在傳統的範疇中演變的價值系統，而且它在明清之際所表現的「近代地」性格，更足以說明它與現代世界并不是格格不入。就以民國以來知識份子最喜引用爲現代文化代表的民主與科學爲例，我們由明清之際諸大儒對反專制的政治理想的闡揚與對知識的正視，可以看出儒家思想與民主、科學絕不是對立的。由上所述，我們對儒家的價值系統面對現代化挑戰時的「內在轉化能力」，沒有理由悲觀失望，儒家思想理當仍有光明的遠景。當然，這是以它的一些內在限制能否徹底轉化爲先決條件，因爲儒學傳統中一些非理性的成份，正透過各種僞裝寄身於當代社會中，牽絆國人邁向現代世界的腳步，希望國人不要漠視這些傳統文化中非理性成份的存在，更不希望有人以人爲的手段強化這些非理性的成份以圖謀個人利益。

儒家思想的「內在的轉化能力」相當強大，但它的內在限制也相當明顯，何去何從，不但關係著中國現代化能否成功，也關係著儒家的前途。

〔註47〕張灝先生主張此說最力，他甚至提出「幽黯意識」以求取代「憂患意識」。
〔註48〕見氏編 The Protestant Ethic and Modernization，頁3～45。（轉引自金耀基，〈儒家倫理與經濟發展：韋伯學說的重探〉，《聯合月刊》，第二十五期。）

參考書目

一、明清之際儒者著述部份

1. 《梨洲遺著彙刊》，黃宗義，隆言。
2. 《明儒學案》，黃宗義，河洛。
3. 《宋元學案》，黃宗義等，河洛。
4. 《黃梨洲文集》，黃宗義，香港。
5. 《顧亭林遺書十種》，顧炎武，進學。
6. 《顧亭林遺書彙輯》，顧炎武，中華文獻。
7. 《日知錄集懌》，顧炎武，世界。
8. 《原抄本顧亭林日知錄》，顧炎武，明倫。
9. 《音學五書》，顧炎武，廣文。
10. 《天下郡國利病書》，顧炎武，藝文。
11. 《船山遺書全集》，王夫之，船山學會。
12. 《顏李叢書》，顏元等，廣文。
13. 《通雅》，方以智，商務。
14. 《物理小識》，方以智，商務。
15. 《東西均》，方以智，中華。
16. 《藥地炮莊》，方以智，廣文。
17. 《青原愚者智禪師語錄》，方以智，中華大藏經本。
18. 《潛書》，唐甄，明倫。
19. 《朱舜水全集》，朱之瑜，世界。
20. 《陳確集》，陳確，漢京。

二、史料部份

1. 《明史》，張廷玉等，藝文。
2. 《明史紀事本末》，谷應泰，三民。
3. 《清史》，江藩，國防研究院。
4. 《國朝漢學師承記》，江藩，中華。
5. 《經學歷史》，皮錫瑞，河洛。
6. 《國朝學案小識》，唐鑑，中華。
7. 《清儒學案》，徐世昌，世界。
8. 《結埼亭集》，全祖望，商務。
9. 《潛研堂文集》，錢大昕，商務。
10. 《黃梨洲學譜》，謝國楨，商務。
11. 《顧寧人學譜》，謝國楨，商務。
12. 《顧亭林先生炎武年譜》，張穆，商務。
13. 《船山學譜》，王永祥，廣文。
14. 《王船山學譜》，張西堂，商務。
15. 《顏習齋先生年譜》，李塨，藝文。
16. 《顏氏學記》，戴望，世界。
17. 《朱舜水先生年譜》，梁啓超，中華。
18. 《陳乾初先生年譜》，吳騫，商務。

三、後人研究明清之際儒家思想部份

（一）專　著

1. 《黃梨洲及其史學》，張高評，高雄師院碩士論文。
2. 《黃梨洲之生平及其學術思想》，古清美，台大文史叢刊。
3. 《黃梨洲政治思想研究》，高準，聯合出版中心。
4. 《亭林思想述要》，林葱，樂天。
5. 《亭林學術述評》，何貽焜，正中。
6. 《顧炎武與清初經世學風》，黃秀政，商務。
7. 《王船山的致知論》，許冠三，中文大學。
8. 《王船山研究》，陳忠成，台大碩士論文。
9. 《王船山易學闡微》，曾春海，輔大博士論文。
10. 《王船山及其學術》，曾昭旭，師大博士論文。

11. 《顏習齋的思想》，楊冬生，台大碩士論文。
12. 《方以智》，張永堂，商務。
13. 《方以智晚節考》，余英時，新亞研究所。
14. The Political Theories of Ku Yen-wu and the Manchu Conquest，古偉瀛（Wei-Ying Ku）U.B.C.博士論文

（二）單篇論文及論文集

1. 〈黃梨洲晚年思想的轉變〉，何佑森，《故宮文獻》三卷一期。
2. 〈偉大的愛國者和思想家黃梨洲〉，胡秋原，《中華雜誌》五卷六期。
3. 〈黃梨洲與浙東學術〉，何佑森，《書目季刊》七卷四期。
4. 〈顧亭林與黃梨洲〉，何佑森，《幼獅學誌》十五卷二期。
5. 〈顧亭林的經學〉，何佑森，《文史哲學報》十六期。
6. 〈論顧亭林學術與儒學之眞精神〉，牟潤孫，《新亞生活》四卷十一期。
7. 〈顧亭林之生平及其思想〉，胡秋原，《中華雜誌》五卷七期。
8. 〈顧炎武經世思想的界限〉，石錦，《史原》三期。
9. 〈顧炎武經世界想中「不變」與「變」觀念研究〉，石錦，《故宮文獻》二卷二期。
10. 〈方以智與王船山〉，張永堂，《書目季刊》七卷二期。
11. 〈顏習齋和李恕谷的學術異同〉，何佑森，《文史哲學報》十八期。
12. 〈晚明諸儒之學風與學術〉，錢穆，《人生》二二二～三期。
13. 〈近代思想史上關於體用問題的爭論〉，何佑森，《國際漢學會議論文集》。
14. 《中國近三百年學術思想論集》，香港崇文書局。
15. 《近世中國經世思想研討會論文集》，中研院近代史所。
16. 《歷史與思想》，余英時，聯經。
17. 《史學與傳統》，余英時，時報。
18. 《清代史學與史家》，杜維運，東大。
19. 《中國哲學思想論集清代篇》，余英時等，牧童。
20. 《中國學術思想史論叢（八）》，錢穆，東大。
21. 《明清思想家論集》，王煜，聯經。
22. 《中國思想與制度論集》，段昌國等譯，聯經。
23. 〈幾個反理學的思想家〉（收入《胡適文存，第三集》），胡適，遠東。
24. 〈「清代漢學」衡論〉（收入《兩漢思想史，卷三》），徐復觀，學生。
25. 〈論明末清初時期在思想史上的變化的歷史意義〉，溝口雄三，手稿。

26. 《明代名人傳》(Dictionary on Ming Biography)，房兆楹等，哥倫比亞大學。
27. 《清代名人傳略》(Eminent Chinese of the Ching Dynasty)，Arthur W. Hummel，成文翻譯。
28. Self and Society in Ming Thought，W.T.De Bary 等，Columbia U. Press。
29. The Unfolding of Neo-Comfucianism，W.T.De Bary 等，Columbia U. Press。
30. The Religion of China，Max Weber 著，Hans H. Gerth 英譯，Free Press (New York)。
31. Perceptions of Learning in Early Ching Thought（收入《唐君毅先生紀念論文集》)，杜維明，學生。
32. Some Preliminary Observations on the Rise of Ching Confucian Intellectualism 余英時，清華學報十一卷一、二期。

（三）宋明清儒著述

1. 《周子全書》，周敦頤，中華。
2. 《張子全書》，張載，中華。
3. 《二程遺書》，程顥、程頤，中華。
4. 《朱子語類》，朱熹，正中。
5. 《朱文公文集》，朱熹，商務。
6. 《陸九淵集》，陸九淵，里仁。
7. 《王陽明全集》，王守仁，考正。
8. 《王龍溪全集》，王畿，華文。
9. 《升菴全集》，楊慎，商務。
10. 《盱壇直詮》，羅近溪，廣文。
11. 《耿天台先生文集》，耿定向，文海。
12. 《焦氏澹園集》，焦竑，偉文。
13. 《焦氏筆乘》，焦竑，商務。
14. 《李溫陵集》，李贄，文史哲。
15. 《藏書》，李贄，學生。
16. 《續藏書》，李贄，學生。
17. 《焚書》，李贄，河洛。
18. 《小心齋劄記》，顧憲成，廣文。
19. 《高子遺書》，高攀龍，唐熙刊本。
20. 《戴東原集》，戴震，中華。

（四）近人論述

1. 《朱子新學案》，錢穆，三民。
2. 《陽明學論文集》，唐君毅等，中華學術院。
3. 《陽明學概要》，錢穆，正中。
4. 《晚明思想史論》，嵇文甫，商務。
5. 《左派王學》，嵇文甫，開明。
6. 《中國的自由傳統》，狄百瑞著、李弘祺譯，聯經。
7. 《儒家思想的實踐》，尼微遜等著、孫隆基譯，商務。
8. 《明代考據學研究》，林慶彰，學生。
9. 《論戴震與章學誠》，余英時，華世。
10. 《明清之際黨社運動考》，謝國楨，商務。
11. 《戴東原的哲學》，胡適，商務。
12. 〈學案體裁源流初探〉，阮芝生，史原二期。
13. 〈王陽明與禪〉，陳榮捷，人生二十七卷十一期。
14. 〈新儒家之闢佛〉，錢新祖著、林聰舜譯，鵝湖月刊九卷八期。
15. 〈清代考據淵源和發展之社會史的觀察〉，羅炳綿，新亞學術季刊二期。
16. 〈中國哲學裡的科學精神與方法〉（收入《文化中國叢書 7》），胡適、徐高阮譯，時報文化。
17. 〈清代漢宋之爭平議〉，何佑森，文史哲學報二十七期。
18. 〈清代「漢宋之爭」的再檢討〉，王家儉，中研院國際漢學會議論文集。
19. 〈清初學風與乾嘉考證之學〉，張火慶，中華文化復興月刊十五卷六期。

五、學術思想史部份

1. 《中國哲學史》，馮芝生。
2. 《中國文化史》，柳詒徵，正中。
3. 《中國思想史》，錢穆，學生。
4. 《中國學術思想大綱》，林尹師，商務。
5. 《中國哲學史》，勞思光，三民。
6. 《中國哲學思想史》，羅光，學生。
7. 《中國哲學原論》，唐君毅，學生。
（含導論篇、原性篇、原道篇、原教篇）
8. 《中國哲學十九講》，牟宗三，學生。

9. 《中國思想史》，韋政通，大林。
10. 《宋明理學》，吳康，華國。
11. 《心體與性體》，牟宗三，正中。
12. 《從陸象山到劉蕺山》，牟宗三，學生。
13. 《中國近三百年學術史》，梁啓超，中華。
14. 《中國近三百年學術史》，錢穆，商務。
15. 《中國近三百年哲學史》，蔣維喬，中華。
16. 《宋明清理學體系論史》，黃公偉，幼獅。
17. 《中國早期啓蒙思想史》，侯外盧，人民。
18. 《新儒家思想史》，張君勱，張君勱獎學金基金會。
19. 《明代思想史》，容肇祖，開明。
20. 《清代思想史》，陸寶千，廣文。
21. 《清代學術概論》，梁啓超，中華。
22. 《中國政治思想史》，蕭公權，華岡。
23. 《中國政治思想史》，薩孟武，三民。
24. 《中國社會政治史》，薩孟武，三民。